KB113668

칼과 여자
밤의 일제 침략사

칼과 여자

밤의 일제 침략사

임종국 지음

낮의 얼굴 속에 가려진 일제 침략 이면사

이 책은 일제 침략의 이면사이다. 공식적인 조약이나 정책이 정사正史로서 '낮의 얼굴'이라면, 이 책은 그 이면의 '밤의 표정'이다. 동시에 그것은 암흑의 측면이기도 한 것이다.

이러한 측면은 성격상 방대한 전거典據와 전문傳聞자료 등에 의해서만 드러날 수 있다. 조약은 도장 하나로 짧은 시간에 체결되지만, 그것이 체결된 이면 사정과 막후 교섭은 하루나 이틀에만 걸치는 것이 아니기 때문이다. 또 그런 감춰진 사정을 모르는 이상, 조약의 참된 의미가 파악되지 않는다는 것도 사실이다.

때문에 저자는 우선 자료적인 면에서 이런 책을 쓸 수 있겠는가를 자괴自愧하지 않을 수 없었다. 하지만 일제를 안다는 것은 우리를 안다는 것이다. 빼앗은 자의 환성을 통해서 우리는 빼앗긴 자의 비탄을 알게 된다. 이것은 한일관계에서 50년대의 공백이 60년대의 정치교류로, 70년대의 경제교류로 숨 가쁘게 진전해 온 현대를 살기 위한 우리의 지혜이다. 이 지혜의 축적이 앞으로의 대일 좌표를 결정한다고 하면 저자의 망발일까?

이것이, 능력이 부족함을 알면서 이 책을 쓴 동기이다. 그 작은 노력에 큰 것을 걸고 싶은 것은 못난 자식일수록 많은 것을 걸고 싶은 어리석은 부정父情일 것이다.

이 책을 쓰면서 저자는 일제시대의 용어 때문에 어지간히 생각을 했다. 하지만 역사상의 호칭은 개인의 취향이나 주관과 평가에 의해서 함부로 바꿔부를 수 없다는 것이 저자의 생각이다. 일제에게나 척식拓殖이지 우리는 착취를 당했던 것이라는 평가 때문에 '동양척식회사'를 '동양착취회사'로 바꿔 호칭할 수는 없다. 성명 석 자가 선악의 인격 평가와 상관없듯이, 호칭은 대상을 지적만 할 뿐, 평가와는 상관이 없는 것이다.

때문에 여기서는 소위 왜식으로 저항감이 가는 용어라도 종래대로 그냥 사용하였다. '일한합병'을 한일합병으로 개칭하면 한국이 일본을 병합해서 일본국이 소멸해 버린 상태로 되기 때문이다. '조선군'을 주한일본군으로 고쳐 부르게 되면 각 시기의 구체적인 존재 형식, 즉 일제의 공사관경비병 · 공사관수비대 · 경성수비대 · 한국주차대 · 한국주차군 · 조선주차군 · 조선군을 구별할 수 없게 된다. '주한일본군'은 위의 모든 존재 형식을 포괄하는 의미에서만 가능한 호칭이기 때문이다.

권위 있는 심의로 타당한 호칭이 확정될 때까지는 저자로서 저항감이 들더라도 종래대로 사용할 수밖에 없었다는 고충을 양찰해 주기 바란다. 이것은 저자의 자의나 주관을 만인에게 강요하지 않으려는 겸허일 수도 있는 것이다.

_ 천안 요산재에서

차 례

제1장

일본인

기생촌의 발달

개항과 일본 요정

1882년, 임오군란 무렵까지만 하더라도 서울은 양인·일인을 막론하고 성안 10리에 외국인의 거주를 허락하지 않았다. 그러니까 1880년 4월에 개설된 최초의 일본공사관만 하더라도 위치는 서대문 밖 청수관에 두고 있었다. 이것은 임오군란 때 난군의 습격으로 일부가 소실 당한다. 본국으로 철수했던 일본공사 하나부사는 1882년 8월 12일 해군소장 니레, 육군소장 다카시마가 인솔한 육·해군 1천 2백을 거느리고 인천으로 진주하였다.

이들은 8월 16일 일부 선발대 병력을 이끌고 서울 성안으로 들어와서, 충무로 2가 부근에 있던 금위대장 이종승李種承의 집에 가공사관을 설치했다. 즉 서울 성안에 외국인이 거주한 첫 케이스인 것이다. 뒤미처 8월 20일, 니레·다카시마 두 소장이 거느린 육해군 1천 2백이 서울 성안으로 진주했는데, 니레는 사이토의 장인이다. 또한 다카시마 소장이 인솔한 육군 1개 대대가 오쿠라 대대인데, 대대장은 훗날 총독이 된 데라우치로 당시에는 소좌였다.

이렇게 거주하기 시작한 서울 성안의 외국인들이 1884년에는 청인 2천과 일인 1백여 명으로 불어나기 시작하였다. 그러나 이때만 해도 진고개 일대의 일인부락에서는 게이샤는 고사하고, 여염집 부녀자인 왜각시(倭閣氏=일본 여자)도 구경하기 쉽지 않았다. 한국인 가옥을 쓰면서 드문드문 섞여 사는 일본인들 속에서 여자라고는 단 두 사람, 공사관 부근에 과자점을 차린 어느 일인의 아내와 그의 여동생이 있었을 뿐이었다.

이리하여 진고개 일대에서 이들 두 여자의 인기는 하늘을 찌를 듯 높았다. 공사관 직원들 중에는 먹고 싶지도 않은 과자를 사러 다니다 마침내 배탈까지 나는 녀석도 있었다. 남촌·북촌의 아이 어른들은 그 집에서 파는 과자보다는 왜각시 구경이 하고 싶어서 뻔질나게 진고개로 드나들었다. 요릿집은 그보다 좀 늦어서 1885~86년에 개업했는데 이름이 전해지지 않는다. 간판도 옥호屋號도 없이, 아마 설렁탕집이나 노천 간이술집인 모주母酒 집보다 다소 큰 정도였을 것으로 추측된다.

이리하여 1887년에 개업한 정문로가 실로 한국에서는 처음 보는 고급 요정이었다. 그렇지만 그 시설은 한식 가옥에 객석으로 고쳐 꾸민 온돌방 두 칸이 전부였고, 간판조차 달려 있지 않았다. 조선 종이에 주酒·효肴 두 자를 써 붙임으로써 족했던 이 고급요정은 공사관 아래쪽 주자동에 있었는데, 웬 게이샤를 두었겠는가? 나카이라 해서, 말하자면 식모 겸 작부 두어 명이 하숙을 하며 통근하고 있었으며, 이들을 거느린 정문루의 주인은 그해에 한국으로 건너온 이몽이었다.

개진정開進亭은 그보다 좀 늦게 충무로 2가에서 개업하였다. 정원이 비교적 넓고, 양요리도 된다고 해서, 송별회·축하회 등으로 단체손님이 들곤 하였다. 남산정은 주자동에 있었고, 송본루는 공사관(훗날의 총독관저) 정문 북서쪽에 있었다. 이들 청일전쟁 이전의 고급요정은 대부분이 조선 종이에 주·효 두 글자를 써 붙여 놓고서도 충분히 고급요정으로 행세할 수 있었다.

이 무렵 일인들이 경영하던 여관은 모두가 아르바이트로 요정을 겸업하고 있었다. 숙박 전문이라곤 을지로 2가에서 충무로 2가로 가는 언덕 동편에 있던 이치카와 여관 단 하나이다. 경영주는 이치카와, 시설은 두 평 남짓한 방 세 개와 세 평짜리 방 셋으로 객실이 도합 여섯 개였다. 그런데도 일본서 건너온 관리·거상들이 단골로 유숙함으로써 국영호텔급으로 이름을 떨쳤다.

밀선을 타고 온 왜갈보

이들 개화기의 고급요정은 어느 집에서나 나카이라면 모를까 이른바 게이샤는 두지 못했다. 그 까닭을, 정중환의 선주船主 모리타가 유고로 남긴 『조선도항일기』(綠旗: 1941. 1)를 바탕으로 하여 설명해 보기로 하자.

이 배는 청일전쟁 때 군용선으로 징발되어 조선에 왔는데, 전쟁 후에는 서울~인천의 군 연락 업무에 종사하다가 1896년, 아관파천 및 김홍집 내각 붕괴로 실각한 박영효를 싣고 일본으로 망명시켰다.

1895년 4월 18일, 53톤의 쌍스크루선 정중환은 오사카를 출범하였다. 열흘이 걸려서 쓰시마에 도착한 배는 경남 욕지도와 전남 고금도를 거쳐서 5월 11일 인천에 입항한다. 바다가 잠잠해진 날을 기다리느라 나흘을 묶여 있다가 용산에 도착한 것은 오사카를 떠난 지 한 달이 지난 5월 16일이었다. 청일전쟁 무렵의 한일 간의 해상교통은 그만큼 많은 날짜와 막대한 여비가 소요되었던 것이다.

엎친 데 덮쳐서 그 무렵은 식모 하나를 불러들이는 데도 영사의 신원증명이 필요할 만큼 여권수속이 까다로웠다. 임오군란과 갑오동학항쟁, 을미사변, 또 그후에 전개된 의병항쟁의 소용돌이 속에서 일인들의 조선 도항은 그야말로 결사적인 각오가 없이는 엄두를 못 낼 일이었다. 사내들은 전쟁 졸부를 꿈꾸고 그만한 모험쯤 감수한다지만, 누가 처자식까지 그런 위험 속으로 동행하겠는가? 이리하여 영사는 여권수속을 엄격히 제한하면서, 아녀자라면 원칙적으로 도항을 금지했던 것이다.

그러니 어느 겨를에 1~2개월씩 걸쳐서 기생 하나를 데려 오겠는가? 하여 호박이라도 치마만 둘렀다 하면 우선 시세부터 뛰어올라 그 시세가 당시 일인들 거의 전부가 독신으로 건너와 있었다는 사정 때문에 그야말로 하늘 높은 줄 모를 지경이었다.

희비극은 그래서 속출하였다. 조선에 가면 돈벌이가 좋다고 들은 아마쿠사 섬(天草島)의 여자들은 밀선으로 2개월 이상 풍랑과 싸워 가면서 한밤중 몰래 조선에 상륙하였다. 그럴밖에, 큐슈(九州) 서쪽 아마쿠사 섬이라면 해초나 걷어 먹고 살던 최하층 수준 이하의 빈민들의 고장이니까. 요시와라의 홍등가·인육시장(사람의 몸뚱이를 거래하는 곳이라는 뜻으로 '매음굴'을 빗대어 이르는 말)에서는 천업부들이 조선에 가 있는 아는 사람을 찾아서 임시 조건으로 혼인계를 부탁한 끝에 아내라는 자격을 얻어서 조선으로 건너왔다.

하지만 여자가 워낙에 세勢가 나니까 남자가 놓아주려 들지 않았다. 약속대로 이혼을 안 해 주니 여자들은 울며 겨자 먹기로 2백~3백 원(쌀 50가마 내외)씩 절연금絶緣金을 지불해 가면서 매춘 전선으로 진출한다.

청일전쟁 전후에 조선에 와 있던 일인들은 남녀 가릴 것 없이 대개가 그런 족속들이었다. 이 속에서, 정식 게이샤라면 마쓰이(松井)란 자가 1888년에 데려왔다는 후쿠스케라는 여자, 단 하나가 있었다. 그 나머지 정문루 시절의 소위 나카이들은 열이면 열이 모조리 밀선을 타고 건너온 무허가 작부인 만큼, 질이란 것이 도대체가 수준 이하였다. 이들 무허가 작부의 제1호가 오가와 후이라는 여자인데, 역시 아마쿠사 섬 출신이다. 1892년 5월 일본영사가 그 풍속 괴란을 보다 못해서 3년 간의 재류금지在留禁止 처분을 내렸는데, 이럼으로써 오가와 후이는 여자로서 퇴한명령을 받고 추방당한 최초의 인물이 되었다.

이렇게 뿌려진 악의 씨들은 그후 청일전쟁으로 일인들의 내왕이 빈번해지면서 한층 번성해 가기 시작하였다. 즉 1895년 봄의 청일 강화조약으로 일인들이 한껏 승전 무드에 취해 있던 무렵이다. 후지이란 자는 주자동 헌병대 관사 북편에 요릿집 국취루를 개업하였는데, 통감부 시절에 일인 무관들의 단골 요정이던 국취루는 훗날 충무로 2가 파성관호텔 자리로 이전했으나 1910년에 화재로 몰락한다.

좀 늦어서 마키노는 충무로 2가에서 목야루를 개업하였다. 이와 전후하면서 제1호 게이샤 후쿠스케의 주인인 마쓰이는 주자동에 이엽정을 차린다. 이듬해 1896년에는 아메다니의 유명루, 이름이 알려지지 않은 교토 사람이 차린 도산정, 미야모토가 제 성을 따서 옥호로 붙인 궁본루宮本樓가 개업한다. 1897년에는 아히도메란 자가 화월花月의 전신인 메밀국수집을 겸해 간이음식점을 개업하였다.

아히도메의 메밀국수집은 1900년에 요정 화월로 급성장하였는데, 이때 신축자금으로 쌀 6백 가마 값인 거금 3천 원이 투자되었다. 통감부 문관들의 단골 요정이었던 화월은 이토(伊藤博文) 시절에는 하루 이익금이 2천 원(쌀 4백 가마) 이하를 밑돈 적이 없었다고 한다.

이리하여 화월은 1922년에 전 감사원 건물(을지로입구)을 지어 화월식당을, 1924년에는 남산동에 화월별장을, 1930년에는 소공동에 화월식당 지점까지 내면서 굴지의 요정재벌로 성장하였다. 남산동 화월별장은 총독부청사 건립으로 헐린 경복궁 수정전 남쪽의 전각을 옮겨다 지은 것이고, 장충동에 있던 요정 남산장 별장의 건물은경복궁의 비현각을 옮겨다 지은 것이었다.

유명루·도산정·궁본루 등이 잇달아 개업하던 무렵, 1896년 가을에 영사는 "게이샤가 아니면 객석에서 가무음곡을 행할 수 없다"고 하면서 무허가 작부들을 규제하기 시작했다.

그러자 요정에서는 노래깨나 하는 나카이들을 뽑아서 게이샤 감찰을 받게 하였다. 이리하여 하루아침에 게이샤로 출세한 왕년의 무허가 작부들. 그때 제1호 게이샤 감찰의 주인은 방년 19세로 통하던 국취루의 오다키이고, 제2호는 고도부키라는 교토 미인이었다. 그리고 이때부터 진짜 게이샤들이 하나 둘씩 수입되면서 통감부, 그 요정 전성시대로 옮겨가는 것이다.

청일전쟁과 '신마치' 유곽

1920년의 은어에 "남극 탐험을 간다"는 말이 있었다. 지금 묵정동이자 그 시절의 소위 신마치는 낮도깨비들이 득실대던 일제 인육시장으로 크게 악명을 떨쳤다.는데, 이곳이 서울 남단에 위치했기 때문에, 그곳에 가서 유흥하는 것을 "남극 탐험을 간다"고 하였던 것이다. 즉 지금은 들을 수 없는 "서종삼徐種三이네 집에 간다"와 같은 말이다.

이곳 일제 인육시장의 역사는 멀리 청일전쟁 당시로 소급한다. 1894년 6월 10일 해군 중장 이토가 인솔하는 해병대 433명이 인천을 경유하여 서울로 진주한 후, 13일에는 주력인 오지마 혼성 여단 일부가 서울에 도착한다. 뒤미처 일군 대부대가 속속 들이밀리자, 일 거류민회는 긴급결의로 묵정동 70평의 대지를 매입한 후, 유곽지대로 지정하였다. 일군의 진주와 함께 공창가가 탄생한 것인데, 처음에는 일 거류민 역소役所가 대지를 소유하면서 일선 경영자인 포주들에게 대여하는 형식으로 개설되었다.

이듬해 1895년 이래로 국취루 등등이 개업하면서 요정이 급속도로 불어나자, 이들 요정업자는 11명을 회원으로 하여 '요리옥(屋)조합'을 결성하였다. 이들이 요정과 별도로 공창가 설치를 출원하자, 영사는 동족의 주업 상태를 조선인의 눈앞에 노출시킬 수 없다는 이유로 그 출원을 각하하였다. 그러자 거류민단의 소위 유력자들까지 가담해서 영사 배척운동을 일으켰다. 이러한 곡절 끝에 대지 8천 3백 평으로 '신마치'의 인육시장을 개설한 것이 러일전쟁 개전 직후인 1904년 6월이다.

이때 '신마치' 설치위원으로 피선된 자는 거류민단의 소위 유력자인 나카무라 · 야마구치 · 소가 · 기쿠다 · 후루시로 5명이었다. 이들은 기쿠다를 토지매수위원으로 지명하여, 일대의 유력자인 조동윤과 교섭을 벌이게 하였는데, 조대비趙大妃의 조카 영하寧夏의 아들인 조동윤은 병조참판을 거쳐서 러일전쟁 무렵에 육군 무관학교장과 배종陪從무관장을 하고, 병합 후 남작을 하는 사람이다.

조동윤은 물론 토지 매입에 응하려 하지 않았다. 그러자 기쿠다는 일본군 기마대가 그 땅을 무상수용할 것이라고 헛소문을 냈다. 이리하여 일대의 금싸라기 땅 8천 3백 평이 평당 53전 꼴인 총액 4천 4백 원에 매각된다. 일인들은 애당초 평당 2원꼴로 쳐서 6천 원에 3천 평을 매입할 계획이었으니, 예정했던 4분의 1의 헐값으로 일대의 땅이 사취詐取되고 만 셈이었다.

이리하여 일본인 요리업자 11명의 출자로 세워진 쌍림관雙林館이 이 지역 한복판에 문을 열었다. 골방 50개와 창녀 50명을 둔 쌍림관은 창업 4개월이 채 못 된 1904년 가을, 17세 미만의 소녀를 매춘시킴으로 해서 영업정지처분을 당한다. 그리고 제일루 · 개춘루 등 5~6개소가 문을 열면서 악의 소굴은 뿌리를 내리기 시작한다.

이 무렵 '신마치' 초창기의 영업 형태를 보면 낮에는 인육 값을 받지 않았고, 신원이 확실한 사람은 월말계산으로 유흥비의 외상도 가능하였다.

이러한 악의 소굴을 일인들은 을종乙種요리점으로 불렀고, 창기娼妓 혹은 창녀란 말 대신 '제2종 예기藝妓'로써 호칭하였다. 몸을 파는 여자들은 본국에서 모집해 왔는데, '을종' 또는 '제2종'이라 한 급 낮은 기생이려니 하고 속아서 건너와 보면 뜻밖에 창녀로 매춘을 해야 했다. 박이 터지고 울고 불며 싸움질과 분규가 속출하자, 1906년 이래로 제2종 예기란 말은 사라지고 창기라는 호칭을 쓰게 되었다.

이러한 공창가는 1908~1909년 무렵 일군 사령부가 있는 용산에서도 개설되었다. 처음에 모모야마 유곽이라 하다가 훗날 야요이 유곽으로 부르던 그것이다. 1907년경에는 일인들의 매춘업을 겸한 작은 요리점들이 집결해서 도동挑洞에 '신지新地'라는 유곽촌을 차렸으나, 훗날 '신마치'로 합병되었다.

이밖에 '마치아이'라는 것이 1906년에 허가가 났다. '대좌석업'으로도 불려지던 것인데, 탕남·탕녀를 위해서 밀회할 방을 빌려 주고, 술과 음식도 제공하는 영업 형태이다. 일본에서는 봉건시대부터 있어 왔던 것으로, 중신·각료들도 타협정치를 위해서 이런 곳을 유흥장소로 이용했기 때문에, 그러한 회의를 '마치아이 회의', 또 그 결과로 성립된 타협정치를 '마치아이 정치'라고 부른다.

춘일·홍엽·입주·수등 13~14개 업체로 시작된 '마치아이'의 단골은 바람난 유부녀, 기생·창녀와 용산 일군 사령부의 병사들이었고, 일본 상인들과 통감부 관리도 드나들었다.

일본식 권번의 정착

　일인들의 내왕이 빈번해짐에 비례해서 매춘업이 번성하자, 그에 따른 수요를 위해서 '오키야'가 1906년에 문을 열었다. 이것은 기생 · 창녀를 유숙시키면서 주문에 응해서 출장 매음을 하게 하되, 제 집에서는 유흥을 하지 않는, 즉 말하자면 알선 매춘업이다.

　이 최초의 업체는 오카베란 자가 주자동에 개설한 청수석이다. 조선에 돈벌이가 좋다니까 무작정 밀선을 타고 건너오는 일본 여자들이 많았는데, 이러한 계층들은 거의가 청수석에서 침식을 신세진 끝에 매춘 전선으로 팔려 나갔다.

　이 청수석이 훗날 경성권번으로 발전한다. 유흥가에서 기생집을 단속했고, 후세에는 오키야와 비슷한 기능을 하면서 화대 계산까지 맡게 된 관청을 일본에서는 '겐방'이라 했는데, 그 한국식 표기가 권번이 아닌가 짐작된다. '오키야'와 기생조합의 기능을 합친 형식이라고나 할 권번은 요릿집의 요구에 따라 기생을 파견하면서 화대를 징수하고 수수료를 뗌으로써 일종의 중간 착취 기관이란 성격도 없지 않았다.

　1920년대의 관례에 의하면 기생 화대는 시간당 1원 30전이었다. 요정

→ 권번 경유로 그 중 97전 5리가 기생 실수입으로 되었고, 나머지 32전 5리는 요정과 권번이 수수료로 배분하였다. 이 무렵 기생은 요릿집 소속은 없고 전원이 권번 소속이었는데, 그들은 그 실수입 중에서 매월 5원씩의 영업세를 경성부에 납입하였다.

하지만 통감부 이전의 일인 기생들은 모두가 요릿집 소속이었다. 몸값에 얽매인 이들은 이른바 '조롱 속의 새'로서 포주 격인 요정 주인에게 무제한 착취를 당했을 뿐 아니라 약속된 기간이 차도 이 핑계 저 핑계로 자유의 몸이 되지 못했다.

국취루의 후미노스케(본명 오카다)는 이토에게도 잠자리 시중을 들었던 기생으로 기간이 차서 독립하려 했으나 주인이 허락하지 않자, 후미노스케는 남부경찰서(훗날의 本町署)로 뛰어 들어서 서장 이마무라에게 억울한 사정을 호소하였다. 서장의 주선으로 후미노스케가 독립을 하자 각 요정의 게이샤들이 너도 나도 착취의 소굴을 뛰쳐나왔는데, 이들이 청수석의 신세를 지다 훗날 경성권번을 결성한다. 화월 · 정문루 · 청화정의 게이샤들은 결속해서 중권번을 차림으로써 일제 게이샤들의 권번은 도합 셋으로 증가하게 되었다는데, 1920~30년대의 게이샤 권번은 역시 셋으로, 본권번 · 신권번 · 남권번이 도합 350명 내외의 게이샤를 거느리고 있었다.

전통적 기생 법도의 붕괴

이러한 왜식 풍조에 재빨리 물이 든 사람이 송병준이다. 1900년 10월, 왜첩 가쓰오를 시켜서 요릿집 청화정을 개업한 송병준은 청수석이 생기던 1906년에 개진정을 차림으로써 조선인 오키야의 창업공신이 된다. 그의 청화정은 매국 일진회 패들의 소굴로 병합의 이면에서 파란만장의 역할을 수행하는데, 그 세목은 후에 다시 상설하겠다.

어쨌거나, 이렇게 밀려들어온 왜풍은 '매창불매음賣唱不賣淫'으로 통하던 전통적인 밤의 세계에 중요한 몇 가지 변화를 초래케 하였다.

첫째, 남산 일대에 일본인 기생촌이 번창하자 그네들의 맨발 벗는 풍습이 고용된 조선인 잡역부를 통해서 화류계와 심지어는 안방에까지 스며들기 시작하였다. 전래의 우리 풍습은 여자들의 맨발을 수치로 알아서, 남편이 보는 앞에서라도 버선발을 벗으려 들지 않았다.

둘째, 한말 이래로 양반들이 세력을 잃자, 전통적인 기생들도 따라서 영락하였다. 이 무렵 철도가 생기자 영락한 시골 기생들이 서울로 몰려들면서, 빈농·소작인의 딸들까지도 덩달아 양금洋琴채를 잡고 날뛰는, 전통적 기생 법도의 퇴락 현상을 가져왔다.

이리하여 신분과 경우에 눌려서 꼼짝 못하던 2패·3패 오입쟁이에게도 바야흐로 세월이 도래하였다. 평양감사나 해야 볼 수 있었던 평양기생을 앉은 채로 떡 주무르듯 하다 보니, 진작 논섬지기라도 안 판 것이 한이 될밖에. 노래야 하건 못하건, 춤이야 추건 못 추건, 인물 하나 반반하면 그만이라고 덤벼드니 늙은 별감 축들은 이를 보고 한탄을 했다.

"원 참! 아무리 세상이 망했기로 '강대놈들'이 기생을 데리고 놀아?"

'강대사람'이란 '5강', 즉 한강·용산·마포·서강·양화진 일대의 주민을 말하는데, 선부船夫·선적부船積夫 등이 주축이라, '문안 사람'들보다 지체가 떨어지는 것으로 취급되었다.

하지만 심사는 별감들만 틀어진 것이 아니었다. 그 무렵 노래 못하는 기생을 속칭 '벙어리 기생'이라고 했는데, 퇴기들은 곧잘 혀들을 차곤 했다.

"흥! 가무라곤 땅김도 못하는 것들이 기생 패를 차다니!"

하지만 노래건 춤이건 이제는 벌써 옛날이야기가 되고 말았다. 경우와 지체가 무너진 기생방에서는 명색 오입쟁이들의 태반 이상이 춤도 노래도 모르는 속칭 '귀머거리 오입쟁이'들이었기 때문이다.

요컨대 얼굴이 반반해야 하고, 또 그보다 더한 것이 말 잘 듣고 아양 잘 떨면 그만이라, 두메산골 가난한 처녀가 횟바가지를 뒤집어썼대도 아무도 나무랄 사람은 없었던 것이다.

　　전답 좋은 것은 철로로 가고
　　계집애 고운 것은 갈보로 간다.

이는 경부선 철도가 개통하던 1904년 무렵의 속요이다. 벙어리 기생과 귀머거리 오입쟁이들이 벌이는 이러한 세기말적 광경을 일제는 정책적으로 조장하였다.

첫째는 구한말 집권층의 정치적 불만의 토출구로써, 둘째는 유산계층의 탕재로 민족자본의 형성을 저해하기 위해서, 셋째는 청년층의 민족의식을 주색으로 마비시키기 위해서…. 이리하여 일본군의 한국 주둔과 함께 시작된 게이샤 풍속도는 식민지 강점과 지배 전술의 중요한 측면을 담당하게 되는 것이다.

다음 세 번째는 그 필연의 결과인 무부기無夫妓의 등장이다. 전래의 풍습은 기생이 반드시 기둥서방을 두게 마련이었으나, 그런 식으로 몰려든 벙어리 기생들이 이런 전통적 격식을 지켜낼 겨를은 없었다.

송병준의 후원을 얻은 이들 기둥서방 없는 기생들은 1908년에 다동조합을 결성하는데, 이것이 훗날 대정大正권번으로 개편된다. 약방·상방기생들은 역시 1908년 광교조합을 결성하고, 이것이 한성조합을 거쳐 한성권번이 되면서 일본식 권번제도가 뿌리를 내리게 되는 것이다.

창녀인 시궁골 3패들은 1908년에 경성창기조합을 결성하였다. 친일대감 조중응趙重應이 이것을 신창조합으로, 또 신창권번으로 개칭하게 함으로써 기생과 창녀의 구별마저도 모호해지고 만다. 가장 늦어서 1917년 2월, 남도기생들이 한남권번을 만들었다. 사이토 시절에 생긴 대동권번은 기생 친일화를 위해서 일제가 조직하게 한 것인데, 그 자세한 내막은 다음에 이야기 하겠다.

이리하여 조선인 기생권번은 일인 게이샤의 3개 권번에 비해서 대정·

한성 · 한남 · 대동의 4권번으로 되었다. 1930년 무렵의 기녀 수는 게이샤 3권번 도합 350명에 비해서, 기생 4권번은 약 5백 명이다. 이 해의 인구 비율은 조선인 19,685,587명에 대해서 일인이 501,867명이다.

일인 1,434명에 1명꼴인 기생 수가 조선인은 43,748명에 1명꼴인데, 이런 통계숫자를 통해서만 보더라도 그자들의 호색 기질이 유감없이 나타나고 있는 것이다.

제 2 장

이리떼들의

침입

침략자본의 진출

일제는 한 손에 칼, 한 손에 '코란'이 아니라 대포와 기생을 거느리고 조선에 왔다. 나중에 자세히 말하겠지만, 1906년 3월 2일 초대통감 이토의 그 어마어마한 부임행렬 속에도, 장성 · 비서 · 촉탁 이외에 이토의 정부인 4명의 화류계 여자가 섞여 있었다.

1894년, 청일전쟁 출병군의 진주와 함께 시작된 묵정동 70평의 공창가는 1904년 러일전쟁 출병군이 주둔하면서 '신마치(지금의 묵정동)' 8천 3백 평의 대인육시장으로 비약적인 성장을 한다. 이렇게 번성한 홍등紅燈 녹주綠酒는 뺏은 자들의 오만한 환성이었고, 빼앗긴 자들의 저항을 마비시키는 중요한 전술의 하나였다.

그럼 뺏은 자들의 오만한 웃음을 추적해 보기로 하자. 조선에 침략자본이 진출하기 시작한 것은 1876년 병자수호조약과 거의 동시이다.

이 해 1월 15일, 전권변리 대사 구로다가 운양호 사건을 따지기 위해서 6척의 함대를 이끌고 부산에 왔을 때, 그 일행 중에 군납업자로 훗날 대재벌이 되는 오쿠라가 섞여 있었다. 이들은 서해안을 북상, 강화도로 와서 병자수호조약을 강제로 체결한 후(3월 22일), 같은 달 28일 정산도를 거쳐서 철수하였다.

이때 오쿠라는 한국 측 접견사 수행원이던 송병준을 구워삶아서 함께 부산에 상관을 차리게 하였다. 그런데 당시는 양이론·양물금단론洋物禁斷論이 풍미하면서, 일본을 서양의 앞잡이로 보는 소위 왜양일체론倭洋一體論에 의해서 배일排日 기세가 크게 창궐하던 시절이다. 이럴 때 송병준이 침략자본과 결탁, 부산에 상관을 차리자, 민중의 분노가 끓어올랐다. 상관은 성난 민중들에게 피습 파괴되었고, 그후로 송병준은 친일 때문에 10여 차례나 사경에 직면하는 것이다.

1882년 7월 임오군란이 일어났을 때, 성난 민중들이 송병준의 집을 피습, 불태워 버렸다. 송병준은 몸만 빠져나가 남대문 밖 한 농가의 뒤 주 속에 숨어 간신히 목숨을 부지했는데, 1884년 갑신정변이 일어났을 때에도 분노한 민중에 의해 집과 세간 일체가 불태워진다.

일인 샤쿠오는 『조선병합사』에서 "일본의 감독이 없는 이태왕 치하의 조선인 내각 아래에서는 송宋 자신의 목숨이 위태롭다는 것도 그를 철저한 친일파로 만든 까닭"이라고 기록하고 있다. 물론 송병준의 친일 동기가 반드시 생명의 위협 탓만은 아니지만 어쨌든 그는 부산상관 피습 이래로 여러 차례의 피습 사건을 통해서 생명의 위협을 느꼈던 것만은 분명하다.

병자수호조약으로 부산이 개항장이 되면서 1878년에는 어느새 제일은행 부산지점이 개설되었다. 이를 통해서 사금의 매입이 시작되는데, 이렇게 반출된 조선의 금은 일본의 금본위 화폐제도 확립에 절대적인 역할을 수행한다. 1868~1893년 간의 일본의 금 총수입액은 1,230만 엔인데, 그 중 1876년 이래의 조선에서의 수입액이 835만 엔으로, 무려 67.9%를 점한다. 만약 조선에서 산출된 이 금의 수입이 없었다면, 우리나라의 정화正貨 준비는 한결 빈약했을 것"이라고 야마베는『일한병합소사』에서 말하고 있었다.

이러한 금의 반출은, 야마베도 말했거니와, "정상적인 무역 수지의 결과로 일본에 반출된 것이 아니었다." 1876~1880년의 한일무역은 대한對韓 수출 2,104,322엔, 수입 2,173,856엔으로 수입 초과이다. 그럼에도 불구하고 대량의 금이 일본으로 들어간 것은 조선에서 일본화폐를 유통시키고, 차관 저당으로 금광개발권을 강탈하여, 영세 채금업자에게서 선대금 대신 금을 강취하곤 했기 때문이었다.

이러한 부정한 방법은 쌀·잡화 등의 거래에 있어서도 마찬가지였다. 시오카와는 저서『조선통상사정』에서 조금만 인기가 있으면 대번에 품질을 저하시키곤 하던 일상들의 사기적 거래 행위를 다음과 같이 기술한다.

"냄비·솥 종류는 중량을 줄여서 망가지기 쉽게 하고, 가위·창칼·식칼은 날이 갈수록 무디어지며, 칠기는 갈수록 조잡해지고, 권련 등속은 흔히 다른 풀을 혼합해서 수요자의 혐오를 초래시켰다."

쌀은 경작 전에 궁핍한 농민에게 약간의 선대금을 준 후 소출을 빼앗아 가는 고리대금식 방법을 사용했다. 러시아국 대장성 편『한국지』는 일본이 "풍년에는 막대한 이익을 보며, 흉년이라도 그 손실은 거의 전무"라고 기술하였다.

이러한 약탈적 수법에 의해서, 1903년 군산·인천에 지점을 설치한 불이흥업은 1년 후 전북 익산에 전북농장 전답 1천 5백여 정보를 건설하였다.

이와 함께 신탁농지 4천 5백 정보를 경영한 불이흥업은 수리조합 3천

4백 정보를 개설하면서, 이 토대 위에서 군산의 시가지 20만 평을 경영한다. 1909년, 자본금을 30만 엔으로 증자한 불이흥업은 1912년 평북 용천龍川에 서선농장을 건설하고, 4천 정보의 간척사업과 7천 정보의 수리사업을 일으킨다. 1914년에는 종래의 상호 등본藤本합자회사를 불이흥업주식회사로 고치면서, 자본금을 1백만 엔으로 증자하였다.

미쓰이 물산의 탕아

미쓰이 물산은 1899년 서울에 출장원 파견소를 설치하였다. 미쓰이 하치로가 창업한 이 회사는 청일·러일전쟁과 세계 1차대전을 거치는 동안 1억 엔대로 증자되면서 일본 제1의 상사회사로 비대해진다. 해운·제재·조선업에까지 손을 뻗치면서 동남아·구미 각국에까지 지점과 출장소를 개설했던 미쓰이는 일본의 국제무역업계에서도 랭킹 1위이다.

1899년 개설인 서울의 출장원 파견소는 1904년에 경성출장소로 승격되면서, 면포·기계류·설탕·밀가루·쌀·석탄과 인삼 특약판매 등을 취급하였다. 이 회사의 초대 경성출장소장이 오다가키이다. 한말의 게이샤촌에서 최대의 난봉꾼으로 공인받은 오다가키는 요릿집에 가되, 정문으로 의젓하게 들어서는 법이 없었다.

이 자는 뒷문을 통해서 부엌으로 들어서자마자 술통이란 술통의 마개를 모조리 뽑아 버린다. 술은 흘러 넘쳐서 부엌을 채우고 또 마당으로 한강수를 이룬다. 이거야말로 글자 그대로 '주지酒池'라, 어찌 '육림酒池'이 따르지 않을쏘냐. 오다가키는 요정의 게이샤 전원을 손뼉을 쳐서 불러 모은다. 두 패로 갈라서 현상금을 걸고 줄다리기를 시킨 후, 술값과 술 범벅

진흙 범벅이 된 계집들의 세탁비까지 변상하였다.

이 자가 한번은 요릿집에 혼자 나타나 도미찜 50인분을 주문하였다.

"꽤 여러 분이 오시는군요. 무슨 연회인가요?"

요릿집에서는 숙수熟手며 마담까지 총동원해서 부랴부랴 도미찜 50인분을 장만하였다. 그런데 방에는 오다가키 한 명뿐, 손님이라곤 코빼기도 나타나지 않고 있었다.

"저, 요리는 다 됐는데요. 손님들은 아직 안 오시나요?"

"손님, 손님은 나 하나야. 요리가 다 됐으면 아무튼 가져오게나."

"어머, 그럼 혼자서 도미찜 50인분을 다 잡수셔요?"

하녀는 눈을 휘둥그렇게 뜨면서도, 어쨌든 50인분을 운반하였다.

"좋았어, 거기에 전부 내려놓게."

말을 마치자마자 오다가키는 방석 몇 장으로 그릇 50개를 덮었다. 그러더니 그 위에 벌렁 나자빠져서 미친듯이 너털웃음을 웃었다. 그릇이 깨지고 도미찜은 묵사발이 되면서, 국물이 넘쳐 요릿집 다다미까지 엉망진창이 되었다. 그리고는 모든 요리 값 · 그릇 값 · 다다미 값까지 깨끗하게 현금으로 판상한 후, 새로 도미찜을 시켜 밤새도록 술판을 벌였다.

그 무렵 화월에 초옥이라는 게이샤가 있었다. 꼬이고 달래서 공사 하야시가 전속처럼 만들었는데, 이 하야시란 작자도 그 방면에서는 한다 하는 난봉꾼이다. 1901년, 경부선을 착공하면서 불어나기 시작한 숫자가 요릿집 11개에 음식점 28개, 게이샤 52명, 작부 65명이라는 통계가 있는데, 이 모든 게이샤 · 작부는 살림을 들기까지 반드시 하야시의 손을 거쳤고, 따라서 그 남편들은 예외 없이 하야시의 퇴물을 물려받은 셈이 된다. 또한 하야시는 어디서 새로 게이샤가 왔다는 소리를 듣기 무섭게 제1착으로 달려가서 시험하곤 했다고 한다.

당시 일인들은 관료층과 재야在野가 조선에서 은연 중 대립 반목했는데, 이러한 갈등은 밤의 세계에까지도 이어졌다. 하야시와 초옥의 사이를 눈치 챈 오다가키는 무슨 억하심정일까. 써도 남아도는 돈을 초옥의 공략 작전에 집중 투자하기로 작정하였다.

"화월에 나갈 동안은 별로 신세 안 지겠어요. 그 대신 들어만 앉는 날이면 요정이든 여관이든 특급으로 차려 주셔야 해요."

이러한 약속으로 초옥이가 오다가키에게 투항하자, 하야시는 닭 쫓던 개 지붕 쳐다보는 격이 되고 말았다. 그리고 하야시는 주한공사에서 청국 공사로 전임되고 말았다.

세월이 지나 하야시가 본국으로 가는 길에 서울에 들렀다. 환영회 석상에 나온 초옥이를 보자 하야시는 옛정 옛미련에 마음이 은연 중 달아올랐다. 연석이 파하기 무섭게 하야시가 초옥이를 찾았으나 온데간데 없었다. 장사꾼이라 눈치 빠른 오다가키가 어느새 빼돌려 버렸던 것이다.

그날 밤 화월의 이름 없는 한 게이샤가 밤새도록 하야시의 푸념을 달래느라고 땀깨나 흘렸다고 전해지고 있는데, 그럼, 오다가키의 그 엄청난 유흥비는 도대체 출처가 어디였을까?

그 무렵 미쓰이 물산 경성출장소에는 은행에 예치해 두는 준비자금으로 50만 원이 있었다. 오다가키는 이 돈을 빼내서 내장원경內藏院卿(황실 재정 책임자) 이용익에게 구한국의 주회鑄貨 자금으로 고리대부하였는데, 은행이자를 넣고 남는 매월 5~6천 원의 차액이 쌀 1천 가마 상당으로, 요즘으로 치면 2억 2천 만 원 이상이었다. 구한국의 재정 궁핍을 틈탄 부정 수입으로 오다가키는 주지육림 속에서 미친 사람처럼 흥청거렸던 것이다.

대륙낭인이란 건달패

일제 침략사에서 대륙낭인들의 존재를 가볍게 다룰 수는 없다. 이 자들은 좁은 일본에서는 뜻을 펼 여지가 없다고 생각하고 대륙 웅비를 꿈꾸며 바다를 건너온, 일종의 건달 같은 족속들이다. 메이지 새 정권의 소외자이던 이 부류는 일정한 직업 없이 대륙을 유랑하다가 어용 마적이 되고, 혹은 침략 군벌의 앞잡이가 되기도 한다. 이리하여 이 부류의 초기의 반정부적 성향은 이윽고 극우파 파시즘 노선으로 선회하게 되는 것이다.

이들 대륙낭인들의 집단은 도야마가 영도한 현양사와, 거기에서 갈려진 우치다의 흑룡회로 대표된다. 서남전쟁(이것은 큐슈 가고시마의 유신파 거물 사이고가 정한론에 패함으로써 일으킨 반정부 반란 사건)의 북새통에서 살아남은 큐슈의 불평객 사족士族들은 교지사·강인사 같은 반정부적 정치결사를 거쳐서 1881년 2월 현양사를 결성한다.

그 사칙은 황실경대皇室敬戴·본국애중本國愛重·민권 고수로, 천황주의 내셔널이즘의 정치결사 내지는 정치적 압력단체였다고 할 수가 있다. 이러한 현양사의 초기 기질을 유메노는『근세쾌인전』에서 다음과 같이 증언한다.

대체로 현양사라는 것은 … 주의도 주장도 없었다. … 그저 어쩐지 마음이 맞으니 생사를 함께 하자는 그것만으로, 목숨 아까운 줄 모르는 작자들이 말없이 모여들었을 뿐이며, 따라서 그 안에서 들끓던 불 같은 정신은 말로도 붓으로도 표현하지 못할 정도였다.

여기에서 갈려 나간 흑룡회는 의화단 사건으로 대륙이 어수선할 때, 1900년대 대륙 진출을 꾀하면서 결성된 단체이다. 이들은 만주 흑룡강에서 회의 이름을 따옴으로써 대륙 진출의 첨병을 자처하였다. 이들은 러일전쟁 때 군사 간첩으로 활동했고, 일한합병의 이면 공작을 추진하였다.

이러한 성향과 기질을 갖는 대륙낭인들이라, 이들이 구한말 한반도의 풍운을 앉아서 구경할 턱이 없었다. 1882년, 임오군란으로 일본공사관이 불타자 '현양사 3걸'의 하나로 불려진 히라오카는 조선에 파견할 의용군을 모집한다. 현양사 3걸의 남은 두 사람 도야마와 하꼬다도 이 계획에 동조하였다. 이 현양사 의용군의 계획은 히라오카가 1천 2백 명의 병력을 거느린 전권단의 수행원으로 한국에 건너와 제물포조약을 강제로 맺음으로써, 중도에 모집이 중지되었다.

2년 후인 1884년, 갑신정변은 실패하고 김옥균은 일본으로 망명하였다. 일본 정부는 김옥균이 한국 정부의 요직에 있을 때는 원조 친선을 표방했으나, 김옥균이 한낱 망명객으로 본국 정부의 자객에 쫓기는 처지에서까지 원조할 성의는 없었다. 이용 가치가 없다고 판단한 일본 정부는 김옥균에게 혐의를 씌워 퇴거를 명했고, 불응하자 오가사하라섬과 홋카이도에 연금 격리시켰다.

현양사의 대륙낭인들은 이러한 김옥균을 이용하기 위해서 온갖 책동을 전개하였다. 도야마는 김옥균을 방문하고, 일선동포론과 상부상조론을 역설하면서, 첫 대면한 석상에서 거금 1천 원을 증정한다. 구루시마·데키야는 남양 탐험을 빙자해서 오가사하라섬으로 김옥균을 방문한 후, 개화당 원조를 위한 의용군 모집을 계획한다. 이와 별도로 도야마는 부산에 한·청·일 3개 국어를 교수하는 어학교 선린관을 세우고, 이 학교에 파견된 일본인 학생을 통해서 개화당 원조 → 친일정권 수립의 새로운 계획을 수립하였다.

이 무렵 1885년 11월에 오사카 사건이 일어났다. 이것은 자유당 좌파인 오이·고바야시 등이 대륙낭인들로 구성된 의용군을 이끌고 조선에 가서 사대당 정권을 타도하려다, 출발 직전에 발각 체포된 외환 미수사건이다. 이 사건으로 선린관의 계획은 중지가 되었으나, 도야마 등은 그후에도 개화당을 이용하려는 꾸준한 책동을 계속하였다.

이리하여 1894년, 동학항쟁이 일어났을 때, 이들은 동학군과 합류를 획책함으로써 군사 개입의 구실을 얻어 내려 하였다. 북큐슈 구루메 출신의 선승인 다케다 이하 15명으로 구성된 천우협天佑俠의 도당은 마산포로부터 내륙으로 순창에 이르러 전봉준과 면담하려 했던 것이다. 순창 전투에 참가하려 한 천우협은 아산 등지에서 일군의 작전 행동을 돕고 계룡산으로 들어간다. 이들 중 다케다·오자키 등이 다음해의 을미사변에 관계했다.

왕비를 죽인 말썽꾼

을미사변의 연루자로 재판을 받은 48명 중 21명이 구마모토현 출신이다. 기타 후쿠오카 · 나가사키 · 가고시마의 12명을 합쳐서, 큐슈 출신이 33명으로 무려 68.8%를 차지하고 있다. 현양사의 발상지이자 대륙낭인의 원산지인 이 지역 사람들은 서울 필동의 합숙소 낙천굴을 근거지로 해서 온갖 책동을 자행하고 있었다. 한성신보 사장 아다치는 일중日中 양국이 조선을 분할 점령함으로써 러시아를 막아야 한다고 역설한다. 역시 구마모토 출신인 사사는 약장수를 하면서 목포의 항구 매수를 책동하였다.

이 무렵, 조슈 군벌 수령 야마가타와의 암투로 육군에서 쫓겨난 미우라가 귀족원 의원을 거쳐서 주한공사로 부임해 왔다. 육군에서 괴물로 통하던 미우라는 조슈벌(長州閥)이면서도 야마가타 일파와 날카롭게 대립한 괴팍한 사나이였다.

그는 1881년 9월, 홋카이도 개척사를 한 구로다가 1천 4백 만 엔이 투자된 홋카이도의 관사 · 공장 · 선박 등 관유물을 단돈 30만 엔에 부정으로 불하시키려 하자, 미우라는 반대 상소문을 올렸으며, 이로 인하여 군인이 정치에 관여했다고 야마가타의 미움을 샀다. 또한 그는 군내 반反 야마가타 서클인 월요회의 고문이기도 했다. 미우라는 야마가타가 월요회를 장교 클럽인 해행사에 통합시키려 하자 정면으로 반대한 끝에, 중장으로 예편이 되고 말았던 것이다.

이러한 미우라는 요컨대 정치성이 강한, 음모가 스타일의 인물이었다. 주한공사로 부임한 그는 신임장만 제출했을 뿐 공사관에 틀어박혀서 세상 구경을 하려 들지 않았다. 참선승을 자처하면서 경문을 외우거나 아니면 낮잠을 자는 것이 일과였다. '독경공사'로 소문이 퍼지면서, 조선인 고관들의 공사관 출입도 점점 뜸해져 가고 있었다.

하지만 미우라의 흉중에는 엄청난 음모가 서서히 꿈틀거리고 있었다. 한성신보 사장 아다치와 바둑을 두다가 미우라가 지나가는 말처럼 질문을 했다.

"어차피 한번은 여우(명성황후를 가리킴) 사냥을 해야 하는데, 자네가 부릴 수 있는 젊은 사람은 얼마나 되지?"

이리하여 아다치를 비롯한 한성신보사 패들인 주필 구니토모, 편집장 고바야카와, 거자 사사, 객원 히라야마 이하가 음모에 가담한다. 우범선·이주회를 통해서 훈련대를 양성한 후비後備 보병 제18대대장 마야하라 소좌도 친일 훈련대와 함께 한 패로 끼어든다. 천우협의 도당이었던 다케다와 오자키, 훗날 일진회를 배후 조종하는 사세 등 대륙낭인 역시 한 패로 가담한다. 공사관부公使館附 무관 구스노세, 군부 고문 오카모토, 서기관 스기무라도 핵심분자로 참가하였다. 말썽꾸러기들만 모인 이 집단에서도 오카모토야말로 미우라에 버금갈 존재였다. 도쿄 진대(鎭台: 군관구로 사단의 전신) 예비 포병 제1대대장이던 오카모토는 휘하의 진대병鎭台兵과 근위포병을 선동해서 1878년 8월 다케바시(竹橋) 폭동을 일으킨 장본인이다.

궁성에 방화하면서 중신 이하를 참살하려 한 이 반란사건은 총살 53명, 유형 115명, 도형 68명과 기타 합계 총 259명이 처벌된 꽤 규모가 큰 사건이었다.

그런데 주모자 오카모토는 소좌 계급만 박탈당한 채 아무런 처벌도 받지 않았다. 철저하게 미친 시늉을 해서 심문관의 눈을 끝까지 속여냈기 때문이었다. 이런 오카모토는 원로중신 무쓰의 막후 브레인으로서 타고난 간지를 떨치며, 조선 정부의 궁내부 고문 겸 군부 고문으로 취임한다. 을미사변으로 조선을 떠난 오카모토는 군인 출신 대륙낭인 제1호로 중국 침략 전선에서 암약하였다.

이러한 작자들로 이루어진 흉행부대가 1895년 10월 8일 새벽 광화문 담을 넘어 들어갔다. 지밀한 곳을 덮쳐 왕비를 살해한, 이 자들은 석유를 끼얹어서 시체까지 태워 버리고 말았다. 왕비에게 직접 칼질을 한 하수인은 다카하시였다. 그러나 히로시마 법정은 "피고인 중 그 범죄를 실행했다고 인정할 증거가 충분치 못함"을 이유로 피고 48명 전원에게 무죄 면소판결을 내렸다. 이리하여 『재팬 · 가세트』지는 "사직은 화化해서 구실이 되고, 모살의 죄과는 변해서 일종의 덕행이 된다"는 말로써 일제의 사법권 운용을 비난하였다.

왕비가 일인에게 참살당한 사실은, 조선인에게는 천추에 씻지 못할 분노로써 이후의 한일관계를 급속히 냉각시키는 계기가 되었다. 그런데 범인 오카모토는 "조선 정부가 명성황후 살해행위를 감사하는데, 러시아를 염려해서 사건을 확대시키면 오히려 손해"라고 논했다. 역시 범인이던 히라야마는 "명성황후 살해로 러시아의 남하를 막은 것이야말로 러일전쟁의 승리의 원인의 하나"라고 자랑스럽게 회상한다.

이리하여 그 흉행자凶行者들, 예를 들어 아다치 같은 사람은 제 1 · 2차 가토 내각과 제1차 와카스키 내각의 체신대신, 하마구치 내각과 제2차 와카스키 내각의 내무대신 등으로 영달한다.

지방 여행으로 흉행凶行 과정에는 직접 참가하지 못한 시인 요사노(당시 학부 소관 을미의숙의 일어교사) 한 사람만이 "당시의 사상의 거침을 후회한다"는 말을 하였다.

을미년의 어느 생이별

그날 밤, 대궐의 참극에 마음을 졸이던 한 사람의 일본 여자가 있었다. 오몽(お紋)이란 이름을 가졌던 이 여자는 나이 23세에 드물게 보는 미녀로, 진고개 일대에서 꽤나 이목을 끌던 여자였다.

이 여자가 진고개 일대를 오르내리기 시작한 것은 을미사변이 나던 해 1895년 늦은 여름부터였다. 이 해 들면서 일인들의 거주가 좀 늘어나기 시작했다고 하지만 진고개 일대는 아직도 황량하기 짝이 없었다. 그도 그럴 것이, 이 지역에 게이샤가 수입된 것은 청일전쟁이 끝난 후 그해 가을부터였기 때문이다. 가뭄에 콩 나듯이 어쩌다 눈에 띄는 것이 나카이 족속이 아니면 아마쿠사섬에서 밀선으로 밀입국한 패들이라, 호박보다 좀 낫다는 정도일까? 이밖에는 오가는 행인이 모조리 독신자, 홀아비들이라 분 냄새와는 도대체 인연이 닿지 않는 거리였다.

이런 거리를, 그 여자는 충무로 4가쯤에서 진고개 어귀로, 날마다 비슷한 시각에 씨암탉걸음을 걷고 있었다. 작은 듯 알맞은 키에 탄력있는 육체의 선이 더러는 선정적인 분위기마저를 풍기는 여자였다. 맹물은 아닌 것 같은데, 게이샤 치고는 태도가 너무나 얌전하였다. 그러니까 말뚝에 치마만 널었어도 눈이 번쩍 뜨일 판인 이 지역의 일인 독신자들이 한숨까지 쉬면서 수군거렸다.

"기생은 기생인데. 하지만 조선에도 저런 게이샤가 와 있었던가?"

"기생은 아니야. 아무래도 여염집 여자가 분명하거든?"

"맞았어, 여염집 여자라구. 젠장, 어느 놈이 거느렸는지 팔자 한번 늘어진 친구로군!"

그리고 얼마가 지나자 사람들은 그 '팔자 한번 늘어진 어느 놈'이 공사관의 무관 구스노세 중좌라고 수군대기 시작했다.

"권번 출신이래. 지금은 구스노세 중좌의 애첩이라던 걸?"

"중좌 나리의 애첩이라? 우리 같은 놈은 보지도 못할 나무로구먼?"

그러던 10월 8일 새벽이었다. 진고개 어귀로부터 광화문으로 대궐 담을 넘어 들어간 무리들이 주린 이리떼처럼 설치면서 명성황후를 살해한, 그 참극이 일어나고 말았다.

일본 정부는 외무성 정무국장 고무라, 육군성 군무국장 다무라 등을 파견해서 진상조사를 하게 하였다. 이 다무라는 제4대 총독으로 독직 사건을 일으킨 야마나시의 장인이다. 이 자는 증언을 하기 위해 나온 오몽을 보고는 주책없이 불쑥 감탄을 쏟아냈다. 그녀가 낯도 들지 못하고 쩔쩔 매도록 만들었던 것이다.

"정말 미인인걸. 구스노세란 녀석, 주야 겸무로 견뎌낸 게 용하단 말이야."

이리하여 미우라 이하 50여 명이 본국으로 소환되고, 그 중 48명이 히로시마의 감옥에 투옥되었다.

사쿠라이조 2정목 182번지, 그 위치는 현재 충무로 4가 파출소 북편이다. 이곳 무관관사를 떠나면서, 구스노세는 두고 가야만 하는 오몽이 너무나 미인이라 걱정이었다. 그러자 아니나 다를까, 언제 풀려날지 모르는 남자를 기다리자니 오몽의 나이는 너무나 젊었다. 미처 석 달을 견뎌내지 못하고 가와무라의 품으로 둥지를 옮긴다. 이 자는 구스노세가 '쇼세이(비서 겸 하인)'로 데리고 있던 24~25세의 청년으로 어느 날 새벽 남의 눈에 뜨일세라 애욕의 도피행을 감행하고 만 것이다.

그로부터 꼭 2년 동안 오몽은 서울에서 볼 수 없었다. 그리고 1898년, 오몽이 짝 잃은 외기러기처럼 불쑥 돌아왔지만 화려한 옛 생활은 돌아오지 않았다. 옛날에 살던 관사를 이웃에 두고 영화와 인연이 먼 생활을 해야만 했는데, 어느새 그녀에게서도 고운 티가 가셨기 때문이다. 그녀는 고운 티가 가신 몸을 헌병장교 시로다에게 팔아 버렸는데, 흐르는 물에 뜬 거품이라서 그랬던지 그후의 종적은 알 수가 없다.

오몽에게는 명성황후 시해의 참극이 내리막 인생의 시초였다. 하지만 구스노세에게는 다른 연루자나 마찬가지로 입신양명의 계기가 되었다. 무혐의로 풀려난 그는 제12사단 참모장, 러일전쟁 때 제2병참감 소장으로 추억의 조선을 거쳐 갔고, 전쟁이 끝난 후 1907년에는 포병 중장으로 진급한다.

그뿐 아니라 그는 야마모토 내각(1913. 2~1914. 3)에서 육군대신으로 발탁되었다. 이 자리를 사람들은 능력 이상의 과분한 자리라고 평가하면서, 육상陸相 구스노세를 '구즈노세' 대신이라고 빈정거렸다. '구즈'란 것은 "우둔하고 결단력이 없고 행동이 바보스럽고 느리다"는 뜻의 왜말이다.

손탁호텔의 흥망과 성쇠

청일전쟁으로 청나라 세력을 몰아낸 일제는 친청파인 명성황후를 제거함으로써 조선에 대한 지배권을 확립하려 하였다. 이 참극을 주모한 미우라는 공사로 부임하기에 앞서 세 개의 안으로써 정부의 내훈을 요구했다. 그 세 개의 안은 (1)단독 보호 점령, (2)열강 1국과의 공동보호, (3)열강 1국과의 분할 점령 중 어느 것을 정책으로 할 것인가이다.

정부의 명확한 지시가 없자 미우라는 "나침반도 없이 무슨 놈의 항해를 하라느냐"고 불평하면서 조선으로 왔다. 명성황후 살해의 보고를 받자 "조선은 이제 일본 것이다. 안심해도 된다"고 했던 것이다.

하지만 결과는 미우라의 예상과는 빗나가고 있었다. 고종은 러시아 공사관으로 파천하였고, 각처에서는 '천추에 잊지 못할 분노'를 씻기 위해서 항일의병들이 궐기하였다. 다년간 친일 내각을 이끌어 온 총리 김홍집까지 이제는 일본에 등을 돌렸다.

1896년 2월, 김홍집 · 정병하(농상공부대신)가 노상에서 군중에게 타살될 때, 일본군이 내민 구출의 손길을 거절하면서 김홍집은 비통하게 말했다.

"조선의 총리로서 동족의 손에 죽는 것은 천명이다. 남의 나라의 도움으로 구차한 삶을 바라지 않는다."

김홍집의 시체는 밧줄에 묶여 종로까지 끌려와서 뭇사람에게 학대와 발길질을 당하고 말았다.

친일개화파는 망명하고, 이범진을 비롯한 친러파가 정권을 주름잡기 시작하였다. 하지만 고종은 불안하였다. 그날 밤의 참극을 잊지 못하는 고종은 각국 공사관을 통해서 북한산으로 빠지는 비밀통로까지 설치하면서 만일의 사태에 대비하였다. 을미사변 때 조선군 훈련대의 가담 사실을 알고 있던 고종은 신변 경호를 위해 외국인 친위대를 두고자 하였고, 이리하여 궁내부 고문이자 미국 총영사인 그레이트 하우스가 상해에서 30명 정도의 외인부대를 모병해 왔다. 영국·프랑스·러시아·독일인 기타로 이루어진 이들 외인부대는 입성 첫날을 충무로 2가의 파성관 호텔에서 머물게 되었다.

이 작자들은, 외인부대로 팔려다니던 만큼, 첫날부터가 말썽이었다. 싸움질 끝에 2층에서 떨어져 팔이 부러지는 녀석까지 생기자 그레이트 하우스도 머리를 절레절레 흔들며 2년 계약을 해지한 채 약간의 돈으로 쫓아 버림으로써 한국 최초의 외인부대 계획은 좌절된다.

이 무렵, 러시아 공사 웨베르는 아관파천을 틈타 처형인 미스 손탁(Sontag, 孫鐸)과 함께 친러파 중신들을 조종하면서, 러시아 세력의 기틀 마련에 힘을 쓰고 있었다. 1885년, 32세 때 웨베르를 수행해 온 손탁은 알사스 로렌 출신으로 웨베르의 추천으로 명성황후를 알현한 후, 외국인 접대 역을 맡아서 두터운 신임을 얻고 있었다. 1895년 그녀는 덕수궁 서쪽 왕실 소유인 토지 건물을 하사 받아서 거처로 삼았으며, 구미파 정객들이 결성한 정동구락부는 현 법원 앞에 회관을 신축할 때까지 그곳 손탁의 거처를 집회소로 이용하였다.

그들 정동구락부의 멤버는 이완용, 이범진, 서재필, 윤치호, 민상호 등으로 을미사변이 나자 이들은 김홍집의 친일정권 타도에 앞장을 서면서 손탁은 배일파 정객들의 집회소의 지배인으로 반일 정치결사의 주인공처럼 되어 버렸다. 1902년에 그녀는 낡은 한식건물을 양옥으로 신축하고 손탁 호텔이라고 이름을 붙였는데, 이 양옥은 2층이 귀빈용 객실, 아래층이 일반객실 · 집회소 · 식당으로 손탁의 사저를 겸하고 있었다.

웨베르 일파가 이렇게 득세하면서 조선에서 일본의 세력은 급속도로 쇠퇴하였다. 함북 경원慶源 · 경성鏡城의 광업권이 러시아의 니시첸스키에게 허가되었고, 압록 · 두만강변과 울릉도의 벌목권도 러시아인 브리네르에게로 넘어갔다. 러시아를 가상적국으로 하면서 근대 군비를 진행시켜 온 일제는 그 세력의 남하를 더 이상 용인할 수가 없었다. 조선만은 러시아에게 줄 수가 없다고 해서 을미사변을 일으킨 일제로서는 받아들일 수 없는 일이었다. 이리하여 니콜라이 2세의 대관식에 참석한 야마가타가 외상 로마노프에게 말했다.

"조선 문제로 양국이 다툴 것이 아니라, 38선에서 분할 점령하면 어떻겠소?"

혼자 먹겠다는 속셈인 로마노프가 이 안에 찬성할 까닭이 없었다. 그래도 입으로는 제법 미끈하게 대답했다.

"조선 분할이라니 당치도 않소. 독립을 존중하면서 두 나라가 조선을 원조해야 하오."

분할 점령이 안 된다면 러시아가 먹느냐 일본이 먹느냐이다. 이럴 무렵, 도쿄 신바시의 요릿집 호월湖月에서 러일 간의 개전에 박차를 가하고 있던 한 무리 직업군인들이 있었다.

청일전쟁으로 일본이 만주 요동반도를 얻었을 때, 러·불·독 3국은 3국간섭으로 그것을 청국에 돌려주게 하였는데, 이에 분개해서 자살한 일본 군인이 40여 명이나 되었다고 한다. 이처럼 러시아에 대한 군비강화가 착실하게 진행되고 있는 중에 그후 1903년 여름부터 일단의 장교가 앞서 말한 호월에서 회합을 시작하였다. '호월조'라 불려진 이 서클에는 훗날 조선군(주한일군) 사령관을 하는 이구치, 마쓰카와, 기타 10여 명의 육해군 장교와 외무성 관리 몇 명이 참여했다. 요릿집 호월의 창고 속에서 이들은 밤새껏 술을 퍼마시면서 '타도 러시아'를 외치고, 육상에게 개전론을 진정한다. 동대東大 교수 데라오 이하 7명의 박사·교수는 연서해서 일황에게 개전론을 상주한다. 당시의 수상인 가쓰라 또한 친영반러파 야마가타의 직계인 조슈벌의 영수로, 역시 반러파이다.

이런 과정을 거쳐서 러일전쟁이 일어나 러시아가 패전함으로써 조선에서 세력을 잃은 손탁은 1909년에 조선을 떠나 고국으로 돌아갔는데, 이때 손탁의 품속에는 병합 직전의 일본의 침략행위를 규탄하는 비밀문서가 들어 있었다는 이야기도 있다. 재산을 러시아의 은행과 기업에 투자했던 그녀는 소비에트 혁명으로 빈털터리가 된 채 71세로 러시아에서 객사하였다. 풍운이 몰아치던 한말, 음모가 횡행하던 손탁 호텔은 1918년 이화학당에 의해 매수된 후, 헐려서 신교사로 건축되었다.

난봉꾼 공사 하야시

1903년 5월의 러시아의 용암포 강제점령은 러일관계를 결정적으로 약화시키는 계기가 되었다.

일본은 만주에서 러시아의 권익을 존중하고, 대신 조선에서 일본의 권익을 보장받는다는 소위 만한滿韓교환 안을 거부당하자 전쟁준비를 시작하였다. 이때 일인거류민들은 진고개 일대를 서·중·동으로 3분하여 의용군 3대를 편성하면서 법석을 떨었다. 을미사변의 연루자 사사는 그가 경영하던 조선어 강습소 낙천굴에 합숙하던 학생들과 함께 출전 준비를 서두른다. 이들은 개전 직후 조선인 관립 일어학교 졸업자와 함께 일군 통역으로 종군하였다.

이런 북새통 속에서, 1904년 2월 23일, 외부대신 서리 이지용을 협박해서 한일의정서를 강제 체결한 자가 일본 공사 하야시이다. 한일 간의 공수동맹을 전제로 한 이 조약 제4·5조에 의해서 일제는 조선에서의 용병권用兵權·주병권駐兵權과 군용지 수용권을 확보한다. 이리하여 일제는 종래의 일군 수비대를 한국주차군으로 개편하고, 이것을 훗날 조선군(주한일군)으로 발전시키는 것이다.

이 조약을 강제 체결한 하야시는 가쓰라·고무라와 함께 '3대 조선통'으로 불려진 사람이다. 즉 일제 병합정책의 3대 원흉으로 바꿀 수 있는 말인데, 이 자는 비단 조선에서가 아니라 남산 밑 게이샤촌에서도 통通이었다. 그 무렵 작부를 합쳐서 100여 명이던 남산 밑 게이샤들은 거의 전부가 살림을 들기 전에 하야시의 품을 거쳐 나갔다. 그는 화월의 게이샤 초옥을 정부로 삼았고, 미쓰이 물산의 오다가키에게 초옥을 빼앗기자, 국취루의 게이샤 주로와 정분을 맺었다. 하야시가 조선을 떠난 후 평북 희천熙川 금광의 광업주 쓰다의 아내가 된 주로는 이런 경력에서 보듯이 여간내기가 아니었다. 그녀는 외부 참여관 나베시마의 정부였는데, 어느 틈에 슬며시 하야시까지 구워삶아 버렸던 것이다.

그러던 어느 날 주로가 요정에 나가 나베시마를 모시는데, 한 지붕 아래 두어 칸 떨어진 방에 하야시가 술을 마시러 왔으니, 주로로서는 정부 나베시마의 무릎에 앉아 있었지만 바늘방석일 수밖에 없는 노릇. 그녀에게 나카이가 다가와서 자꾸만 귓속말을 했다. 하야시가 부른다는 것이다. 주로는 슬그머니 자리를 떠서 방을 옮기고는, "미안해요, 월부로 옷 한 벌 맞추느라고…." 그런데 10분도 못되어 나카이가 들어오더니 나베시마가 찾는다고 옆구리를 찌른다. 또 방을 옮기고는, "미안해요, 화장품 값 계산이 틀려서 다투다 왔어요." 하도 들락날락하니까 하야시는 그만 화가 나 버리고 말았다. 나카이를 불러다 앉혀 놓고서, 따져 물었다.

"주로는 어디 갔어? 들락날락 옷은 뭐 열 벌도 더 맞춘다더냐? 주로를 불러와!"

궁여지책으로 여자들은 꾀병을 쓰기로 하였다. 오만상을 찌푸린 주로가 죽는 시늉을 하면서 들어서자 부축해 온 나카이가 대신 변명을 한다.

"미안해요, 보시다시피 이렇게 몸이 아파서….”

하지만 하야시도 이런 일에는 이골이 난 사람이다. 계집이 왜 들락거리는지 그쯤이야 훤하다. 슬쩍 비꼬아서 말한다.

"흥! 몸이 아프면 한성병원의 와다 원장이 좋겠군! 와다박사는 미남이 것다, 나 아닌 딴 놈팡이보다야 백 번 낫겠지?"

하야시의 왕실 회유 공작은 이런 방탕 속에서 전개되었다. 앞서 말한 한일의정서의 조인을 위해서, 하야시는 외부대신 서리 이지용을 1만 원에 매수했고, 군부대신 이근택에게는 위압과 협박을 가했다. 이용익 기타 친러파 요인들은 술도 돈도 공사관 연금도 통하지 않아서 일본으로 꾀여내 버린다. 아래는 이로항, 참모총장, 육·해군대신과 4대 원로인 이토·이노우에·마쓰가타·야마가타 앞으로 보낸 하야시의 보고 전보문이다.

이용익의 존재는 심히 방해의 근원이 되므로, 차제에 일본 유람을 하도록 권고, 관유선官有船에 편승시켜서 근간 일본으로 출발시킬 것임. 또한 길영수는 제2의 이용익이요, 이학균·현상건은 필경 러시아의 간첩과 다름없으므로, 이들 3명도 이용익과 마찬가지로 점차 일본 유람을 하게 할 것임.

이리하여 하야시는 전국 황무지의 50년의 개간권을 청구하였고 이하영 이지용을 구워삶아서 국내 하천의 자유항행권을 얻어 내었다. 마침내는 을사乙巳 당년의 특명전권공사로서 을사늑약을 체결하고 말았다.

주차군 사령관의 스캔들

1904년 2월의 한일의정서에 의해서 한국주차군 사령부가 편성되었다.(1904. 3) 초대 사령관은 육군소장 하라구치(1904. 3~1904. 9)인데, 헌병경찰제로서 보안회의 황무지개간허가 반대운동을 탄압한다. 제2대 사령관은 육군대장 하세가와(1908. 12)로서 헌병경찰제를 확대 실시하면서 의병 탄압의 초토 전술로 '호랑이'라는 악명을 떨쳤다.

이에 이르기까지의 주한일군사는 1880년 4월 서대문 밖 청수관에 개설된 일본공사관의 경비병 약간 명으로부터 시작된다. 임오군란 때 성난 민중들이 습격해 오자 지휘자인 대위 미즈노는 칼을 뽑아 들고 춤을 추면서 아래의 시를 읊었다.

내가 지닌 3척 보검 (我有寶刀三尺強)

여러 해 피 맛을 보지 못했다 (血痕難認幾星霜)

오늘밤 한성 한바탕 꿈에 (京城今夜一宵夢)

번개처럼 날면서 개·염소를 죽이리라 (紫電光中斃犬羊)

이후 니레·다카시마 두 소장이 거느린 육·해군 1천 2백은 1882년 8월 16일 서울 성안으로 진입하였다. 이들은 공사관을 다시 개설하면서 제물포조약을 강제체결하고, 공사관 경비병을 1개 중대로 증원시켰다. 청수관 공사관의 소실이 병력 증파의 구실로 이용된 것이다. 대위 무라카미가 지휘하는 이 공사관 수비대(센다이진대 보병 제4연대 분견 중대)가 갑신정변 때 경우궁으로 난입하였다.

그후 청일전쟁 출병군인 오지마 혼성여단은 경성수비대로 후비보병 제18·19대대를 남겨 놓고 철수하였다. 마야하라 소좌가 지휘하는 후비보병 제18대대는 전쟁 중에 양성한 구조선군 훈련대를 주구로 삼아서 을미사변에 참가한다. 또한 이들 두 대대는 항일 동학군과 치열한 전투를 벌였고, 을미사변 후 각처에서 궐기한 전기 의병항쟁에 대해서 초토작전을 전개하였다.

이러한 과정을 거쳐서 러일전쟁 때 일제는 한일의정서를 체결하고, 그에 의해서 영구 주병권駐兵權 확보하였다. 이렇게 해서 편성된 한국주차군 사령부는 병합과 함께 조선주차군 사령부로 개칭되고, 조선 내 2개 사단 증설에 따라 제19·20사단이 조선(서울·나남)에 상주하게 되면서 1918년 5월부터 조선군 사령부로 이름을 바꾸게 된다. 이에 이르기까지, 주차군 시절에는 일본에서 2개 사단이 교대로 와서 주둔하였다.

이들 병력을 지휘한 제2대 사령관 하세가와는 야마구치현 출신으로, 조슈 군벌의 직계였다. 그는 주차군 사령관을 하면서, 친일단체 한일부인회에서 설립한 명신여학교에서 학감 후치카와와 함께 예법禮法 과목을 맡아 가르쳤다.

이 한일부인회는 일본 애국부인회가 공사관의 하기하라·구니와케 등

두 관리의 처를 시켜 만든 조직(1906년)으로, 궁내부대신 민영철, 표훈원 총재 민병석, 학부대신 이재극, 외부대신 이하영, 내부대신 이지용, 한성 판윤 박희병 등 정부 각료와 그들의 처 그리고 왕족 등 상류층 부인 수십 명으로서 조직된 것이다. 명신여학교는 일본의 학습원과 비슷한 귀족학 교로, 명문귀족의 부녀만 입학할 수 있었다.

이 한일부인회에 관해서 황현은 『매천야록』을 통해 다음 같은 기록을 남기고 있다.

> 지용址鎔의 처 홍洪씨와 영철泳喆의 처 유柳씨는 더욱 혜렴慧艶하여 하세가와와 악수를 하고 입을 맞추며 때도 없이 출입하여 추성醜聲이 나라 안에 가득하였다.

이렇게 되자 홍씨와 특별한 사이였던 하기하라는 질투의 불꽃이 끓어올랐다. 홍씨는 1906년 11월 이지용이 특파대사로 도일할 때 동행하면서 명함이 필요하여 홍洪자에 경卿자를 붙여 이홍경이라 일렀다가 훗날 이옥경으로 개명한다. 그녀(홍씨, 즉 이옥경)는 남편 이지용이 방탕하여 고종에게 누차 견책될 때 엄비에게 매달려 용서받게 하고 중용되게 했기 때문에, 남편도 그 큰소리를 막지 못했다고 한다.

그녀가 처음에 하기하라와 통通하고, 다시 구니와케와 통하고, 다시 또 하세가와와 통하자 하기하라는 분노와 질투를 참을 수 없었다.

이리하여 『매천야록』은 전하고 있다.

> 수일ㅠ—이 귀국할 때 홍경(洪卿: 이옥경)이 환송하며 입을 맞추는데, 혀끝

을 내어 입 안에 넣자 수일이 이를 깨물어 찢으매, 홍경은 아픔을 참고 귀가한 바, 사람들은 작설가^{嚼舌歌}를 지어서 이를 조소했다.

하세가와는 또한 민영철의 처 유씨와도 불미한 풍설을 남겼다. 민영철이 상해로 가자 유씨는 '왜관'을 드나들면서, 혹은 또 북한산 승방 등에서 터놓고 음행이 그치지 않았다^(宜淫無己)고 앞의 『매천야록』에 기술되어 있다.

용산 아방궁

러일전쟁 때 하세가와는 한국주차군 사령관이면서 새로 편성된 압록강군鴨綠江軍을 지휘하였다. 이 압록강군은 하세가와에게 봉천공략전 참가의 명예를 주기 위해서, 조슈벌의 책모로 탄생한 것이었다고 한다. 즉 러일전쟁 당시의 출병군의 편성은 봉황성 → 요양→ 봉천으로 진격한 제1군의 사령관이 후치카와였다. 제2군 사령관 오쿠는 남산 → 득리사得利寺 → 요양 → 봉천으로 진격한다. 제3군 노기는 여순→ 봉천이다. 제4군 노즈는 제 1·2군의 중간에서 요양 → 봉천으로 향한다. 이들 각군을 지휘하기 위해서 만주군 총사령부가 편성된 바, 총사령관은 오야마이다.

봉천 공격을 위해서 제3군이 최좌익 전선으로 진출했을 때, 압록강군은 제3군 휘하인 제11사단을 주력으로 하면서 새로 편성되었다. 봉천 공격의 최우익 전선을 담당할 이 부대는, 따라서 제5군이란 이름으로, 만주군 총사령관이 지휘하는 성격의 부대였다. 그런데 그 부대는 압록강군이란 특수한 명칭으로 한국주차군 사령관을 통해서 대본영 직할에 들어 있었다.

이러한 편성은 하세가와 개인에게 명예와 전력戰歷을 주기 위한 저의로서 조슈벌의 횡포이었다. 이것은 봉천전투가 끝나자마자 압록강군이 만주군 총사령관 휘하로 옮겨진 것만 보아도 분명한 사실이다.

하여간 이런 형식으로 봉천전투에 참가한 하세가와는 러일전쟁이 끝나자 당시의 군사비 잉여금 50만 원으로 용산에 군사령관 관사를 신축하였다. 쌀 한 가마 값이 5~6원 안팎이던 시절에 50만 원은 쌀 10만 가마에 해당하는 거액이다. 세칭 용산 아방궁으로 불려진 이 건물은 수천 평 대지에 대궐이 무색한, 그야말로 어마어마한 호화주택이었다. 그런데 하세가와는 지어만 놓았다 뿐이지, 하룻밤도 여기서 자지 않았다. 그는 미도파 부근의 전 국립중앙도서관 뒤쪽 소공동의 대관정大觀亭을 군사령관 관사로 이용하였다.

하세가와뿐 아니라, 훗날 통감부가 개설되면서 이토도, 그밖의 어느 누구도 이 집에 입주를 하지 않았다. 이 무렵 구한국 정부의 고문을 비롯해서 통감부 관리들은 입주할 사택 때문에 여간 곤란을 당한 것이 아니었다. 재정고문 메가다는 청파동 민병석의 별장이던 집에서 셋집 신세였다. 궁내부 고문 가토는 안국동 8번지 현재의 윤보선의 집에 방을 빌렸다.

이런 판에 입주자가 없으니, 그럼 흉가인가? 남의 눈에는 흉가인 것이, 입주자 없이 긴 세월 버려져 있는 바람에 그 집은 어느새 까막까치의 소굴이 되다시피 했던 것이다.

무용지장물, 이것이 세칭 용산 아방궁에 붙은 또 하나의 대명사였다. 이것이 무용의장물이어야 하는 까닭은 치밀하지 못한 설계와 방대한 건축 규모 때문에 월 전기료만도 4백 원 이상이 들었기 때문이었다. 이 4백 원은 쌀 80가마 값에 해당한다. 이리하여 이토조차 그 집을 외면해 버리자 말썽은 폭발하였다. 러일 전비戰費 잉여금이라 하지만, 그것은 국민의 혈세요 성충誠忠의 결정이라 하였다. 전몰·전상 장병이 수두룩한데, 이들조차 거들떠보지 않으면서 거금을 그런 데다 소비한 정신상태가 틀려먹었다는 비난이 일었다. 국비의 남용이요, 따라서 일종의 배임행위라는 것이다.

이리하여 후지무라 같은 사람은 "국가는 엄벌을 과해야 하고, 국민은 전체로서 사회적 제재를 가해야 한다"고 비난하였다.

견디다 못한 하세가와는 책임을 벗을 속셈으로 그것을 구한국 왕실에 기부하려 하였다. 이궁離宮으로 쓰라는 것이었으나 구한국 왕실 역시 월 전기세 4백 원은 손쉽게 지출할 수 있는 돈이 아니었다. 이리하여 용산 아방궁은 그후에도 오래도록 흉가 아닌 흉가로 까막까치의 낙원이 되었던 것이다. 하세가와는 소공동의 대관정에서, 게이샤 고로와 치정의 세월을 보내면서, 의병 탄압의 초토전술을 지휘하고 있었다.

제 3 장

이토 :

화류계의 제왕

을사늑약 전야의 여자

러일전쟁으로 일제는 조선 지배권을 확립하였다. 대러 강화조약서를 비준 교환(1905. 10. 15)한 한 달 후, 1905년 11월 17일, 일제는 을사늑약을 강제 체결함으로써 식민지화의 최초의 관문을 열어젖혔다.

이 조약을 위해서 이토는 조인 1주일 전인 11월 9일에 내한하였다. 의장기마대 3개 소대의 호위로 손탁 호텔에 여장을 푼 이토는 이튿날 10일 고종을 알현하고, 일황의 친서를 바치는 의례 절차를 마친다. 11~13일까지는 공사관과 대관정을 둘러보면서 전권공사 하야시, 주차군 사령관 하세가와 등과 더불어 을사늑약 체결을 협의한다.

다음날 14일, 이토는 인천으로 원정, 요릿집 아카오카에서 '불모不毛미인'으로 알려진 게이샤 오다미의 시침을 받는다. 15일에 귀경한 이토는 고종에게 을사늑약 안을 제시하면서, 거절하면 "한층 더 불이익한 결과를 각오해야 한다"고 협박했다. 그리고 16일에는 각부 대신을 공사관으로 불러서 회유·협박을 시작하였다.

그동안 숙소인 손탁 호텔을 제1착으로 방문한 사람이 배정자이다. 말로는 모모한 측의 밀명으로 이토의 동정을 살피려 했다는 것인데, 배정자의 말은 이와 달랐다. 아무도 없는 방에서 오랜 동안 정답게, 아무튼 무슨 관계라도 있는 것처럼 자랑을 하면서 다녔다던가? 그런데 육군참장 현영운의 정부인貞夫人 배정자는 지난날 이토의 양딸이었다. 그리고 그녀와 이토의 이런 식의 풍설은 그 옛날 이토가 오이소의 별장에서 정양할 무렵부터 이미 심심치 않게 나돌기 시작하고 있었다.

이런 식의 에피소드는 적어도 이토가 나타나는 모든 장소에서 바늘에 실 가듯이 따라다니던 것이었다. 이토라 하면 누구나 알듯이 조선침략의 기초 작업을 완수한 원흉이지만, 또 한 가지 서울 화류계 30년 번영의 기초공사도 이토에 의해서 완수된 것이라는 사실은 뜻밖에 모르는 사람이 많다.

이 자는 을사늑약이 체결되기 전 1904년 3월 17~26일에도 특파대사로 조선을 다녀갔다. 이때 그는 파성관 호텔에 머물면서 도산정의 게이샤 기미코로 하여금 침실의 시중을 들게 하였다. 그때 기미코는 방년 16세, 1841년생인 이토는 64세였다. 48년의 이 연령차는 딸이 아니라 손녀, 증손녀쯤 되는 세대차이다. 하니 아무리 영웅호걸이 또 간웅 역적이 주색을 좋아한다지만 불만이 생길 수 밖에 없었다. 기미코도 술 치는 솜씨 하나는 날렵했지만, 설익은 복숭아처럼 미처 비위를 맞추어 내지 못해 이토의 노여움을 샀다고 한다. 이런 종류의 불만은 인천 아사오카에서 밤시중을 든 오다미의 경우에도 해당되었다. 후일담이지만, 통감부를 차린 후 이토의 관저는 드나드는 게이샤·건달패들로 저녁마다 꽤나 소란하였다. 그 대표적인 자는 국취루의 게이샤 후미노스케인데, 훗날 요릿집 기요나카의 마담으로 출세한다.

화월의 명화이던 오치요는 요릿집 지토세(千歲)를 차린다. 국취루의 게

이샤 사부로는 이토의 밤시중을 들더니 살림을 차려 달라고 보채기 시작
했다. 입맛이 쑥쑥해진 이토는 피륙과 얼마간의 돈으로 허둥지둥 인연을
끊어 버렸다.

이들 출입기생·출입건달들에게 이토는 심심찮게 메모를 보냈다.

> 오늘밤 요전의 그 '말'을 데리고 오시오. 만일 요전의 그 말에 유고有故 있
> 으면 필적할 만한 다른 말을 물색해 보내시오.

통감 체면에 게이샤라고는 못하니까 대신 '말'이라는 은어를 썼다.

그런데 이쯤 들어 이토의 보채는 품이 한결 더했다.

"도대체 요즘엔 모조리 조랑말이야. 좀 색다른 천리마 하나가 그렇게
도 쉽지 않은가?"

이리하여 인천 아사오카의 일건을 알 턱이 없는 후미노스케가 어느날
오다미를 데리고 갔다. 이 여자는 훗날 동척 이사 이와사의 애첩이 되는
데, 그 무렵 화월로 옮겨와서 얼마 되지 않았다. 그녀를 본 이토가 시큰둥
하게 뇌까렸다.

"이건 불모미인 오다미로군! 색다른 것도 좋지만 거기가 그렇게 색달
라서야 어디…."

오다미는 온 얼굴이 대번에 모닥불로 변했다. 이 여자는 있어야 할 것
이 있어야 할 곳에 있지 않았던 것이다. 하지만 용모는 아름다워서 이토
가 말했듯이 불모미인…. 이날 이후 오다미에게는 그 넉 자 '불모미인'이
란 말이 대명사처럼 따라 다녔다.

이 여자는 인천 아사오카 요정에서 을사늑약 은폐의 연막전술을 위한

잠자리 시중에 동원되었다. 이튿날 15일, 이토는 아닌 밤중에 홍두깨로 고종을 협박하고 한국의 중신들을 회유 협박해서 이틀 만에 벼락치기로 을사늑약을 강제 체결한다.

이 조약안은 그해 10월 16일 수상 가스라, 외상 고무라, 주한공사 하야시의 선에서 확인된 후, 10월 27일 내각 방침으로 확정되었던 것이다. 이때 일제는 구한국 정부가 끝까지 반대하면 무력으로 '보호화'를 강행한다고 결정하고 있었다.

요화 배정자

그럼 배정자는? 대원군 집정 시절 김해 고을에 배지홍이라는 세무관리가 있었다. 힘이 장사였던 그는 토색질을 잘 해와서 수석이방首席吏房에까지 승진했으나, 민심을 크게 잃고 있었기 때문에 대원군이 실각하자 명성황후 세력에게 잡혀서 처형되고, 그의 집은 일시에 몰락하였다.

그의 장녀 배정자(어릴 때 이름은 분남(粉南)이다)는 어미와 함께 유랑의 신세가 된 12세 때 밀양에서 소문난 미모 때문에 관기로 팔리게 되었다. 그녀는 양산 통도사로 도망쳐서 구연법사九淵法師로부터 우담耦潭이란 승명을 받고 머리를 깎았지만 비구니 생활 2년 만에 속세로 도망치고 말았다.

부친의 친지이던 동래부사 정병화가 이런 그녀를 부산의 무역상 마쓰오에게 맡겼다. 이리하여 오사카로 간 그녀는 개화파 요인 안경수에게 인도되어, 구마모토의 상경尙絅여학교에서 일어를 배운다. 그리고 나중에 김옥균을 통해서 이토를 알게 되었던 것이다. 이토는 18세로 재색을 겸했던 그녀를 양녀로 삼아서 수영 · 사격술과 친일 사상교육 등을 실시하였다. 요즘말로 하면 간첩으로 밀봉교육을 시작한 셈이었다.

이와 같이, 의지가지없는 불우한 자를 원조해서 친일권으로 끌어들이던 수법은 일제 침략의 중요한 한 전술이었다. 즉 동학항쟁으로 부모를 잃고 유랑하던 민원식은 이토의 지우를 얻어 친일파가 된 후 반독립 정치모략인 참정권운동의 기수가 되었고, 청조 숙친왕肅親王의 제14 왕녀 김벽휘는 일인 가와지마의 양녀로 친일교육을 받고 대륙침략전선에서 동양의 마타하리로 불려진 친일간첩이 되었기 때문이다. 그러니까 배정자는 일인들의 이러한 상투적인 수단에 말려들어 친일 여간첩이 됐던 것이다.

21세로 귀국할 때 그녀의 품속에는 망명객 김옥균의 서찰이 들어 있었다. 체포된 그녀는 이토의 양딸이라는 이유로 감영에서 풀려났다.

상경하여 일공사관에 잠복한 그녀는 고영근·김영진 등의 인도로 경운궁(현 덕수궁) 출입을 시작하였다. 고종을 지척에서 모시던 고영근·김영진 등은 공사관에 체류하던 배정자를 통해서 일본의 동정을 정탐하려 했던 것이다.

재색을 함께 겸했던 배정자는 고종에게서 큰 신임을 얻었다. 이리하여 그녀의 덕수궁 출입이 빈번해지자, 이를 밉게 본 한 신하가 고종에게 상주했다.

"비기秘記에 가로되, 갓 쓴 여자가 '갓 쓴 여자 문門'으로 출입하면 국운이 쇠한다 하였습니다. 통촉하옵소서."

덕수궁 정문은 원래 이름이 '갓 쓴 여자 문'인 대안문大安門이었는데, 양장에 모자를 쓴 배정자의 출입 때문에 대한문大漢門으로 개명하게 됐다는 이야기가 전해지고 있다.

러일전쟁 전야의 풍운 속에서, 개화 망명세력의 쿠데타 설은 꾸준히 나돌고 있었다. 을미사변의 참극을 경험한 고종은 불안한 나머지 북한산으로 피할 수 있는 비밀통로까지 설치하였다. 고종은 신변의 안전을 위해 제1안으로 평양천도를 생각했고, 제2안으로 블라디보스톡 외행外幸을 생각하였다. 러일의 세력 각축이 한창일 때 고종의 천도나 외행은 일세日勢의 전면적 붕괴를 의미하는 것이었다.

　하지만 배정자가 일공사관에 이를 통보함으로써 평양천도와 블라디보스톡 외행은 결국 물거품이 되고 말았다. 그녀는 병합의 이면에 서 일본을 위해 활동하고, 헌병사령관 아카시의 주구로 병합 후 민족운동 탄압에 일익을 담당하였으며, 일군의 시베리아 출병(1918. 8~1922. 10) 당시는 일제 봉천 총영사관의 촉탁으로 마적단 매수에 솜씨를 발휘한다. 그녀는 경무국장 마루야마의 지령으로 독립투사 체포를 위해서도 암약하였다.

통감의 여자들

을사늑약에 의해서 1906년 2월, 통감부가 구 경기도청 부근인 육조六曹 앞 외부外部 청사에 개설되었다. 이로부터 1년 후 통감부는 남산 밑 신청사로 이전하면서 식민지 강점의 아성으로 군림하게 된다.

이 권부權府의 초대 주인공 이토는 군함 이즈미 편으로 1906년 3월 2일에 착임하였다. 이때의 수행자는 육군소장 무라타, 해군소장 미야오카, 통감부 초대 외무총장인 나베시마, 비서관 후루야와 촉탁인 남작 다카자키 · 나베시마 · 도모토이며, 흑룡회黑龍會의 우치다 등이 있었다.

장성, 고관 비서들로서 구성된 이 어마어마한 부임 행렬 속에 고관도 장성도 아닌 3명의 여자가 섞여 있었다. 도쿄 니혼바시의 요릿집 오마타의 딸인 오카네, 통감 전용의 미인 간호부 겸 정부인 오류우, 또 비파의 명인인 요시다 다케코로서, 모두가 통감을 지척에서 섬길 여자들이다.

이 3명으로도 부족했던지 4월이 되면서 사다코가 관저로 찾아 들었다. 이 여자는 신바시 굴지의 고급요정 신사도에서도 굴지에 꼽히던 게이샤이다.

남작 곤도를 통해서 이토가 수행을 교섭하자 요릿집에서는 몸값 1만 원을 요구하였다. 돈 하나는 호방하게 잘 썼다는 이토지만 여기에는 적잖이 기가 막혔다. 쌀 1가마라야 5원 안팎, 충무로 일대의 금싸라기 땅이 평당 비싸야 50원이던 시절의 1만 원은 쌀 2천 가마에 해당하는 돈이다. 그러자 이토가 항변한다.

"기생 하나의 값이 1만 원이라구? 그럼 나 이토는 도대체 얼마의 봉급을 받아야 계산이 맞겠는가? 하여간 그렇게 엄청난 돈은 줄 수가 없어. 그렇다고 안 데리고 갈 수도 없으니 1년 간의 출장 화대를 지급하겠다."

이리하여 당시의 1일 출장 화대 15원으로 1년분인 5,475원, 선불은 2할 감액이 관례여서 4,500원에 결말이 났다. 그리고 이토는 신문의 가십 기사가 겁이 났던지 사다코를 공식 명칭 '하녀'로 해서 데리고 들어왔다.

여기서 우리는 짚고 넘어가야 할 일이 있다. 1904년 6월, 일제가 묵정동 일대 8,300평을 공창가 부지로 매수하면서 지불한 땅값이 4,400원이다. 1904년 8월, 한국주차군 사령부가 용산의 1,150,000평, 평양 1,960,000평, 의주 860,000평, 합계 3,970,000평을 군용지로 수용하면서 지불한 금액은 평당 쌀 반 되값 꼴인 215,000원이었다. 4,500원에 85,000평씩을 수용한 셈인데, 이 돈으로 용산·평양만 형식적 보상이 됐을 뿐, 의주에는 단 한 푼도 지급되지 않았다.

그런데 이토가 기생 하나를 4,500원에 전세를 내온 것은 어떤 형식으로든 간에 한국 민족에게 전가된 것과 마찬가지였다. 1907년, 일황 다이쇼가 황태자로 조선에 왔을 때 일 거류민단에서 지출된 영송迎送경비의 총액이 그 금액과 큰 차이가 없는 5,653원이다.

이 여자들은 통감 관저에 살면서 이권싸움 사랑싸움으로 춘추전국시대를 연출하였다. 그 무렵 일 거류민들은 이토의 붓글씨를 얻어 가짐으로써 자랑으로 삼았는데, 이것을 얻어내는 루트가 앞의 네 여자들이었다. 먹 갈고 비단을 펴면서 아양을 떨면 싫다고 못하는 남자의 마음, 그 바람에 여자들은 비싼 수고비로 호주머니가 듬뿍했다. 이런 식의 이권 주선과 이토의 총애를 독점하려는 반목·질시로 인해, 그해 8월이 미처 못 가서 제1착으로 간호부 오류우가 실각하였다.

"그날은 참 무더웠어요. 그런데 사다코가 글쎄, 다카자키 촉탁하고 한 이불 속에 있었거든요. 그걸 본 사람이 나 오류우에요. 그래서 사다코가 날 자꾸만 모함했어요. 내가 통감 각하에게 보고할까봐 그게 겁이 났던 거예요. 그 바람에 나만 이렇게 쫓겨나고 죄 지은 년은 글쎄 아무 탈이 없어요."

오류우는 누구나 잡고 이렇게 푸념했으나, 사다코 역시 그해 겨울이 가기 전에 쫓겨나서 신바시로 가고 말았다. 남은 애첩은 오카네와 다케코 두 사람. 그런데 어느 날 관저에서 주지육림의 통감부식 연회가 베풀어졌다. 파장 무렵, 총무부장관 스루하라가 비틀걸음으로 현관을 향하자 오카네가 걱정스럽게 뒤를 따라 나갔다. 그 순간 스루하라는 문득 정욕이 발동했다. 다가서면서 넌지시 손목을 잡는데, 하인이 그 장면을 목격하였다. 하인은 촉탁 다카자키에게 보고하고, 다카자키는 또 꼬리에 꼬리를 붙여서 이토의 귀에다 상달하였다. 이리하여 스루하라는 크게 이토의 분노를 샀다.

하지만 그가 지은 죄라곤 손목 한번 잡은 것뿐이다. 억울한 호통에 약이 오른 스루하라는 사표를 던진 채, 이토에게 하직인사도 없이 조선을 떠나 버리고 말았다.

쌀 2백 가마의 화대

통감부 설치를 전후하면서 일제는 내정개혁과 재정정리 등을 구실로 막대한 대일차관을 승인시켰다. 1905년 6월의 대일차관 2백만 원(구채舊債상환·세계歲計 부족을 이유로 도쿄에서 모집한 공채 명목이다. 역시 1905년 6월의 3백만 원), 화폐정리 자금으로 일본 제일은행에서 차입하였다. 이 해 11월의 150만 원은 민간금융자금으로 일본 정부가 제공하였는데, 1906년 3월, 통감으로 부임하자마자 이토는 또 1천만 원을 승인시키려 하고 있었다.

기업자금 명목인 이 1천만 원은 종전의 관례에 비추어서 으레 제일은행이 제공할 성격이었다. 1878년, 부산에 지점을 설치한 제일은행은 1888년 설립한 경성지점과 함께 일본은행과의 국고출납사무대리 취급약정을 맺고, 임시중앙금고 파출소로서 청일전쟁 중 군용금의 보관 출납사무를 처리한다. 이후 1905년, 제일은행 경성지점은 한국지점으로 승격하고, 한국 정부와의 계약에 의해서 중앙금융기관의 역할을 수행했다. 그뿐 아니라 제일은행은 전술했듯이 화폐정리자금 명목인 차관 3백만 원을 이미 제공하고 있었다. 이러한 간계로 보아서 기업자금 1천만 원의 차관은 예외 없이 제일은행을 통해서 제공될 성격이었다.

그런데 때마침 흥업은행에 잉여자금이 있었다. 이런 판에, 관세 담보에 연 6부라는 유리한 차관 조건이라 흥업은행은 구미가 동하지 않을 수 없었다. 이리하여 흥업은행은 총재 소에다에게 직접 교섭을 맡기기로 방침을 정하고 부랴부랴 그를 조선으로 불러들였다.

그는 재정고문 메가다를 만나서 차관교섭을 시작했으나, 한국 정부의 강력한 반대와 제일은행과의 종래의 관계 등 때문에, 좀처럼 결론이 나지 않았다.

이러던 어느 날, 소에다는 그 일건을 마무리짓기 위해서 이토를 요정으로 초대하였다. 보름 가까운 달이 미닫이를 우연히 비칠 때 제각각 미인들을 끼고 앉은 통감 이하 관계자들. 이때 새어드는 달빛을 흔들면서 비파소리가 높게 낮게 들리기 시작했다. 이토의 애첩인 요시다 다케코의 비파소리는, 명인 칭호를 들었던 만큼 구름 속 항아姮娥가 타는 음악소리와도 같았다. 하지만 소에다는 그 음악조차도 제대로 귀에 들리지 않았다. 차관교섭을 어떻게 성공시킬까 궁리뿐인데, 문득 우레 같은 박수가 터져 나왔다. 비파소리가 그친 것이다. 정신이 들어서 보니까 이토가 막 자리를 뜨고 있었다. 화장실로 가는가 했는데, 잠시 후 별방에서 돌아온 이토가 배후 금병풍에 무엇인가 족자 같은 것을 내다 붙였다.

《일금 1천 원정을 비파의 명인 요시다 다케코 양에게 증정함. 소에다 히사이치》.

족자의 글을 읽고 사람들은 경악의 시선으로 소에다를 건너다보았다. 그럴 수밖에, 당시의 1천 원이면 쌀 2백 가마 값에 해당했다. 충무로 일대의 금싸라기 땅 20평을 살 수 있었으니 변두리 서민주택쯤이야 너댓 채를 사고도 남을 돈이다. 그런데 이토의 표정은 태연자약이다. 그 태연한 표정을 보면서 소에다는 비서 무라타를 불러서 귀에 대고 소곤거렸다.

잠시 후 무라타가 나갔다 들어오는데, 그의 손에 1천 원 한 뭉치가 들려 있었다. 소에다가 그 돈을 받아서 다케코에게 건네자 좌중에 우레 같은 박수소리요, 이토도 물론 만족했던지 유쾌한 웃음이었다. 이리하여 이 돈 1천 원이 이토의 기분을 썩 유쾌하게 하는 바람에 차관 교섭의 일건은 아주 무난하게 성공하였다.

그럼 그 1천만 원 차관의 정사正史적인 측면을 고찰해보자. 1906년 3월, 기업자금 명목으로 그 차관을 덮씌우면서 통감부는 먼저 구문으로 1백만 원을 떼어먹었다. 그 나머지 9백만 원도 대부분은 통감부 청사 수리비와 수도시설비, 측량비, 통감부 관리들의 고액 인건비 등으로 소비되었다. 한국 정부는 관세를 담보로 제공하면서 차입증서만 썼을 뿐 돈이라고는 거의 구경조차 못하고 만 것이었다.

일인 야마베는 『일한병합소사』에서 그 1천만 원에 대해 이렇게 기술하고 있다.

> 내정內政 지도의 중심은 경제지배의 확립과 그것을 위해서 일본 측 권력에 의한 치안유지에 있었다고 해도 무방하다. 즉 우선 기업자금채 1천만 원을 일본흥업은행에서 조선 정부에 대여한다는 형식을 취하고, 이 자금으로 교육제도의 개선, 금융기관의 확장 정리, 도로의 개수, 수도설치 등의 각종 사업을 실시하기로 하였다. 중요한 것은 이 과정에서 경제지배가 더욱 진전했다는 사실이다.

화대 1천 원(쌀 2백 가마)에 팔린 이 나라의 관세! 이 돈을 합해서 1907년의 대일차관은 무려 1천 3백만 원이었다. 그리고 이 망국차관을 갚기 위해서 조선인은 금연·금주를 해가면서 유명한 국채보상운동을 벌였다. 요시다 다케코가 받은 비파 한 곡조 1천 원의 전무후무한 화대를 뒤치다꺼리 하기 위해서, 조선인은 범국민적으로 담배까지 끊어야 했던 것이다.

왜성대의 부랑자

이러한 이토를 일인들은 풍류통감이라 불렀다. 풍류가 어떤 것인지를 필자는 잘 모르나 그 무렵의 통감관저란 필자도 더러 구경한 적이 있는 뒷골목 부랑자 소굴과 추호도 다를 바가 없었다. 먹고 자는 기생에 드나드는 기생, 신파·구파의 소리꾼하며, 희극배우 만담꾼에다 건달 장사패 등등…. 식대도 숙박비도 필요가 없다. 마시고 떠들고 아부하고 계집 상대로 희롱질에다 노름까지 붙어서 밤 사이에 천금이 오가곤 했다.

그런 어느 날, 웬 청부업자 하나가 사소한 노름을 하다 검거되었다. 그때 법무원장이 가자카인데 훗날 대심원大審院 판사를 하는 사람이다. 이 으리으리한 법관 앞에서 도박 피의자인 청부업자가 서슬 푸른 호통을 질렀다.

"당신네들은 명색이 법관인데, 우리 같은 2~3원짜리 노름꾼은 검거하면서, 왜 저 남산 밑 몇 천 원짜리 판은 그냥 두는 거요?"

죄를 주었다가는 또 무슨 엄청난 소리가 쏟아져 나올지 모를 판이다. 이리하여 청부업자는 무사 방면이 되어 버렸고, 그후에도 도박판만은 보고도 못 본체 검거할 생각조차 하지 않았다. 통감관저가 이토록 부패한 데에는 침략사적인 한 원인도 없지 않았다. 이토가 조선에 온 것은 주권과 이권의 탈취가 목적인데, 이러한 목적을 달성하자면 조선인 각료에 대한 매수·회유·협박 등의 공작이 불가피하다. 한 예로, 경의선 부설권을 얻기 위해서 일제는 내부대신 이재완에게 한성은행 경영권과 5만 원을 뇌물로 주었고, 어담魚潭에게도 공로 주株 얼마를 제공하였다. 이러한 매수·회유 공작은 그 시절에도 대개는 술자리에서 이루어졌다.

이때문에 이토는 수시로 주연을 차려서 대신들을 관저나 요정으로 초대하였다. 그런데 그때만 해도 조선인 고관들은 양요리·왜식이 낯이 설었다. 낯선 술, 낯선 요리 앞에서 혹시 실수로 망신을 하면 어쩌나 하는 외면 치레와 염치, 체면을 중히 여기던 양반네들은 그런 염려 때문에 초대에 잘 응하지 않았다. 이를 알아차린 이토가 한 계교를 궁리해 냈다.

그것은, 기생들을 무더기로 불러다 놓고 1대 1로 하나씩 배치하는 것이었다. 이들이라면 아양을 파는 것이 본업이라 포크를 쥐어 주고, 떠 먹여 준대도 흉은 아니다. 대감들은 멀거니 앉아서 게이샤들이 아양 삼아 소스를 쳐 주는 것을 보면서 아하, 양식·왜식은 저렇게 먹는 거로구나 했던 것이다.

그러니까 1대 1로 옆에 앉아서 술을 따르는 식은 옛날의 1패 기생들에게서는 볼 수 없었던 왜속이다. 그렇지만 무더기로 불러들인 게이샤들은 이토의 그런 속셈까지 알 리가 없었다. 통감이 게이샤를 좋아하나보다 하고 호출만 내리면 달려가더니, 마침내는 부르건 안 부르건 멋대로 드나들게 됐던 것이다.

이러한 침략사적 원인 이외에, 또 한 가지, 관저에 게이샤가 들끓은 것은 기질적인 탓도 없지 않았다. 그 무렵 일인 관료들의 분위기는 방종이 지나쳐 숫제 안하무인이었는데, 기강이 이렇게 해이해진 것은 첫째, 외지 근무라 본국 정부의 감독에서 벗어났다는 해방감에서 비롯하였다. 또 하나는 좌천 혹은 식민지 가봉加俸과 외지 근무수당에 팔려온 식민지 관료들의 저질성이다. 또 하나는 지배민족이라는 우월감. 이리하여 그자들은 조선에서 남자를 여자로 바꾸는 것 외에는 무엇이건 저 하고 싶은 대로 하고 다녔다.

이런 이야기는 그자들의 문헌에서도 전해지고 있다. 오산烏山은 그 옛날 꿩의 명소였는데, 1905년 1월, 경부선 개통 무렵의 기관사들은 오산에서 열차를 세워둔 채 꿩 사냥을 하다가 다시 기차를 몰곤 하였다. 그런가 하면 역에서 한 잔씩 술대접을 받은 끝에 고주망태로 취해서 정차까지 잊어버리고 뒷걸음질을 쳐서 정차할 역으로 가기도 했다. 1917년 여름, 제1회 만선滿鮮테니스대회가 압록강 건너 안동安東에서 열렸다. 선철鮮鐵이 결승에 진출했는데, 시합은 예정된 열차 시각까지 끝날 것 같지 않았다. 이 열차를 놓치면 부득이 하룻밤을 묵어야 한다.

임원·선수단이 마음을 졸이자 선철 총무과장이던 와다가 명령하였다.

"역으로 전화를 걸어서, 내가 시키더라고 말하고 발차를 연기시켜 놓게!"

이리하여 열차는 선철의 결승전이 끝날 때까지 무려 40분을 기다려서 와다 일행을 태우고 출발하였다.

또 하나의 원인은 근래 섹스관광으로 물의를 빚곤 하는 일인들의 호색성이다. 이 점에 관해서는 일본 축첩사蓄妾史에서도 대표적인 일화로 꼽히는 한 이야기를 소개하겠다.

마쓰가타는 공작公爵으로 내각 수상을 여러 차례 중임한 사람이다. 고관쯤 되면 으레 소실깨나 두던 것이 그 나라의 관례인데, 마쓰가타 역시 예외는 아니었다. 이 사람은 이 몸과 저 배에서 난 자녀가 무려 50여 명이나 되었다. 닥치는 대로 첩을 만들고 다니던 마쓰가타는 자식이 생기면 장성한 아들 중 하나를 불러서 말했다고 한다.

"귀찮은 게 또 생겼구나. 하니 이번엔 네 녀석 호적에다 얹어야겠어."

아들을 손자로 입적시켰다는 것인데, 어느 날 일황 메이지가 자녀가 몇이냐고 묻자 대답이 걸작이었다.

"지금은 몇인지 도무지 기억이 나지 않습니다. 나중에 조사해서 확실한 숫자를 말씀드리겠습니다."

기질이 이런 족속들이고 보니 통감부 관료라고 그 방면에 초연할 턱은 없었다. 이리하여 그 대표자 이토의 관저는 그야말로 옛날 연산군의 3천 명 홍청興淸(기생)들이 무색할 판이었다.

이 자가 도쿄 출장에서 돌아올 때는 역에서 관저에 이르는 길이 완전히 통행금지이다. 이 삼엄한 통제의 길을 20~30명의 게이샤가 관저로 종종 걸음을 친다. 이토의 쌍두마차가 도착하면 이들 게이샤가 두 줄로 늘어서서 영접하고 그날 밤 관저에서는 질탕한 연회로 옛 시의 "가성고처원성고歌聲高處怨聲高"를 연출하였다.

천진루의 여관

연회는 사흘이 멀다고 베풀어졌다. 이 자리에서는 부통감 스루하라, 농상공부장관 기우치, 경무총장 오카 등의 고관들이 모두 말석이다. 남산동 천진루天眞樓 여관의 경영자 닛다가 엉뚱한 석순席順을 차지하는데, 상석인 하세가와 대장과 그 다음 무라타 소장의 사이에 앉는다. 그때문에 이 여관집 주인은 '닛다 중장'이라는 별명으로 통했다.

이러한 파격적인 대우는 이토와의 오래된 인연에서 비롯하였다. 이토가 순스케(俊助)로 불려지던 20세 무렵, 그는 시모노세키에서 닛다의 이웃집에 살고 있었다. 그 무렵 닛다 내외는 이웃집 총각을 위해서 빨래 따위를 보살펴 주었는데, 훗날 공작公爵 이토의 아내가 된 우메코가 오면 더러 신세를 갚곤 하였다.

이 시절의 우메코는 순스케 총각의 약혼녀였다. 일편단심 낭군의 금의환향을 기다리건만, 이토의 60살 때 버릇은 떡잎 때부터로, 엉뚱한 일을 저지르고 말았다. 고베에서도 일류인 부잣집 딸을 구워삶아서, 약혼자를 둔 몸이 다시 또 약혼을 했던 것이다. 뒤늦게 이 사실을 눈치 챈 닛다가 서둘러 우메코에게 통보하였다.

혼인날이 내일 모레인데, 우메코가 덜커덕 나타났다. 나타나서 선취 특권을 주장했으니 고베의 여자 집에서는 아닌 밤중에 벼락이 떨어져도 유분수이다. 울고불고 한바탕 소란으로 신랑 쟁탈전 끝에 이토는 도둑장가를 가려다 못 가고 말았다. 그리고 이런 저런 인연 때문에, 닛다는 이토에게는 물론, 특히 우메코에게 괄시 못할 사람이 되고 말았던 것이다.

이리하여 이토가 출세를 하자 닛다도 덩달아 팔자가 늘어졌다. 이토는 시모노세키에 천진루 여관을 차려 주고, 통감이 되자 그 여관을 서울 남산동 2가로 이전시켰다. 그 무렵 왜성대倭城臺 공원의 산책꾼들은 낡은 모자에 평상복 차림으로 남산 중턱을 걸어서 천진루 여관으로 가는, 시골 촌장 비슷한 이토를 황혼에 더러 목격하곤 하였다. 이 여관은 이토의 은고를 입어 영업이 번창하면서 손에 꼽는 업체로 번창해 갔다.

그런데 적수가 생겼다. 그 무렵 일인이 경영한 여관·요정은 통감부 고관들의 별장과 다를 바 없었고, 또한 대관들의 출입이 없는 한 영업 자체도 되지 않았다. 따라서 업주들은 필사적으로 고관 쟁탈전을 벌였는데, 물론 계집이 그 미끼로 이용되었다.

천진루 여관의 적수로 등장한 업체는 마쓰모토가 하던 주자동鑄字洞의 파성관 호텔이었다. 미끼는 주인 마쓰모토의 일가가 된다는 오초라는 계집이다. 결혼에 실패하고, 아이를 시가에 떠맡긴 채 신세나 질까 해서 찾아왔는데, 인물이 과히 밉지 않았다.

하기야 오사카 미인대회에서 2등인가를 했다는 여자니까, 그 무렵 흔해 빠졌던 나카이 족속들과는 출신과 성분부터가 다르다. 인물 곱겠다, 나이 젊겠다, 대관들의 첩으로 나갈까 궁리를 했고, 마쓰모토는 마쓰모토대로 영업상 관계가 있어서 은근히 그것을 권유했다.

하지만 누구도 첩으로 데려가겠다는 사람이 없었다. 부통감 스루하라도, 농상공부장관 기우치도, 고개를 절레절레 흔들었다. 외무총장 나베시마도, 경무총장 오카까지도 싫다고 했다.

"그 여자 손발이 그렇게 엄청나게 크고 굵어서 원 정이 가야지? 밥맛이 떨어진다니까."

통감비서 후루야를 비롯한 모든 고관이 오초를 마다하는 이유였다.

그런데 이 여자가 땡을 잡았다. 장관·비서들에게 차이고 천대를 받던 여자가 하루아침에 통감의 애첩으로 둔갑을 했던 것이다. 그러니 내려다보며 눈초리가 싸늘한 미소를 머금을밖에. 관저에 연회라도 있는 날이면 그 싸늘한 미소를 띤 시선이 부하들을 내려다보면서 협박을 하는 것 같았다.

"오카상, 나 이제 경무총장의 첩 같은 거 거금을 준대도 안 한다고요. 내 말 한마디면 경무총장의 모가지가 어떻게 된다는 거 아시겠어요?"

이리하여 오카, 후루야 등등은 그녀의 싸늘한 시선 앞에 몸을 떨면서 생각하였다. 사람 팔자 시간문제라더니 정말 그 말이 빈 말이 아니라고. 그리고는 손·발보다 더 좋은 것이 있다는 상관 이토의 오입쟁이다운 안목에 은근히 존경심마저 생겼다.

그 여자 오초 때문에 이토의 발걸음이 천진루 여관에서 뜸해지자, 이집에서 대책을 강구하지 않을 수 없다. 주인 닛다의 특명을 받고 사방으로 수소문 끝에 오료라는 여자가 이토를 낚는 미끼로 오게 되었다. 만주 대련에서 비싼 돈으로 데려온 만큼, 오료는 인물이 절색이었다. 손·발도 자그마하고 예뻐서 오초의 갈고리 같은 큰손에 비할 바가 아니었다. 하지만 이토는 앞에서 보듯이 여자를 얼굴과 손·발로 평가하는 사람이 아니었다. 어디가 어떻게 불만이었는지 거들떠도 안 보는 바람에 오쿄도, 주인 닛다도 크게 실망했다는 것이다.

이리하여 그 시절 어느 사람이 한시로써 이렇게 노래하였다.

"봄날 밭이랑(春畝)이 말이 없어도, 복사꽃이 스스로 그 고움을 다툰다."

이 한시의 '춘무春畝'는 이토의 호이다. 그러나 이토는 말이 없지도 않았다.

"취하여 미인의 무릎에서 자고, 술이 깨어 천하의 권세를 잡으리라."

이토가 남긴 한시이다. 이 장에서 기술한 것은 빙산의 일각일 뿐, 그는 뭇 게이샤들과 놀아나면서, 식민지의 폭군으로 절대 권력을 휘둘러 댔다.

게이샤 초옥이

명장 아래에는 약졸이 없다. 통감이란 작자의 처신부터가 그 지경이니 그 아래 졸개들이야 말해 뭣하랴? 목 뒤에 부은 물이 발뒤축까지 흘러서 장관·국장은 말할 것 없고, 대륙낭인·기자 패들까지 끼어들면서 서로 질세라 치정 광태를 연출해 냈다.

악인들이 때를 만나 멋대로 발호하는 상태를 '백귀야행百鬼夜行'이라 한다. 이 말은, 온갖 악의 꽃들이 때를 만난 듯이 멋대로 나덤벙거리던 이토·소네 시절의 통감부와 또한 그 비호 밑에서 날로 번창해 가던 남산 밑 게이샤촌을 표현하기 위해서 생긴 말일지도 모른다.

쾌락을 사는 관리, 쾌락을 파는 게이샤, 그 사이에서 요정재벌로 급성장해 가던 온갖 출신의 포주·요정주들…. 조선에서의 이권에 눈독을 들이던 기자 … 대륙낭인 패거리하며, 그자들과 한 통속이 되어 매국의 음모에 여념이 없던 송병준 같은 망국도배들…. 이거야말로 글자 그대로 백귀가 야행하면서 남의 나라를 송두리째 꿀꺽하는 도깨비 같은 수작을 뚝딱 해치우고 말았던 것이다.

그 백귀들 중의 일귀一鬼가 앞서 말한 주한공사 하야시이다. 을사늑약,

외국인 용빙備聘협정, 한일의정서(1904. 2. 23) 등을 체결한 하야시는 나가모리와 함께 전국의 황무지를 50년 기한으로 개간해서 꿀꺽하겠다는 도깨비 수작을 벌인다. 그는 화월의 게이샤 초옥이에게 눈독을 들이다 역시 백귀 중의 일귀인 오다가키에게 빼앗겨 버렸다.

그럼 오다가키는? 회사 돈 50만 원을 이용익에게 부정대부해서 그 이자 차액으로 앞에서 말했듯이 도미찜 50인분을 혼자서 꿀꺽하는 도깨비 놀음을 연출하였다. 이 자는 이용익에게서 받는 부정 이자 수입이 매월 1억 9천만 원(현재 값으로 환산) 이상이었기 때문에, 돈 하나는 궁색한 줄 모르고 잘 써 젖혔다.

하야시에서 오다가키로 바꿔 탄 화월의 게이샤 초옥이도 백귀 중 일귀였다. 돈이라면 사족을 못 쓰는 것이 세상 인심인데, 초옥이는 과연 돈보다 더 좋다는 무엇인가가 있었다. 경무총장 오카는 1907년 7월 정미丁未 7조약에 의해서 구한국 정부의 농상공부 차관을 겸한다. 하지만 오카에게는 부양가족이 많았다. 양부모에게 생활비를 보내야 하고, 생부모도 가난하니까 모른 체 할 수 없었다. 그러니까 오다가키와는 비교도 안 되는 세궁민인데, 초옥이는 하필이면 이 사람에게 넋을 뺏겼던 것이다.

그러니 초옥의 집에서 야단이 났다. 원래 기생어미 · 기생오라비라면 근성들이 있어서 제 딸, 제 누이의 몸에다 솥을 걸고 냄비도 거는 법인데, 유독 초옥의 부모만이 예외여야 한다는 까닭은 없다. 금방석이 싫대도 유분수지 가난뱅이 오카의 어디가 좋아서 그 야단이냐? 말을 박차고 소를 탔느니 송아지를 탔느니 하면서 들들 볶다가, 마침내 금족령으로 일체 출입까지 금지시켰다.

하지만 달뜬 마음이 그런 간섭으로 사그라지지는 않았다. 용하게 빠져

나와서 만나고, 만나면 궁리들을 거듭했지만, 가난뱅이 오카라 당장에 걸리는 것이 화월에 내야 할 몸값이다. 살림 차릴 돈도 문제였고, 초옥이가 벌어먹이던 식구를 어떻게 하느냐도 한숨과 눈물의 씨앗이었다.

그런데다 엎친 데 덮쳐서 일이 벌어졌다. 초옥이의 배가 부르기 시작했던 것이다. 그렇잖아도 오다가키라는 금방석을 놓친 것이 원통하던 판인데, 초옥의 부모가 가만히 있을 턱이 없었다.

"내 딸은 버렸소! 배가 불러서 기생도 장사도 못하겠으니 어쩔 작정이오?"

따지고 들지만 오카에게 그 많은 식구를 벌어 먹일 여유는 없었다.

보다 못한 부하들이 상사 구제의 모금운동까지 벌였지만 새 발의 피로 신통한 결과는 나지 않았다.

그럴 무렵에 구세주가 나타났다. 제 딴엔 의협의 사나이라고 뽐내던 '시키구미(志岐組)'의 주인은 초옥의 팬이었고, 토목·건축의 청부업자라, 왕년의 경무총장 오카에게서 사업상 신세도 지고 있었다. 화월의 몸값을 청산해 주겠다는 것만도 고마운데, 시키는 더더구나 황송한 말을 하였다.

"저동芋洞에 정육점 복수福壽가 나왔으니 그걸 초옥에게 인수시켜 주겠소. 그리고 춘삼월이면 어디 적당한 데다 요정이나 여관을 차려 주고…. 그만하면 딸린 식구 문제는 해결 안 되겠소? 나야 그저 두 분 해로만 빌 뿐이오."

이리하여 초옥은 아들을 낳았다. 마침 오카도 본처 몸에 아들이 없었기 때문에, 초옥을 아주 들여앉혀서 첩살림을 차렸다. 그리고 돗토리(鳥取)현 지사로 영전이 되면서 초옥이도 물론 데리고 갔다.

이런 풍상 끝에 맺어진 이들의 사이가 마침내는 위자료 1천 8백 원으로 끝장이 나고 말았다. 그녀가 옛 이름 초옥이로 다시 권번에 나왔을 때, 그녀를 잃고 한동안 횟술만 퍼마시면서 화월의 하나야코와 정을 통하던 오다가키는 어느새 초옥이를 잊고 있었다.

화월의 유키코

초옥이가 하야시 · 오다가키 · 오카 사이를 전전하고 있을 때 화월의 유키코는 가네야마와 스루하라 사이에서 동가식 서가숙을 하고 있었다. 여고를 중퇴한 이 아가씨는 흐르고 흘러서 화류계지만, 영어도 얼마쯤은 나불거려서 인텔리 게이샤로 진고개 일대에서 인기가 있었다.

가네야마는 통감부 회계과장 겸 연회계장이다. 그러니 이 직함으로 요정에서 푸대접을 받을 까닭이 없다. 망년회 하나를 유치하자고 해도, 또 그 대금을 받으려 해도 가네야마가 도장을 찍어야 하니 요정으로서는 생사입판의 권한을 쥔 사또 중의 사또이다. 다투어 추파를 던 질 수밖에 없었다. 따라서 화월에서는 숫제 가네야마에게는 요리건 게이샤건 일체를 무료로 개방해 놓고 있었다.

그러니까 유키코만 하더라도 실은 1원 한 장을 안 쓰고 고스란히 공짜로 얻은 것이었다. 하지만 뱃속에 든 것은 하다못해 출산비라도 들어야 하니 '고스란히 공짜'는 될 수가 없다. 그러니까 가네야마는 골치가 아팠다. 든 것이 분명히 제 자식이니 모른 체 할 수는 없고, 그렇다고 살림을 앉히자니 어느새 싫증이 나기 시작한 유키코라, 썩 탐탁할 것이 없었다.

이럴 때 남자란 족속들은 절로 발걸음이 멀어지게 마련이다. 두 번 갈 것이 한 번으로 줄어들면서 점차로 태도가 냉정해지자 유키코는 근심 걱정이 늘어가기 시작했다. 마음대로 한다면 사생결단을 내도 시원치 않지만 화월에 몸이 매여 있는 이상은 그것이 불가능하다. 통감부의 연회가 매상의 80~90%를 점하는 형편에서, 가네야마의 비위를 거슬렀다간 화월이 고스란히 문을 닫는다.

'그러니까, 주인 아히도메도 유키코가 심사숙고해야 한다고 했는데, 그럼 어떻게 한다?'

근심 걱정으로 유키코의 얼굴에 기미가 눈에 띄게 늘어갈 무렵, 총무부장관 스루하라가 이건 또 멋도 모르고 유키코를 어르기 시작하였다. 그러자 유키코는 반색을 하다시피 하면서, 아주 간단하게 스루하라의 소유가 되어 버렸다. 이리하여 어느 날 잠자리에서 유키코는 수줍은 척 입을 열었다.

"여보, 아무래도 몸이 좀 이상해요."

스루하라가 눈을 껌벅거리면서 대답을 한다.

"그래? 무리를 하니까 위장에 탈이 생겼군?"

그러자 셀쭉해지면서 유키코가 톡 쏘는 소리.

"아이 참, 이 이는 … 애기가 든 것 같단 말예요!"

뒤집어씌우자는 수작이었다. 어차피 낳아서 기르지 못하는 것, 그렇다고 임자인 가네야마에게는 따질 수가 없다. 그럴 바에야 스루하라에게 뒤집어씌워서 돈이나 좀 긁어내고… 여고를 중퇴한 기생 아씨라 하는 수작이 이쯤 당돌하였다.

이리하여 스루하라는 꼼짝달싹 못하고 거금 5백 원을 물어 주었다.

물론 가네야마의 씨라고는 상상조차 못한 채, 향락의 뒤치다거리로만 생각했던 것이다. 그리고 그는 유키코를 차 버렸다. 화월의 와카이치·기미에를 손에 넣더니 국취루로 무대를 옮겨서 기미코·스즈에를 농락했던 것이다.

이 스즈에가 통감부 외사국장 고마쓰의 애인이다. 1910년 8월 4일 밤, 도쿄 정치학교에서 교수를 했던 고마쓰의 집으로 정치학교 시절의 제자이자 지금은 총리대신 이완용의 비서인 이인직이 찾아왔다.

"이렇게 늦은 시각에…. 무슨 급한 용무라도 생겼소?"

고마쓰가 묻자 이인직이 대답했다.

"급한 용무는 아니고, 국가의 중대사에 대해 교시를 받으러 왔습니다. 오늘밤의 이야기는 절대 비밀로 해 주시고, 좋은 말씀을 들려주십시오."

이날 밤의 회합을 고마쓰는 훗날 "우물 속의 고기가 제풀에 뛰어들어 온 것만 같은 생각이 들었다"고 술회하였다. 고마쓰는 제자인 이인직을 첩자로 삼아서 한실^{韓室}의 동정을 염탐하면서, 그를 통해서 이완용과의 매국 협상을 추진해 갔던 것이다.

메가다와 미즈코

메가다는 1904년 8월의 제1차 한일협약(통칭 외국인 용빙협정)에 의해서, 구한국 정부의 재정고문으로 동년 10월 조선에 부임해 왔다. 이 자를 재정고문으로 투입할 때 일본 정부의 목적은 조선의 화폐제도를 일본과 동일한 형태로 바꾼다는 것이었다.

당시 조선의 화폐 사정은 이른 바 묵주默鑄장이라 하던 사설주전소私設鑄錢所의 범람으로 극히 혼란한 상태에 있었다. 용산 효창공원 일대에 밀집해 있던 묵주장이는 정부에 특허료를 내고, 또는 전환국 관리에게 뇌물을 바친 후, 관의 극인極印을 빌려서 열심히 사전私錢을 주조해 냈다. 당시의 화폐는 구리의 함량으로써 실가實價가 결정되었는데, 그렇게 주조된 사전은 물론 함량이 액면가에 미달하는 악화였다. 때문에 같은 조선의 1냥이 지방에 따라서, 또는 주조된 관청에 따라서는 5푼 이상으로 통용되지 않았다는 기현상마저도 없지 않았다.

조선의 화폐 사정을 이토록 혼란하게 한 것에는 일인들도 한몫을 거들고 있었다. 이 자들은 액면가와 함량의 차익을 노려 오사카 등지에서 악화를 밀조한 후, 통조림으로 위장 운반해서 조선에 들여왔다. 진고개 일대의 일인촌에는 이런 식으로 해서 들여온 악화를 판매하는 전문적인 상점까지도 있었다고 한다.

메가다가 조선에서 제1차로 손댄 일은 이러한 화폐를 신화新貨로 정리하는 사업이었다. 그럼 어떠한 방법으로 소위 화폐 정리사업을 했는가? 주관적인 평가를 피하기 위해 일서(일한병합소사)에서 그 방법을 옮겨보자.

당시 백통화(白銅貨)는 약 2천 3백만 원이 유통되고 있었는데… 그 3분의 2가 악화였다고 한다. 이 3분의 2에 해당하는 악화를 무가치라 선전했으니 횡포가 아닌가? 나머지 백통화 중 양화를 2전 5리, 악화를 1전으로 해서 신화와 교환하였다. 이 때문에 극히 나쁜 백통화 약 1천 5백만 원 이상을 소지했던 사람은 큰 손해를 보았다. 동시에 당연한 결과로 디플레이션에 의한 대공황이 일어났다.

다음, 교환과 병행해서 수매에 의한 백통화의 가치 인상을 획책했다. 이 백통화 수매는 제일은행에 담당시켰는데, 그 방법은 먼저 백통화를 제일은행이 매입한 후 일정한 기간이 지나면 그 2~3배의 양화·악화 뒤섞인 백통화를 투매한다. 이 방법을 반복해서 백통화의 시세를 하락시키고 제일은행에는 양화만을 남기게 했던 것이다.

때문에 서울 시내 종로의 상인들은 화폐의 시세가 하락하기에 다투어 상품을 매입하고, 토지 가옥에 투자하면서 수중의 백통화를 털어내 버리고 말았다. 그런데 차차 화폐교환이 진행됨에 따라서 양화의 시가는 점점 더 비싸지고 있었는데, 이때 신화폐를 소지하고 있는 사람은 최초로 교환에 응했던 일인과 청국인들 뿐이었다.

이런 사기 수법으로 조선인에게 오쟁이를 씌우던 메가다가 남산 밑 게이샤촌에서는 미즈코라는 여자 때문에 단단히 오쟁이를 쓰고 말았다.

국취루의 게이샤 미즈코는 메가다와 보통 사이가 아니었다. 아니, 오쟁이를 쓴 자가 메가다니까 이 자 쪽이 좀 더 들떠 있었다고 해야 옳을 것이다. 그런데 미즈코는 언제부턴가 메가다의 눈을 속이면서, 경무청 고문 마루야마와 만나는 샛밥을 즐기기 시작하였다.

그러자 비난이 일어났다. 명색이 경무청 고문이란 사람이 애인 미즈코의 동정 하나를 제대로 못 살핀다는 것이었다. 미즈코가 메가다를 만나니까 남의 눈에는 마루야마가 오쟁이를 쓴 것으로 보였겠지만, 경우는 그와 반대이다.

남의 여자를 실례한 자가 마루야마니까, 못 살피는 것이 아니라 안 살피는 것이다. 하지만 속 모르는 사람들이 그렇게 비난을 하자 마루야마는 미즈코를 깨끗이 떠넘겨 버리고 청화정으로 방탕의 무대를 옮겨 버렸다.

이 청화정의 마담이 오카스(송병준의 애첩)와 그 언니되는 게이샤 오키미인데, 메가다는 이 여자와 버젓이 살림을 차렸다. 그러자 명문 중의 명문, 일본 해군 건설의 최고 원로 가쓰의 딸인 아내가 덜커덕 일본에서 찾아왔다.

살림을 차린 밑천을 뽑기도 전에 이 지경이라, 오키미는 완전 타의에 의해서 그 집을 쫓겨난다. 쫓겨난 오키미가 헌병대위 히다의 손에 넘어갔으니, 메가다는 히다를 위해서 오키미의 몸값만 톡톡히 오쟁이를 쓴 꼴이 되고 말았다. 오키미는 메가다에게 바쳐야 옳을 금슬을 히다에게 바쳤고, 히다의 아내가 죽자 소원대로 뒷자리를 물려 받았다.

구한국의 탁지부차관을 겸했던 메가다는 공식 연회석에서는 게이샤 따위는 거들떠도 안 보며 점잖은 체 하였다. 하지만 이 자가 퇴근하는 오후 3시 이후면 대개 국취루의 구석진 방에서 히데코나 히사마쓰와 도란거리는 메가다의 음성이 들렸다. 이 히데코는 왕년에 이토의 밤시중을 든 것을 자랑으로 삼는 여자로 메가다의 정부가 된 후 그녀는 동료들에게 "나이보다 정정한 이의 정부 노릇도 힘든 일"이라고 푸념했다고 한다.

완도 국유림 사건

　이리하여 통감부 관리들은 실로 상상할 수 없을 정도의 유흥비를 탕진하고 있었다. 사다코 한 여자의 1년 화대가 4천 5백 원이었다. 그러니 이토의 1년 유흥비 총액은 얼마였을까? 스루하라는 매월 개인 지출 유흥비만 1천 원 이상이었고, 오다가키는 매월 5천 원의 부정 이자 수입이 거의 요정에서 탕진되었다. 재경 기자들까지 한몫 끼어서 경성일보의 요시노 같은 사람은 화월에만 외상 1만 원(쌀 2천 가마 상당) 이상을 긋고 있었다.

　이러니 요릿집이 번창할 수밖에 없었다. 1987년 초라한 음식점으로 출발한 화월은 3년 후 5칸 객실 3개인 제1회 신축을 단행하면서, 이윽고 화월별장·화월식당을 거느린 요정재벌로 성장한다. 통감부 연회를 도맡았던 이토 시절에는 하루 평균 매상이 2천 원 이상이었다. 수상 사이온지가 들렀을 때는 주지육림의 통감부식 연회로 매번 1만 원 이상을 기록했다고 한다.

　화월의 이와 같은 번창은 이면에 오누부의 공이 적지 않았다. 히로시마의 게이샤 출신으로, 지금은 늙어서 화월의 나카이 행수(行首: 수석자)인 오노부는 산전수전을 겪어서 보통내기가 아니었다. 고관들이 부임하자마자 관사로 접근해서 생활을 보살피는 체 하며 어느새 유혹의 손을 뻗치곤 했던 것이다.

이리하여 통감부 관리들의 요정 출입은 열에 여덟이 오노부의 주선으로 시작되었다. 당시 게이샤들의 잠자리 값은 30원이 통례로, 나카이가 2할을 떼고, 나머지를 요정과 게이샤가 반분한다. 그런데 오노부는 부임 초여서 물정에 어두운 까닭에 1~2백 원씩을 더 우려냈다. 규정대로 30원만 바치고 나머지를 독식했는데도 화월의 화대 수입은 매월 1만 원 이하로 떨어진 적이 없었다고 한다.

이쯤 엄청난 유흥비를 충당하는 데 통감부 관리들은 적어도 본국에서 논을 팔아 오지는 않았다. 조선에서의 온갖 이권과 부정수입이야말로 그 재원이었는데, 그 끝에 노출된 전형적인 한 추태가 완도의 국유림 불하에 관한 사건이었다.

이 사건은 에토가 통감의 내락을 얻고 제염製鹽사업에 막대한 자본을 투입한 것이 발단이다. 소금 전매화로 정책이 바뀌자 에토는 투입한 자본을 회수할 길이 막혔다. 이리하여 그는 대신할 물건으로 완도의 국유림을 청했고, 손해가 손해인지라 이토도 비밀리에 그 불하를 승인하였다.

재한 일인 기자들에게는 이런 이권 관계야말로 유흥비를 만들어 주는 도깨비 방망이였다. 기자인 가도와키가 손을 벌렸다가 거절당한 앙갚음으로 불하교섭의 비밀을 폭로하자 문제가 커지면서 조사가 시작되었는데, 국유림 불하의 주무관청은 농상공부로, 동 장관 기우치의 소관이다. 이 자는 에토가 줄을 대고 있던 경무총장 오카와 사이가 나빴다. 이리하여 이 자는 "완도의 삼림은 국유림으로 두어야 하며, 불하할 대상이 아니라"고 불리한 보고를 했던 것이다.

통감부 관리들의 이런 반목 질시 또한 근원은 이권교섭과 관련된 요정에서의 미묘한 관계에서 시작되었다. 방탕 → 부정 → 요정 출입의 악순환 속에서, 이 자들은 제 밑이 구리니까 요정에서 다른 패들과 어울릴 수가 없었다. 관련된 부하 서넛과 은밀한 좌석에 앉아서도, 이 자들은 제 밑이 구린 만큼 다른 방의 소식도 궁금하였다.

오늘밤 화월에는 누가 왔을까? 그리고 그 돈은 어디서 났지? 아마 한탕 잘 걸린 모양인데, 무엇을 어떻게 해먹는 것일까? 이럴 때 눈치 빠른 오노부가 매상을 올리기 위해서 으레 충동질을 하고 나섰다.

"어제 오카 총장이 다녀갔어요. 5백 원짜리 요리상을 시키면서 '어때? 다른 장관들은 쩨쩨하지?' 이러지 않겠어요? 그이는 요새 초옥이하고….”

기우치의 안 좋은 기색을 보면서 부하들이 술 얻어먹는 값을 한답시고 아부를 한다.

"장관! 요새 경무부 놈들이 영 건방지단 말입니다. 언젠가 한번 본때를 보이시지요.”

이런 정경에다 게이샤를 사이에 둔 암투까지 끼어들어서, 통감부 관리들의 기강은 부통감 스루하라가 통감에게 하직인사도 없이 조선을 떠날 정도로 반목 질시만 심각해져 갔던 것이다.

이리하여 기우치는 국유림 불하 문제에 관해서 오카에게 불리한 보고를 내었다. 기자 가도와키의 패들은 얼씨구나 일대 부정사건이라고 떠들어댐으로써 본국의 여론까지 악화시켰다. 입장이 난처해진 이토는 함경도의 광산을 주겠다고 에토를 구슬렸으나, 이 관계는 경무총장 오카의 소관이다.

기우치에 대한 앙갚음으로 신청을 각하함으로써 에토는 아무 소득을 얻지 못하고 말았던 것이다.

이 일 건(완도 사건)은 당시 통감부 관료들 사이에서의 세력 다툼의 상태, 그리고 서울에 주재하는 신문기자 통신원들이 어떻게 부덕한 행위를 자행했으며, 그럼으로써 서울의 공기를 부패시키고 있었는가를 증명하기에 족한 바 있는 것이다.

흑룡회 편 『일한합방비사』의 기술이다.

이런 짓을 하면서, 이렇게 흥청망청 놀아나면서, 일제는 용산·평양·의주의 군용지 397만 평을 거의 무상으로 수용하였다. 이토가 부임한 이래 1909년 12월 28일까지 통감은 조선의 대신들과 97회에 걸친 '한국 시정 개선에 관한 협의회'를 개최하였다. 이 석상에서 이지용(내부대신)은 경의선 부설에 동원된 인부들의 임금이 하루 식비에도 미달이라고 개선을 요구했으나, 이토에 의해서 완전 묵살을 당한다.

사다코 하나에 5천 원을 털어 넣던 이토가 조선인 인부들에게는 하루의 식비도 안 되는 돈을 임금이랍시고 지불했던 것이다.

제 4 장

소네 :

패륜의 계절

악의 꽃들이 지면

1907년 9월, 통감부 관제개정으로 부통감이 생기면서, 소네가 그 자리에 임명되었다. 야마구치현 출신으로 동향 선배인 야마가타 내각에서 농상대신을, 역시 동향인 가쓰라 내각에서 대장대신을 한 조슈벌 직계로 1908년 6월, 이토가 물러나면서 소네는 제2대 통감을 계승하였다.

이때 쯤 남산 아래 게이샤촌은 이토 시절에 만발했던 악의 꽃들이 떨어지면서, 녹음방초綠陰芳草 승화시勝花時로, 초여름 악의 잎들이 짙어가고 있었다. 이 해 들어 진고개 일대의 일본인 부락이 인구 2만을 돌파하면서 눈에 띄게 불어난 것은, 도쿄에서 수입된 게이샤들 때문이다. 이들은 체격하며 말씨부터가 나카이 따위와는 격이 달랐다. 본바닥 야나기바시에서 뭇 남성을 등쳐먹던 패들인 만큼 태도 하나는 세련되어서, 이 역시 날로 세련되어만 가던 일제의 침략 수법 자체에 비할 만하고도 남았다.

남산 밑 게이샤촌이 이쯤 세련되기 시작한 것은 이토가 거느리고 온 사다코 이하 4명의 도쿄 출신들 때문이었다. 청일전쟁 무렵의 왜갈보들은 아마쿠사 섬에서 밀선을 타고 온 패들이고, 이후 게이샤가 수입됐다지만 대개는 관서 출신이라 말씨부터가 시골 사투리였다. 이런 판에 사다코 등 도쿄 출신은 그야말로 군계일학이다. 이로부터 각 요정은 다투어 도쿄 출신을 수입해 들임으로써, 긴 밤을 밝히는 홍등 아래 무릉도원을 연출하고 있었던 것이다.

하지만 세상은 어지러웠다. 해산된 군대의 군인들이 산에, 들에서 치열한 의병항쟁을 계속하는데, 이토는 어가御駕를 협박해서 남·북선을 순행하게 하였다. 그러자 비난이 일어났다. 원래 병합 문제를 눈앞에 두고 일본의 정책은 급진파와 점진파의 두 계열로 크게 대립하고 있었는데, 급진파들은 순종의 남순북행이 조선인의 존황심尊皇心만을 높여 주었다고 이토의 정책을 비난하면서 통감 경질문제가 논의되기 시작했다.우선은 소네가 유력한 후보자로 부상하였으나 급진파 그 중에서도 흑룡회 주간인 우치다 같은 사람 맹렬한 반대파였다. 파렴치하다고 밖에 말할 수 없는 색도락만 밝히는 무능한 인간, 이것이 우치다 같은 자들이 소네에 대해 갖고 있던 이미지이다. 이런 자가 조선인을 어떻게 제어할 것이며, 또 소네는 부통감으로 재임 1년에 한 일이 무엇인가?

송병준 등의 일진회 패도 우치다와 같은 생각이었고, 이토 또한 데라우치를 후임자로 천거했으나 가쓰라가 그 모든 잡음을 묵살하면서 소네를 앉히자고 고집하였다.

이렇게 해서 소네가 제2대 통감에 임명되었다. 하지만 그는 부통감일 때나,통감일 때나, 그런 모든 반대 비난을 아랑곳 하지 않는다. 그는 그저 종일 쓰야코와 붙어 앉아서 일본식 사설시조인 '나가우타'나 흥얼대면 그뿐으로 근심 걱정이 없었다. 천하가 태평이라는 수작인데, 정부를 아버지에게 빼앗긴 아들 간지의 가슴에 불이 나는 것이 딱하다면 딱한 노릇이었다.

며느리와 아내의 병합

아들은 아버지인 소네와 함께 관저의 한 지붕 밑에 살고 있었다. 소네의 차남인 간지는 러일전쟁 직후인 1905~1906년 무렵부터 조선에서의 가스·전기사업을 계획하였다. 재계의 중진, 도쿄와사주식회사 사장 시부자와를 자본주로 끌어들인 간지는, 아버지가 부통감이 되기 직전인 1907년 6월에 이토로부터 회사 설립허가를 받았다. 이리하여 간지는 아버지가 통감이 된 직후인 1908년 8월에 일한와사주식회사를 창립하였다.

이보다 먼저 1898년, 열국이 이권각축을 벌이는 속에서 구한국 정부는 미국인 콜브란과 보스트윅에게 한성전기회사를 허가하였다. 1899년 불탄일佛誕日을 기해서 서울에 전차를 개통시킨 한성전기회사는 다시 한미전기회사로 개칭되고, 서울에서 전차·전등·전화 등의 사업을 경영한다.

간지의 일한와사는 창립 익년인 1909년 9월, 한미전기회사를 170만 원에 매수하면서 일한와사전기회사로 개칭했다. 가스·전등·전차를 경영하면서 인천·마산·진해 등지까지 지점을 설치하기 시작한 동회사는 1915년에 경성전기주식회사로 개칭된 것이다.

이러한 사업을 일으킬 동안, 간지는 화월에서 쓰야코란 게이샤와 남다른 관계를 맺고 있었다. 그런데 아버지인 소네가 하필이면 이 여자를 통감 관저로 불러들였다. 이리하여 벽 하나로 칸을 막은 두 방에서 아버지의 방은 교성이 넘치는 천국, 아들의 방은 배신감과 질투(?)로 한숨을 쉬어야 하는 지옥이다. 그 지옥의 업고를 참다못한 아들이 번번이 푸념처럼 중얼거렸다.

"원 참, 이거 맞서 싸울 수도 없고…. 그러나 저러나 아버지는 나와 쓰야코의 관계를 몰라서 저 야단인가? 제길헐, 참!"

하지만 소네의 염치없는 색도락은 비단 이것이 처음은 아니었다.

조선에 오기 전, 일본에서 대신과 중의원 부의장 등을 하던 무렵, 이때 역시 골라서 건드렸다는 상대가 집에서 부리는 식모였다. 오야에라고, 어느 모로 보나 고관 나리의 소실 마님이 될 여자 같지는 않은데, 그 몸에 자식이 둘씩이나 들고 말았다. 고마오·후유키라는 간지의 두 이복형제가 식모 오야에의 배를 빌려서 난 소네의 아들들인 것이다.

이런 염치없는 행적이 있었기 때문에 우치다 같은 사람이 그토록 소네의 통감 취임을 반대했던 것인데 미운 놈이 우쭐거리면서 뭐 한다는 식으로, 통감이 되고 난 다음의 행동이 이거야 갈수록 태산이었다.

이토는 비파의 명인을 관저에 두고 있었다. 그 본을 땄는지, 소네는 '나가우타'의 명창을 관저에 소중하게 모셔 놓았다. 그리고는 밤중에 부하에게 전화를 걸어서 즉각 출두를 명령하는 것이다.

의병이 어디를 습격했나 보다! 아니면 무슨 반일폭동? 무슨 난리가 났나 해서 허둥지둥 부하가 달려와 보면, 소네는 도쿄에서 왔다는 그 '나가우타'의 명창을 옆에 앉힌 채, 술잔을 기울이면서 거나한 기분이다. 기가막힌다. 야밤의 호출이라 무슨 긴급사태인가 했는데, 통감이 그러고 앉았으니 부하의 표정이 어리둥절이다.

그 어리둥절한 표정 앞으로 불쑥 한 장의 쪽지가 내밀어진다. 이크, 드디어 권고사직서로군! 두근두근 두려운 손으로 종이를 펼쳐 보니 이상한 글귀가 눈에 들어온다.

한양이라, 춘3월 경치는 볼 만도 한데…

이건 '나가우타'의 한 구절 같은데, 대체 이게 뭐란 말일까? 그때 통감의 맥 빠진 소리가 귀에 들리면서 부하는 마치 조롱을 당했다는 기분이 든다.

"내가 지은 노래라네. 쓸 만한가 좀 봐 달라고 오라고 했네."

이 양반 이 따위를 노래랍시고 지어 놓고서 야간호출을 했나? 번번이 실없는 장난이라 부하들은 마침내 통감의 야간호출 쯤 묵살해 버리게 되고 말았다.

조선을 단숨에 집어삼키려던 급진파의 우치다 파들은 이런 통감이 여간 불만이 아니었다. 또한 소네는 소네대로 우치다와 그의 조종을 받는 일진회 패들이 미웠다. 과거 자신의 통감 취임을 반대했고, 또한 사사건건 정책을 트집 잡는 패들이니까.

이러한 감정의 대립도 한 요인이 되어서, 일진회가 일한합방을 건의했을 때, 소네는 구한국 황실의 대신회의를 열게 해서 그 건의를 각하시켰다. 이러기를 세 번 거듭하면서, 일한합방 반대의 건의를 소네는 즉석에서 수락시켰다. 급진·점진의 정책적 이견도 있었겠지만 재야 대륙낭인들과의 미묘한 감정 대립도 한 요인으로 작용했던 것이다.

이리하여 우치다 패들은 흑룡회 간사인 중의원의원 아우미야로 하여금 4개 조목의 규탄서로 소네의 파면을 청구하게 하였다. 그 4개의 조목은 (1)1910년 1월에 요양차 귀국한 후 2개월이 넘도록 대리통감을 두지 않았다. (2)합병문제에 관해서 정부 방침에 대립하였다. (3)한미전기회사를 매수할 때 순종의 옥새를 위조한 혐의. (4)송병준의 중추원고문 친임에 관해서 사령 및 봉급의 지급을 장구하게 천연시킨 점 등등이다.

이 탄핵서로 인하여 중앙구락부의 의원총회는 욕설과 의자·명패가 난무하는 일대 수라장이 되고 말았다. 소네의 책임을 따지는 질문서가 긴급동의로 의원총회에 통과되고, 히다·이다치·아우미야 등이 질문위원으로 되고, 수상 가쓰라가 이들의 질문의 조목을 승인함으로써 소네는 통감에서 해직된다(1910. 5. 30) 급진파의 승리로 데라우치가 제3대 통감이 되면서 채 3개월도 되지 않아 병합이 강행되고 만 것이다.

경성 양산박

저동에 청화정이라는 요릿집은 송병준이 왜첩 오카스를 시켜서 차린 것인데, 일진회 패들과 그 배후조종 세력인 대륙낭인들과 또 관변의 이권 부스러기나 노리고 다니던 재경 일인 기자 패들이 단골로 이용하던 요정이었다.

이것을 차린 송병준은 함남 장진 출생이다. 어려서 서울에 온 그는 충정공 민영환의 식객으로 있으면서 충정공의 총애와 천거에 의해서 관계官界에 길이 트였다. 그런데 충정공이 순절한 후 유족이 힘없음을 기화로, 그 댁 재산 7백 여 섬지기를 뺏으려고, 왜경과 함께 온갖 협박을 자행하였다. 사방에서 비난이 일자 송병준은 수하인 일진회원 이강호 등을 불러서 일진회 기관지 『국민보』에 거짓 사실이라 밝혀 주면 크게 사례하겠다고 하였다. 이 약속마저 배신했기 때문에 대로한 이강호 등에 의해서 일의 전말이 폭로되고 말았던 것이다.

그뿐 아니라 송병준은 친구 김시현이 죽은 후, 그 아내 백락자로부터 재산반환 청구소송을 당한 적도 있었다. 구한말의 대실업가인 김시현은 상은商銀 취체역, 한호농공漢湖農工은행과 한일韓一은행 및 일한와사전기의 감사역, 한성미술품제작공장 전무이사 등을 하면서 대한 황제로부터 훈5등의 훈장을 수령한 명망가이다.

1911년 8월, 김시현은 두 딸을 낳은 백락자에게 부동산·주권 등 1백만 원 상당의 재산을 남긴 채 불귀의 객이 되고 말았다. 이때 재산관리인을 자청하고 나선 사람이 남편의 친구이던 송병준이었다. 인감 기타를 위임하면서 백락자는 재산 정리가 끝날 동안 매월 2백 원씩 생활비를 지급받기로 했으나, 이 약속은 흐지부지 되고 말았다.

삼청동 막바지 송병준의 별장 한 구석으로 쫓겨난 백락자는 영동永同의 땅 2백여 섬지기를 비롯한 거의 모든 재산이 송병준의 장남 송종헌 앞으로 옮겨져 있는 것을 발견하였다. 송병준이 사망한 후였기 때문에 송종헌을 상대로 1백만 원의 재산반환 청구소송을 낸 것이 1925년 6월이었다.

14세에 무과武科에 급제한 송병준은 수문장·사헌부감찰 등을 역임한 후, 접견사 수행원으로 병자수호조약에 임하면서, 군납업자 오쿠라를 알게 되었다. 이 자와 함께 차린 부산의 상관은 성난 민중의 습격을 받는다.

이러한 친일행적으로 인하여 임오군란·갑신정변 때 송병준의 집이 민중들의 방화로 불타버렸다. 그는 남대문 밖 농가의 쌀뒤주 속에 숨어서 위기를 면하는 등의 고비를 10여 차례나 겪었다. 김옥균을 암살하기 위해서 도일한 그는 변심하여 동지가 된 후 귀국, 김옥균과 내통한 혐의로 투옥되었으나, 이때도 충정공의 주선으로 출옥하여 양지현감에 임명되었다.

동학 항쟁 때 그는 경장輕裝의 도보로 각지의 민정을 정탐하였다. 이듬해 1895년에는 도일하여 창씨명 노다로 각처를 주유하면서 일본의 명사들과 접촉한다. 야마구치현 하기마치에서 양잠養蠶 강습소를 경영하던 그는 러일전쟁 때 일군 통역으로 종군, 서울의 일군 사령부에서 복무했다. 돈에 욕심이 얼마나 많았던지, 이때도 그는 병참감 오타 소장 밑에서 일군용 주보酒保를 경영하였다.

이 무렵 송병준은 간무치 · 스기야마 등의 대륙낭인들과 접촉하면서 그들의 지도 밑에서 어용 유신회를 발족시켰다. 1904년 8월 18일 종로 지전도가紙廛都家에서 발회식을 올린 유신회에는 윤시병 · 이건호 · 염중모 · 유학주 · 정동명 등이 참가한다.

미구에 회명을 일진회로 고친 유신회는 이용구의 진보회進步會와 합동해서 1904년 12월 25일 합동일진회를 출범시켰다. 이 합동 재출발 직전, 일군(제1군) 부참모장 마쓰이시 대좌에게 보내는 12월 2일자 송병준 발신의 서신에서 송병준은 다음과 같은 말을 하고 있었다.

> 일진회 양 회원은 자진하여 예성윤무叡聖允武하신 일본 황제폐하의 어성덕御聖德에 욕하고, 동양 평화의 보장이 되며, 만약 장래 동양평화를 깨치려는 자 있으면 나아가 폐하의 어마御馬 앞에서 죽을 것을 결심하고 있습니다. 일진회 진보회 두 회에서 유식자의 주장 목적은 한국의 내치 외교를 일본 정부에 일임하고 한국민을 일본 신민과 동등하게 대우 받게함을 기함이라, 이 주장 목적을 한국민이 자진하여 일본 정부에 요청하려 하는 것이 일진·진보 두 회의 진수眞髓인 것입니다.

이리하여 송병준은 헤이그밀사 사건이 났을 때, 어전회의에서 고종에게 도쿄에 가서 사죄하든지, 대한문 앞에서 군사령관 하세가와에게 '면박面縛'의 예를 취하든지, 아니면 대일선전포고를 하라고 협박하였다.

이 '면박'이란 것은 죄인으로 자처하는 자가 스스로 두 손을 뒷짐결박으로 묶은 후 얼굴만 전면으로 향한 채 상대방 앞에 무릎을 꿇는 것을 말한다. 그뿐 아니라 송병준은 이용구와 협의 설득해서, 이용구로 하여금 대륙낭인 다케다가 기초한 일한합방 건의서를 통감과 황제 및 이완용 수상에게 제출하게 했던 것이다.

송병준이 앞의 서신에서 말한 '동양평화'야 말로 일제의 조선 침략의 가장 큰 명분이었다. 메이지유신 이래 일제는 러시아의 남진정책을 견제하기 위해서 언필칭 동양평화를 부르짖었다.

이것은 일전一轉해서 한일 양국의 안보가 동양 평화를 위해 밀접하게 연계된다는 안보연계론으로 바뀌어, 다시 일전함으로써 조선의 국본國本의 동요가 동양 평화의 장애 요인이 된다고 하는 반도화근설半島禍根設이 연역된다. 이리하여 동양 평화론이 마침내는 그러한 화근을 일소하기 위해서 조선의 보호 · 병합이 불가피하다는 식민이론으로 귀착하고 말았다.

그 무렵 청화정을 아지트로 삼았던 대륙낭인 · 일진회 · 기자패들은 하나같이 그 동양평화의 신봉자들이었다. 이 자들은 동양평화의 명분을 대의로, 구실을 당위當爲로 날조하면서 스스로를 그 사도使徒요 지사로 자부하였다.

이 자들은 송강宋江 등 108명의 의사가 산동성 수장현 양산박梁山泊에 모였던 『수호전』의 고사를 따서, 청화정을 가소롭게도 경성 양산박이라 별칭하였다. 이리하여 청화정은 통감부 문관들의 전용인 화월, 무관들이 단골이던 국취루와 함께 서울의 3대 요정으로 재야 매국 세력의 총본산이 되었다.

송병준의 왜첩

그럼 청화정의 내력을 이야기해보자. 한말 열강의 철도 이권 경쟁에서의 승리는 일본의 수중으로 돌아가고 있었다. 미국인 모스에게 허가되었던 경인철도 부설권은 1897년 시부자와 등이 조직한 경인철도인수조합으로 권리가 넘어간다. 그릴르에게 허가되었던 경의선은 내부대신 이재완에게 뇌물 5만 원 및 한성은행 경영권이 교부된 후 일군 임시 군용철도 감부監部가 공사를 인수한다.(1904년)

경부철도는 처음부터 수상 이토 히로부미, 재계 거물 시부자와 등이 맹렬한 운동을 전개한 결과, 구한국 정부와 체결된 경부철도 합동조약에 의해서, 1901년 6월 일제의 경부철도주식회사가 창립되었다.

그 무렵 국취루에 게이샤 자매가 있었다. 언니가 오키미요 동생이 오카스인데, 언니는 재정고문 메가다를 구워삶아서 살림을 들어앉았다. 동생 오카스는 경부철도회사 중역이던 오에와 놀아난다. 1899년 7월 경부철도회사 발기위원회의 위촉으로 50일의 현장조사를 마치고 귀국했던 오에는 회사가 창립되자 중역으로 다시 내한해 있었다.

이 자는 다른 관료·고문 패들이 그랬듯이 돈 하나는 기막히게 쓰고다녔다. 돈 잘 쓰는 오에가 단골이니까 오카스도 별 걱정은 없었겠는데, 언니가 살림을 차리는 꼴을 보더니 생각이 그만 달라졌다. 언니는 서방 복이 많아서 메가다의 금방석을 탔는데, 나는 어느 세월에 짭짤한 임자를 만나서 이 게이샤 짓을 그만둔다지? 그때 오카스의 마음을 사로잡은 사람이 시마우치라는, 제일은행 인천 지점장 가쿠나미 밑에서 회계를 맡아보던 청년이었다. 오카스는 이 남자에게서 첫사랑을 느꼈다. 팔자가 기박해서 화류계에 들어왔지만 오카스는 그날 그 시각까지도 분명히 진실한 사랑은 모르고 살았다고 자신하였다.

하지만 못 믿을 것이 남자의 마음. 담장 너머로 매력 있게 빠진 한 아가씨를 본 순간부터 오카스 따위는 벌써 까맣게 잊어먹는 시마우치였다. 이 아가씨는 미모도 미모려니와 청일 · 러일전쟁 때 군납으로 금방석을 타고 앉았다던 인천 스에나가 피복점의 무남독녀였다. 매달리다시피 해서 약혼을 하고 결혼식을 올릴 단계가 되자, 소문이 마침내 오카스의 귀에까지 들어오고 말았다.

이날부터 오카스는 식음을 전폐하다시피 하였다. 믿었던 남자에 대한 원망도 원망이지만, 그보다 더한 것이 언니 오키미에 비해서 자기 신세가 처량했기 때문이었다. 화류계 설움이 피어오르고, 지금쯤 그이는 새색시와 즐기고 있을 것을 생각하면 오카스는 원한 · 질투로 미칠 지경이 되는 것이다. 그 원한을 시마우치가 사는 인천의 개펄에 떠오르게 하기 위해서, 오카스는 마침내 한강에 투신자살을 감행하였다.

하지만 오카스가 한 사공에 의해서 목숨을 건지자 동정은 그녀의 일신에 집중하였다. 그리고 죽다 살아난 오카스도 이때쯤은 생각이 변해 있었다. 게이샤 신세니까 차이는 거야, 나도 스에나가 피복점처럼 돈이나 잔뜩 벌었다면? 어느 돈 많은 작자를 후려서 재기의 발판으로 삼을까 하는 판인데, 때마침 걸려든 사람이 송병준이었다.

주선을 한 자가 일진회 주변의 대륙낭인들이다. 후쿠오카 출신으로 현양사 계열이며, 천우협天佑侠의 다케다와 함께 명성황후 시해 사건에 가담했던 사세라는 자와 흑룡회 계열인 우치다 패의 졸개인 모치즈키라는 자였다. 그리고 주역인 이 둘의 주변에 일본 신문 서울특파원이던 요시무라가 끼어 있었다. 게이샤들 사이에서 별명이 참새로 통했던 도쿄전보통신의 마키야마토 한몫을 거들었다. 이들 주선자와 함께, 경부철도 경성 지점장으로 온 시마우치의 옛 상사인 가쿠나미가 도의적(?) 책임을 지고 오카스의 재기에 힘을 보탰다.

이들은 때마침 본국으로 돌아가게 된 오에로부터, 그의 소유이던 저동의 한식 가옥을 물려받게 해서, 오카스로 하여금 요정을 차리게 하였다. 그 자금은 물론 오카스의 기둥서방이 된 송병준이 부담하였다. 이리하여 개업 피로연이 베풀어지던 날, 자칭 지사요 혁신 정객들인 대륙낭인과 망국의 졸도들은 그들의 소굴이 될 요정을 무엇이라 명명하느냐를 두고 의견이 분분하고 있었다.

"이카호가 어떨까?"

"그게 좋겠군! 만병통치의 온천이니까 우리의 혁신 노선(?)과도 어울릴걸세, 이카호로 결정하자구."

그런데 가쿠나미가 시큰둥하면서 반대를 했다.

"평범한 이름일세. 운치가 없단 말야."

"이카호가 평범하다면 무슨 비범한 이름이라도 있단 말인가?"

"있고 말고! 청화가 어떤가?"

"청화정이라?"

"그래, 청화정일세! 그 옛날 당나라 현종이 양귀비를 위해 지은 궁궐이 화청일세. 그 이름을 거꾸로 뒤집어서….'

"옳거니! 그러니까, 우리의 양귀비인 오카스 양의 궁궐은 청화정이라?"

"그렇다네. 당 현종이 3천 미희를 거느리고 놀았듯이 멋지게 한번 놀아 보잔 말일세."

이리하여 오카스가 신장개업한 요정은 청화정으로 이름이 정해지고 말았다. 이 청화정은 오에가 물려준 한옥을 개조한 관계로 객실이 온돌이어서 별칭 온돌정으로도 통했다. 또한 이곳을 소굴로 삼은 대륙낭인 망국의 졸도들은 스스로를 송강의 108 의사에 비하면서 경성 양산박으로 별칭하기도 했다.

또 하나의 별명은 침몰정沈沒亭. 이 별칭의 유래는 확실치 않으나, 어쨌든 이 요정에서는 일진회를 중심한 패거리들이 밤을 밝히는 열락 속에서 '침몰' 하면서 매국의 음모를 진행시켜 갔던 것이다.

권력파와 금력파

이토를 비롯한 통감부 문치파들은 조선병합 문제에 관해서 비교적 점진적인 입장이었다. 조선의 독립을 유지하겠다던 일본 정부의 표면적 구실 또는 국제 관계 등을 고려해서, 조선의 손 하나 발 하나씩을 차례차례 잘라 나가는 방식으로 병합을 달성하려 하고 있었다.

반면에 야마가타 → 가쓰라 → 데라우치로 이어지던 조슈 군벌 직계의 무단파들은 일도양단이란 식으로 단숨에 병합을 달성하려 하고 있었다. 이 두 노선의 사이에서, 다케다·우치다를 중심으로 한 현양사와 흑룡회 계열의 대륙낭인들은 문치파를 반대하면서 무단파와 기맥을 통하였다. 이용구·송병준의 일진회 패는 다케다의 조종을 받음으로써, 무단파와 기맥을 통하면서 급진을 주장하는 꼴이 되고 있었다. 대륙낭인계와 통감부의 이러한 분립은 기생방 사랑의 갈등에서 싹이 튼 것이라고 알려질 만큼, 요정에서도 관변 측과 재야 낭인계의 사이가 나빴다.

언젠가 하야시는 오다가키에게 빼앗긴 게이샤 초옥이를 데리고 청화정으로 갔다. 이때 송병준이 하야시의 정책을 시비하자, 하야시는 크게 노해서 접시를 송병준의 얼굴에 집어던졌다. 결국 하야시는 송병준의 졸개인 일진회와 대륙낭인들로부터 몰매를 맞고 좌석에서 쫓겨났다. 거기에 다음 날 송병준이 화월에서 있었던 하야시의 술자리를 습격함으로써 두 사람의 반목은 더욱 심각해 갔다. 오다가키가 하야시의 정부 초옥이를 가로챈 것도 관변 측의 세도가 아니꼬워서라고 전해지고 있다. 게이샤로 얽힌 이러한 갈등은 관리들 사이에서도 곧잘 벌어졌는데, 스루하라는 이토의 정부 오카네의 손목을 잡은 바람에 총무부장관의 사표를 썼다.

농상공부의 기우치와 경무총장 오카는 오노부의 수단에 말려들어서 반목한다. 대한일보의 가도와키가 술값을 거절당한 앙갚음으로 이토의 완도莞島 삼림불하 관계를 폭로한 내막은 앞에서 말한 바와 같다.

이러한 대립은 관변과 재야의 사이일수록 한결 심했다. 이토 시절의 총무부장관 겸 구한국 궁내부 차관인 스루하라, 화월의 와카이치에게 싫증이 나자 동생 격인 기미코에게 눈독을 들이기 시작하였다. 그런데 기미코는 어느 거물급 상인이 꼭 5개월 후에 첩으로 데려가기로 계약을 한 후, 계약금 3백 원까지 이미 지불해 놓고 있었다.

"사정이 이러니 기미코만큼은 곤란합니다. 양해해 주셔야지요."

요정이 이렇게 나오면, 내가 이래도 '천황'의 녹을 먹는 사람인데, 하는 자존심 때문에 물러서지 못하는 것이 통감부 관리들의 기묘한 습성이었다. 제깟 장사꾼이 돈푼이 있다고 기미코를 빼돌려? 오기가 나서라도 기미코는 뺏어야겠다고 작정한 스루하라가 심복인 후쿠야마를 시켜서 교섭을 하였다.

"1천 원이야! 1천 원이 그래 적단 말인가?"

"글쎄 곤란하군요. 기미코는 아무튼 선약이 있어서…. 그리고 상대방도 1천 원을 내신댔어요."

화월의 주인 아히도메의 말에 후쿠야마는 또 값을 올린다.

"그래? 그럼 2천 원이야! 갑절 아닌가?"

"글쎄 그래도 아무래도 선약이 있어서…."

후쿠야마가 아무리 어르고 구슬러도 소용이 없자 스루하라가 마침내 최후의 돌격전을 명령하였다.

"좋아! 난 어쨌든 통감부 제2의 권력자야! 명색 총무부장관이란 사람이 그까짓 기생 하나 맘대로 못했대서야 위신이 서나? 자네 한 번만 더 가서, 4천 원을 낼테니 기미코를 보내든 말든 맘대로 하라고 해놓고 오게나. 까짓것 이러쿵저러쿵 말이 많으면…." 화월이 고스란히 문을 닫을 판이 되는 것이다. 이리하여 기미코는 몸값 7백 원의 6배인 4천 원으로 스루하라의 소실이 되고 말았다.

하지만, 거금 3백 원을 이미 지불한 그 거물급 상인이 곱게 물러설 턱이 없었다. 권력이면 다냐고 당장에라도 따지고 싶지만, 이번 경우는 양쪽에서 돈을 받은 화월의 실수이며 계약위반인 것이다.

"8천 원을 낼 테니 기미코를 도로 찾아오시오! 8천 원에 안 되면 그 갑절인 1만 6천 원을 내겠소!"

돈푼깨나 있으니 그까짓 권력에 눌릴쏘냐 라는 오기인 것이다. 고래 싸움에 새우 등 터질 지경이 된 화월이 손이야 발이야 빌고 달래서 계약금 배액상환과 각서 제공으로 화해는 성립된다. 그 각서는 "차후 희망하는 게이샤가 있을 시는 화월로서 일체의 이익이 없이 실비로 청구에 응할 것을 확약"한다는 것이었다.

그 밤의 날벼락

일진회 패들은 단발^{斷髮}에 도리우치라는 납작모자를 쓰고 다녔다. 사람들은 그래서 '도리우치'를 흔히 '일진회 모자'라고 부르곤 했다. 이 자들 일진회의 벙거지 패들과 그 주변의 대륙낭인 및 관변의 대립 반목도 대개는 기미코나 비슷한 동기에 의해서 비롯하였다.

벼락은 그래서 떨어졌다. 8월이라 더위도 막바지로 치닫던 어느 날 새벽, 바람 한 점이 없으니 나뭇잎조차 미동을 하지 않았다. 온갖 목숨 있는 것들을 죽은 듯이 늘어지게 하는 후덥지근한 공기를 가르면서 때아닌 검은 그림자들이 살금살금 걸음을 옮기고 있었다. 요릿집 청화정의 용마루에서 구름에 숨었던 달이 희끄무레한 빛을 다시 던지기 시작했다. 그 흐릿한 빛마저 싫었던지, 그림자들이 풀섶과 나무 사이로 재빨리 몸을 숨겨버렸다.

그때 청화정에서는 예의 벙거지 패들이 저마다 단꿈에 취해 있었다. 본국으로 가는 모치즈키를 전송하기 위해서, 어젯밤에는 늦도록 송별연이 낭자하였다. 연회가 끝나자 모치즈키는 오다마와 함께 여관으로 가고, 송별하는 축들만 자리에 남았다. 아침 일찍 역으로 가려면 집에 가고 오기도 귀찮은 노릇이라, 저마다 탐스러운 꽃들을 끼고 빈 방을 찾았다. 사세는 후키코하고, 가미야는 이치노고마 하고…. 이리하여 청화정의 각 방에서는 쌍쌍들이 저마다 매무새를 풀어헤친 채 전후불각으로 피곤한 잠에 곯아떨어져 있었다.

그런데 풀숲의 검은 그림자들이 느닷없이 청화정의 문을 두들겼다.

"누구요? 밤중에 소란스럽게 무슨 일이요?"

"인력거입니다. 아침 일찍 역으로 가신다기에 모시러 왔는뎁쇼?"

이런 얼빠진 녀석들을 봤나? 시계가 네 시인데 무슨 놈의 인력거냐고 투덜대면서 하녀가 빗장을 따자 시커먼 그림자들이 뛰어들었다. 코끝에 포승을 들이대니까 하녀가 놀라서 주저앉는데, 사복들은 벌써 안채를 향해서 바람을 가르고 있었다. 경부 구마가야가 지휘하는 임검 형사들, 이들은 오늘 밤 벙거지 패들의 회합쯤 사전에 충분히 알고 있었다.

벼락은 그래서 떨어졌다. 방마다에서 자다가 뛰쳐나온 게이샤들, 그 몰골이 볼 만하였다. 앞가슴은 풀어헤친 채, 삐져나온 허벅지를 여밀 생각도 없이 오지도 가지도 못하는 후키코. 청화정의 '나카이 가시라(仲居頭: 수석 나카이)'인 오쓰루가 엉겁결에 후키코를 목욕탕으로 끌어들였다. 여름이라지만 아직은 선뜩한 찬물 속으로 뒤통수까지 처박아 넣고 뚜껑을 덮는데, 발자국 소리가 접근하고 있었다.

잠시 후, 그때까지 미처 피하지 못한 사세가 경관에게 대답하는 말이 들렸다.

"왜 여기서 잤느냐구요? 취한 놈이 집이건 술집이건 가리게 됐소?"

"그건 그렇다 치고, 게이샤도 함께 잤겠지?"

"여보 그런 말 마슈! 고주망태가 돼서 집에도 못 간 놈이 게이샤랑 잘

정신이 어디 있소? 혼자 잤어요."

"그럼 이건 뭐지?"

경관이 집어서 코끝에 들이댄 것은 이불 위에 떨어져 있던 여자 속옷 하나, 엉겁결에 후키코가 흘려놓은 채 도망친 물건이다. 이쯤 물증을 확보당한 이상 사세는 변명할 길이 없어서 다른 일동과 함께 경찰서로 연행당하고 말았다.

이튿날 아침. 역으로 나간 모치즈키는 울화통을 참아낼 수가 없었다. 전송객이라곤 코빼기도 안 보이니 이 작자들이 이렇게 무심하기인가? 그토록 사랑한 오다마까지 안 보이니 이걸 그냥…. 기적소리에 쫓겨 차에는 올랐으나, 북악이 시야에서 사라질 때까지 심사는 오래도록 편치 않았다.

그 시간, 서署의 구류간에서는 오카스·오다마·후키코·이치노고마들이 머리를 맞대고 의논들이었다.

"모조리 다 잡혀 왔으니 이걸 어떡한다지?"

오카스가 걱정을 하자 누군가가 위로를 한다.

"언니, 뭐 걱정 말아요. 송병준 각하께서 설마 가만히야 계시려고요."

하지만 애당초 송병준이 미워서 일어난 사건이었다. 송병준은 거류민단장 나카이를 통해서 영사 미마시에게 교섭을 시도했지만 미마시 역시 송병준과 일진회, 대륙낭인 패들이 고울 턱은 없었다. 이 핑계 저 핑계로 지연작전을 쓰는 동안 제물에 구류기간 3일이 만료되어서, 살 만큼 살고 난 오카스 일행은 풀려난다. 여자들의 원망 속에서 송병준은 송병준대로 통감부 문치파에 대한 앙심의 꺼풀만 두터워져 갔다.

합방청원서

1903년 4월 23일, 의화단 사건 후 만주를 사실상 점령하다시피 하고 있던 러시아의 철군 문제를 협의하기 위해 수상 가쓰라, 외상 고무라 등이 야마가타의 별장인 교토의 무린암無隣庵에서 회합하였다. 이 자리에서 이들은 러시아의 철군 문제와 관련해서 만선滿鮮 교환으로 조선에의 우월권을 확보한다는 기본 방침을 확인하였다.

이후 1905년 7월, 일제는 미 국방장관 태프트와 가쓰라의 밀약을 통해서 일제의 대한 종주권에 대한 미국의 양해를 얻어냈다. 이 무렵부터 일제는 병합 촉진의 방책을 연구하기 시작했는데, 그 방책에 관해서 가쓰라가 야마가타에게 다음과 같은 서신을 보낸 바 있었다.

… 시기를 앞당기기 위해서는 오히려 유력자를 필요로 하지 않고 저들 한황韓皇과 정부 당국자로 하여금 잘못을 범하게 함이야 말로 금후의 정책상 가장 묘妙를 얻은 방책이 아닐까 생각하고 있습니다.

야마가타와 가쓰라의 이런 병합방침에 밀착해 있던 자가 다케다·우치다·스기야마의 대륙낭인들이었다.

북큐슈 구루메 출신 선승인 다케다는 일찍이 조선 침략의 야망을 품고 1892년 여수 앞바다 금오도에 와서 이주회와 더불어 어업에 종사하였다. 이 자는 동학항쟁 때 군사 개입의 구실을 얻어 내기 위해 전봉준과 합류를 시도했고, 전 군부협관 이주회 등을 주구화해서 명성황후 시해에도 가담하였다.

우치다는 흑룡회를 주관한 자이며, 현양사 3걸의 하나로 지목된 히라오카의 생질이다. 이토의 촉탁으로 통감부에도 복무했던 우치다는 이용구와 더불어 일한합방운동을 맹약하고 일진회 고문으로서 이용구 등을 조종한다. 스기야마는 청년 시절에 극렬 민권파로 대신 암살을 노리고 다닌 적도 있었다. 현양사 기관지 『복릉신 보』의 사무국장이던 그는 1909년 8월 일진회 고문으로 취임하여 병합 공작을 추진하였다.

이러한 과정에서 대륙낭인들이 문치파의 점진주의에 등을 돌린 채 무단파의 급진주의와 밀착한 것은, 앞에서 말했듯이 밤의 세계에서 미묘한 감정 대립도 한 원인으로 작용하고 있었다. 그런데 일제는 을사늑약 당시에도, 또 1909년 7월 6일의 각의에서 최종적으로 병합의 방침을 확정하면서도, 언제나 국제적인 관계를 크게 염려하고 있었다. 이리하여 가쓰라·고무라 등은 스기야마에게까지도 내각의 기정 방침을 숨기면서, 시치미를 떼고 말했던 것이다.

"제군들이 합방을 열망하지만 강제병합이라면 약탈혼이나 강간 같은 것이 되니 국제적 비난이 생기네. 여성 쪽에서 자발적으로 결혼을 신청해 오기 전까지는 제군들이 희망하듯이 합방은 될 수가 없어요."

"그럼 조선이 합방, 즉 결혼을 신청해 오면 거절하지 않겠다 이 말입니까?"

스기야마가 다그쳐 묻자, 외상 고무라는 물론 거절하지 않겠다면서 합의를 악수로써 표현했다고 한다.

그러나 수상 가쓰라는 좀 더 술책꾼이었다. 그는 일체를 스기야마에게 떠넘길 속셈으로, 스기야마가 합방 청원 관계를 말하자 일소에 붙이면서 말하였다.

"바보 같은 소리 마시오. 대만의 생번生蕃들조차 제 번사蕃社를 잃지 않으려고 결사적 저항을 하는데, 그들 생번보다 지식 정도가 발달된 조선인들이 '내 나라를 먹어 주시오' 신청해 올 턱이 없어요. 당신 얘기는 불가능하오."

"그 불가능이 가능해진다면 합방을 허용하시겠소?"

스기야마가 다그치자 가쓰라는 그야말로 양책良策이라고 말했던 것이다.

이리하여 스기야마는 이용구·송병준에게 합방 청원을 선동하였다. 그리고 다케다는 도쿄 시바우라의 죽지관竹芝館에 틀어박혀서 1주일 만에 그 청원서를 기초하였다. 1909년 12월 1일, 우치다는 청화정에서 이용구 등을 회합한 후『합방 상주문』및『청원서』등을 교부했다. 일진회 총무 최영년과 다케다 등이 자구 수정을 가한 후, 일진회장 이용구 명의로 된 합방청원서가 12월 4일 황제·수상·통감 앞으로 제출되었던 것이다.

이때 제출된 문서가 '합방'청원서였다는 점을 들어서 근래 일본의 일부 학자는 재평가라는 이름으로 이용구를 합리화하려는 설을 주장하고 있다. 이용구는 '합방'을 통해서 조선인을 보호조약으로 인한 불평등 노예 상태로부터 구출하려 했을 뿐, '병합'으로 매국하려 한 것이 아니었기 때문에, 매국노가 아니라 애국애족하는 지사였다는 식의 주장이다. 이 설은 국가 A · B가 서로 존속하면서 대등하게 결합하는 것이 '합방(연방)'인 반면, '병합'은 A의 소멸을 통한 B에의 통합이라는, 국제법상의 개념의 차이를 근거로 상기시키고 있었다.

하지만 이런 주장은 한마디로 말해 식민주의에 연연하는 데서 오는 망설 중의 망설이다. 이용구가 '합방'과 '병합'의 개념 차이를 명확하게 구별할 만큼 국제법의 소양을 가졌을까? 설사 그가 그 둘을 구별했다고 해도, 이것은 질이 아니라 양의 문제로밖에 귀결되지 않는다. 주권 일부를 방기하지 않는 한 연방은 되지 않기 때문에, 이용구가 '합방'을 청원했다면 주권 일부를 팔고자 한 것이다. 반면에 '병합'을 '합방'으로 혼동해서 청원했다면 주권의 전부를 팔려고 한 셈이 되는 것이다.

이리하여 이용구는 그 목적했던 바가 '합방'이든 '병합'이든 간에 주권의 일부냐, 전부의 매각이냐의 차이일 뿐, 매국노의 더러운 이름을 천 년 만 년 벗을 수가 없다.

청화정, 그 후일담

청화정은 일진회 패들의 집회소로 참 많은 죄악을 창조하였다. 정미7조약과 합방청원, 경술庚戌매국조약을 둘러싼 이용구·송병준 일파의 모든 책동이 이곳을 무대로 전개되었다.

이 집의 단골은 이들 망국의 졸도와 그 배후 조종세력인 대륙낭인들, 그리고 질이 나쁘기로 정평이 있던 재경 일인 기자패들이었다.

이용구의 합방청원서가 제출되자, 통감 소네는 우치다로부터의 사전 협의가 없었던 점을 불쾌하게 생각했다. 그는 총무장관 이시즈카와 경무국장 마쓰이를 시켜서 기자패들의 매수공작을 전개하였다.

일본전보통신 지국장 마키야마, 대한일보사의 가도와키, 경성신보 사장 미네기시, 대판매일大阪每日 특파원 니라자키 같은 자들이 이 매수 공작에 말려들었다. 전일에는 우치다 일파와 부동符同해서 소네를 반대하던 자들이 이번에는 소네와 부동해서 우치다 일파의 합방청원에 반대를 하고 나섰던 것이다.

이 자들은 공을 우치다에게 빼앗기지 않기 위해서 합방청원을 반대하면서, 한술더 떠서 병합 찬성을 선언하였다. 일한합방론은 취지가 애매하니 차제에 일한합병으로 근본적 해결을 해야 한다는 것이었다.

이런 작자들이 단골이라 청화정은 그 뒤치다꺼리에 어지간히 속을 썩고 있었다. 일진회 패들은 송병준을 팔아서 공술이요, 대륙낭인들은 오카스 재기의 은인이랍시고 외상질이다. 하지만 오카스는 마시고 긋고 떼이면서도 치부깨나 착실히 하고 있었다. 창업 몇 해에 수 만 원을 모았다고 전해질 만큼, 송병준 일파의 회합은 이곳에서 빈번히 열리고 있었던 것이다.

이럴 무렵 1911년, 첫사랑 시마우치의 아내가 된 스에나가 피복점의 딸이 죽었다. 이렇게 되자 오카스의 마음은 한때 재기를 위해 신세를 졌던 송병준으로부터 순식간에 멀어져 갔다. 문상 겸 찾아 간 끝에 부활한 옛사랑이 점입가경, 이를 전후하면서 청화정은 매상이 별안간 뚝 떨어지기 시작하였다.

병합이 달성됐으니 이젠 매국의 음모를 위한 자리가 그 전처럼 빈번할 턱이 없었다. 일진회 패들은 돈 15만 원을 받고 해산이 된 채 풀이 죽어 다니고 있었다. 초대 총독 데라우치는 일체의 회합을 금지하면서 매춘부를 소탕하고 '마치아이'를 박멸하느라고 혈안이었다. 음모의 소굴로 이용될 만한 곳은 모조리 없애자는 속셈이었으리라. 이리하여 청화정은 불경기 끝에 송병준이 손을 떼면서 시마우치에게로 넘어간다. 오카스, 본명 오카미가 시마우치 가쓰조로 어엿한 가정 부인이 되면서 남편 시마우치의 권고로 문을 닫고 말았던 것이다.

그럼 소네와 그 아들 간지의 정부 노릇을 한꺼번에 한 화월의 쓰야코는? 데라우치의 손을 거쳐서 동척 초대 이사 이노우에의 소유가 되어 있었다. 이 여자는 이노우에가 병석에 누운 것을 기회로 용산에 집을 구해서 터놓고 살림을 하고 있었다.

이 쓰야코는 왕년에 이토의 밤 시중도 들었던 사람이다. 때문에 어느 누가 칭찬인지 비방인지 모를 소리를 했다.

"그대가 당요唐堯 우순虞舜 하우夏禹 3대를 섬긴 명기라니 말일세. 쓰야코는 요순우예군堯舜禹藝君으로 개명하면 어떤가?"

통감 3대를 섬긴 쓰야코는 위스키로 얻은 병 때문에 얼마 못가 청춘이 지고 말았다. 그녀가 임종하는 자리에는 이토, 소네, 데라우치도 보이지 않았고, 간지와 이노우에도 남이 되어 있었다. 조합의 몇 사람이 쓸쓸하게 상여를 따라가면서 중얼거렸다.

"이노우에를 찾더라는군. 죽기 전에 한 번 더 보고 싶다면서 말야."

쓰야코는, 청화정을 무대로 삼았던 다른 장삼이사들과 마찬가지로, 식민지화의 탁류 속에 부침하다 간 허망한 '죄악의 물거품'이었다.

제 5 장

데라우치 :

횡령과 침략의 시대

데라나이 총독

1910년 5월 30일자로 소네는 쫓겨나듯이 통감을 사임하였다. 같은 날짜로 발령된 제3대 통감은 당시 가쓰라 내각의 육군대신이던 데라우치였다. 그는 조선에 미처 부임하기도 전인 6월 24일 도쿄에서 수상 서리 박제순과 총무장관 대리 이시즈카에게 서신을 보내서 경찰권 위임협약을 맺게 했다. 7월 23일 서울에 착임한 데라우치는 30일 미만에 병합조약을 강제체결하고 초대 총독으로 옮겨 앉았다.

이 데라우치는 야마구치현 출신으로 야마가타 → 가쓰라를 계승하는 조슈 군벌의 직계 3세이다. 1870년 한낱 군조軍曹(상사)에서 시작한 그는 1877년의 서남전쟁에 정부군 대위로 참전한다. 이때 데라우치는 반군 사이고 일파를 패퇴시킨 이시즈카의 격전에서 총상을 입고 오른손이 불구가 되고 말았다. 보통의 경우라면 폐병廢兵으로 예편감인데, 데라우치는 조슈벌 선배들의 비호 덕분에 왼손으로 경례를 해가면서 현역 승진 가도를 달렸다.

그러나 그는 서남전쟁 외에는 평생 단 한 번의 실전 경력도 없었다. 그는 임오군란 직후에 오쿠라 대대장 휘하 소좌로 조선을 다녀갔고, 청일전쟁 때는 대좌로 후방 운수·통신업무에 종사하였다. 전후에 소장 → 중장으로 승진하면서 참모본부 차장을 거친 데라우치는 1902년 3월 제1차 가쓰라 내각(1901. 6~1906. 1)의 육군대신을 물려받는다. 이후 제1차 사이온지 내각(1906. 1~1908. 7)과 제2차 가쓰라 내각(1908. 7~1911. 8)의 육군대신으로 유임되면서, 최장수 9년 5개월의 대신으로 조슈벌 전제의 기반을 확고하게 하였다.

그동안인 1906년 11월, 데라우치는 털끝만큼의 전공도 없이 육군대장으로 승진하였다. 소·중장으로 예편된 역전의 공장功將이 수두룩 했음에도, 단 한 번도 실전을 경험하지 않은, 그나마 오른손이 불구인 데라우치의 대장 승진을 두고 조슈벌의 인사 횡포가 아니냐는 비난이 많았다. 그럼에도 데라우치는 1916년 6월, 총독에서 물러나기 4개월 전에, 최고 원수의 자리까지 승진했다. 그때까지 실전 경력이 없는 원수는 운양호의 함장으로 강화도 사건을 일으켰던 해군의 이노우에 단 한 명이 있었을 뿐이다.

그러자 데라우치가 원수가 된 것은 이노우에와 나눠 먹기식으로 이루어진 것이 아니냐는 말이 있었다. 1911년 10월에 원수가 된 이노우에 역시 운양호 사건 당시의 전투 경험을 제외하면 실전 경력이 전혀 없다. 게다가 이노우에는 해군에 대한 능력과 지식이 매우 저열해서 부하들로부터 빈축을 샀다고 한다. 그런 이노우에가 어떻게 원수로 승진될 수 있었을까? 그것은 조슈벌의 실력자 데라우치가 장차 자신이 원수가 되고자 하는 야심에서 실전 경력이 없어도 원수가 될 수 있다는 선례를 만든 것이는 것이다.

데라우치는 특이한 두상頭相 때문에 '비리켄 장군'이란 별명을 들었으나, 복福의 신인 '비리켄'과는 거리가 먼 전제 폭군 스타일의 인물이었다.

그는 군인만이 국가를 위해 봉사할 수 있으며, 군인 외에는 국가에 봉사할 분야가 없다고 생각한 무력 일변도의 저돌적이고 완고한 사람이었다.

육상陸相 시절, 그는 육군성 안의 모든 일이 자기 주장, 자기 형식대로 되지 않으면 노발대발하곤 하였다. 조선의 통감·총독으로 재직하면서도 악명 높은 무단통치를 실천한다. 그리고 1916년 10월 총독에서 수상으로 영전하자 대외적 제국주의와 대내 탄압정책을 추진하였다. 즉 북경의 단기서段祺瑞 정권이 세계 1차대전 참전을 구실로 재정 위기를 극복하려 들자, 데라우치는 니시하라를 내세워서 총액 1억 4천 5백만 원의 소위 '니시하라西原 차관'을 제공하였다. 1919년 1월 이후 여러 차례 나누어 제공된 이 차관은 단기서의 무력통일을 원조함으로써 일본의 지배권을 확보하려던 제국주의 정책의 한 표현이었다. 그뿐 아니라 1918년 8월의 시베리아 출병을 단행한 것도 데라우치 내각이었다. 1917년 11월 혁명으로 제정 러시아를 타도한 과격파 소비에트 정권은 국내의 반혁명 세력을 소탕하는 한편, 세계 1차대전에서 이탈하여 독일과 단독강화조약을 체결하려 하였다. 이렇게 되자 러시아와 함께 대독 항전을 벌이던 30만의 체코군은 항전의 거점을 잃게 되었다. 이들은 동부 시베리아를 횡단하여 연합군에 합류할 계획을 세웠으나, 과격파들의 방해 때문에 뜻대로 되지 않았다. 이때 체코군 원조를 구실로 열강 16개국에 의해서 이루어진 것이 소비에트 혁명에 대한 간섭 전쟁인 시베리아 출병이다.

일본은 이때 미·영의 권고에 따라서 8월 5일 제12사단 등을 블라디보스톡에 파견하였다. 시베리아의 자원 지배, 열강과의 대항력 강화, 중국에서의 지배권 확립 등을 획책하기 위해서 데라우치 내각은 37만 3천 명의 대군을 투입했으나 10억의 국비 손실과 3천 5백 명의 사상자를 냈을 뿐 성과 없이 끝났다.

육상 다나카와 결탁한 야마나시가 이때 '시베리아 금괴사건'이라는 희대의 독직 사건을 일으키는데, 이 부분에 대해서는 나중에 다시 얘기하겠다.

이 무렵 데라우치 내각은 해군 확장 경비로 4천 7백만 원을 요구하여 1917년 6월의 의회에서 예산안 심의를 통과시켰다. 하지만 이러한 군사비 팽창으로 인플레가 일어나자 국민들의 원성이 점차 높아지기 시작하였다. 1914년 현재의 쌀값 6원이 1918년 7월에 들어서면서는 21원 가까이 폭등하자 국민들은 더 이상 생활고를 참아낼 수가 없었다. 이렇게 해서 일어난 것이 데라우치 내각의 사임을 재촉한 1918년의 '쌀 소동'이었다.

이 해 7월 23일, 도야마현 우오즈의 어부 아내들이 우물가에서 쌀을 달라는 시위를 벌였다. 이 사실이 보도되자 소동이 전국에 확대되면서, 그후 3개월간에 걸쳐 1도道 3부府 32현縣의 350만 명이 180회 이상의 폭동 사건을 일으켰다. 쌀가게와 부잣집들이 도처에서 피습 방화되면서, 시정 · 촌 60개소 이상에 진압을 위해 군대가 출동하였다. 이것이 이른바 '쌀 소동' 또는 '쌀 폭동'이란 것의 개요인 것이다.

이러한 사태 앞에서 데라우치 내각은 무자비한 탄압 외에 아무런 해결책도 제시하지 못했다. 진압 차 출동한 군대는 실탄을 발사하고 총검을 번뜩임으로써 다수의 군중을 살상했다. 예비역 군인들을 소집해서 대민 탄압에 투입했고, 보도금지 등의 언론탄압으로 언론계의 심한 반발을 사곤 하였다. 그리하여 결국 1918년 9월 21일 집정 1년 11개월 만에, 데라우치 내각은 무참하게 무너져 버리고 마는 것이다.

데라나이 내각, 이것이 그때 선물 받은 명예롭지 못한 호칭이었다. '우

치(內)'를 '나이(內)'로 바꿔 읽은 이 호칭은 '빛나지 않는다'는 뜻의 데라나이(熙らない)와 음이 같다.

'빛나지 않는 내각'은 곧 시시한 내각이다. 이 호칭을 그대로 옮겨서 필자는 그를 이따금 데라나이 총독으로 부를까 한다.

피의 일요일 사건

데라나이 총독의 무단통치에 죽이 맞았던 인물이 그의 천거로 한국주차 헌병대 초대 사령관에 취임한 아카시였다. 이 자의 침략사적 행적을 말하기 전에 먼저 조선에서 일본 헌병대가 주둔한 내력을 약술하겠다.

일본 헌병의 조선 주둔은 1896년 1월 군용 전신의 수비를 위해서 주파駐派된 일군 임시헌병대로부터 시작된다. 일군 임시 육군전신부臨時陸軍電信部와 함께 경부·경인의 군용 전신을 수비하던 일군 임시헌병대는 러일전쟁 개전 직전인 1903년 12월에 한국 주차헌병대로 개편된다. 이들은 1904년 3월 한국주차군 사령부가 설치됨에 따라서 동년 10월 이후 그 지휘 하에 통솔되었다.

이리하여 주차군 사령관의 지휘 아래 초기 현병경찰제를 담당하던 헌병대는 1907년 10월 을사늑약 반대의 의병 항쟁이 전국 규모로 확산됨을 계기로 제14헌병대로 개편, 강화된다. 이들은 군사경찰이라는 헌병 본래의 임무를 떠나서, 통감의 예하에서 주차군 사령관의 지휘를 받으면서 치안경찰 업무를 전담하였다. 아카시는 이때 데라나이 육상의 천거로 제14헌병대장(소장 보직)에 취임하면서 조선 침략 전선에 투입되었다.

이후 한국주차군 제3대 사령관 오쿠보(1908. 3~1911. 8)의 참모장으로 전출되었던 아카시는 1910년 6월, 병합을 앞두고 제14헌병대가 한국 주차 헌병대 사령부로 개편 강화되면서, 초대 헌병사령관에 취임하였다. 이리하여 본격적인 헌병경찰제가 실시되는데, 이것은 헌병대 사령관이 경무총장을 겸직하면서 전국의 경찰권을 집행하던 제도이다. 일선 경찰 조직은 도의 헌병대장이 도 경무부장을 겸하면서 헌병 장교 이하 헌병 사졸이 헌병 신분인 채로 치안경찰 업무를 집행하였다.

이렇게 헌병경찰제를 실시한 아카시는 일본 육군 최대의 정보장교이자 책략가였다. 큐슈 후쿠오카 출신의 이 자는 소위에서 소장에 이르는 25년 동안 단 6개월 간 연대 근무를 했을 뿐, 나머지 전 기간을 참모 근무와 주외무관駐外武官 근무로 일관한 특이한 경력의 소유자이다. 그는 청일전쟁 당시 근위 사단 참모로 참모장 사메지마를 제치고 사단 작전에서 중추적인 역할을 수행했다. 1900년 5월, 의화단이 북청에서 난을 일으키자 아카시는 산해관 · 금주 일대의 정찰 정보 업무에 종사하면서 전국의 확대에 대비하였다.

이듬해 1901년 1월, 프랑스 공사관부 무관을 거쳐서, 아카시는 1902년 8월에 러시아 공사관부 무관으로 전근하였다. 이러한 주외무관은 일종의 정보장교로서, 첩보 · 모략 활동 같은 비밀 명령을 수행하는 예가 허다하다.

러시아의 남하정책과 일본의 대륙팽창정책이 한반도에서 날카롭게 부딪치고 있던 그 무렵, 대좌이던 아카시에게 맡겨진 비명秘命은 러시아의 배후 교란이었다.

이리하여 아카시는 페테르부르크의 주러駐露공사관에서 연일 러일전쟁에 대비한 비책을 궁리하고 있었다.

"상승장군 나폴레옹도 러시아에서는 패했다. 일본이 조선과 만주에서 러시아를 이기더라도, 모스크바와 광대한 시베리아까지 점령 제압하기는 불가능이다. 더구나 슬라브 민족은 끈질겨서 얼마든지 장기전에서 버틸 것이다. 그렇다면 어떻게 해야 하는가?"

군사력만으로 러시아를 이길 수는 없다고 판단한 아카시는 제정 러시아가 내포하고 있는 갖가지 취약점을 분석하였다. 로마노프 왕조의 부패와 슬라브 민족에 대한 기타 소수민족의 증오감, 농노적인 위치에서 신음하는 농민들의 원성과 노동자들의 불만, 자유 · 사회 · 무정부주의자들의 반체제 기질…. 그야말로 혁명 전야 같은 혼란상을 취약점으로서 발견해 낸 아카시는 내심 쾌재를 부르며 한 가지 비책을 궁리해 내었다.

"일본이 러시아를 이기는 길은, 군사력이 아니라 러시아가 내부적으로 흔들리도록 모략 공작을 전개하는 길밖에 없는 것이다."

이리하여 아카시는 특유의 비책으로 러시아 사회당에 접근하였다. 이때 그가 본국 참모본부에 청구한 공작금은 무려 1백만 엔. 엄청난 돈이었다.

"뭐! 1백만 엔을 보내라구? 추운 나라에 가 있더니 아카시란 놈이 마침내 머리가 돌아버렸군!"

참모본부는 놀라다 못해서 코웃음을 쳤다. 그런데 러일전쟁 때 참모 본부 차장이던 나가오카가 공작금 지급을 주장하였다.

"1백만 엔은 확실히 거액이다. 하지만 일본이 패망한 후에 1천만 엔을 쏟아넣는다 해도 소용이 없다. 이길 수만 있다면 1백만 엔이라도 오히려 싸지 않은가?"

이렇게 해서 송금된 1백만 엔으로 아카시는 러시아의 사회당과 반체제 과격분자 기타를 연합전선으로 묶도록 획책하면서 로마노프 왕조 타도를 부채질하였다.

'피의 일요일 사건'은 이렇게 해서 터지고 말았다. 1905년 1월 9일, 페테르부르크의 노동자 파업 끝에 10여만의 데모 군중이 동궁冬宮 앞광장으로 쇄도하자, 러시아 황제는 일제 사격을 명령하였다. 사상자 3천여 명을 발생시킨 이 '피의 일요일'을 고비로 해서, 러시아는 걷잡을 수 없이 혁명의 소용돌이 속으로 휘말려 들고 말았던 것이다.

러일전쟁 개전 후 스웨덴의 스톡홀름으로 이동해 있던 아카시는 그러한 공작 결과를 더욱 대규모의 무장봉기로 유도하였다. 유럽 각국에서 소총 2만여 정과 탄약 420만 발을 구입한 아카시는 영국 화물선을 임대해 핀란드와 발틱해 연안을 경유해서 러시아 혁명분자들에게 밀송하였다. 이 무기로 러시아 각처에서 무장 봉기가 속출하였다. 공장이 파괴되고 철도가 마비되면서, 러시아의 군대 수송은 극심한 난관에 봉착하였다.

이 무렵 1905년 2월, 크로포토킨 장군의 37만과 일군 오야마의 25만은 최후의 전투인 봉천의 결전을 눈앞에 두고 있었다. 러시아는 시베리아철도 편으로 수송되어 올 증원군 2개 군단의 도착을 기다려 총공격을 개시, 도합 2배 이상이 될 압도적인 병력으로 일군 25만을 일거에 전멸시킬 계획이었다.

이럴 때 아카시에게서 암호 전보문이 날아들었다.

〈러시아 각처의 무장봉기와 스트라이크 · 철도 파괴로 증원군은 수송 불능임. 총공격 단행을 요망함.〉

'피의 일요일'의 혁명 소동 때문에 사기마저 크게 저하되었던 러시아군

37만은 일군이 공격을 개시한 16일 만에, 1905년 3월 10일, 봉천을 점령 당하면서 패하고 말았다. 뒤이어 5월 27일, 러시아의 발틱함대가 쓰시마 해역 일대에서 전멸을 당했으나, 러시아의 육군은 그래도 아직 수백 만의 여력을 보유하고 있었다. 그럼에도 불구하고 러시아가 굴욕적 강화조약 을 결심한 것은 아카시의 공작 결과인 혁명 소동에서 위협을 느꼈기 때문 이었다.

"아카시 대좌란 사람은 봉천에 파견된 일본군 3개 군단 25만 명에 맞 먹는 일을 혼자서 해낸 금세기 최고의 무서운 인물이다!"

이 말은 러일전쟁을 면밀히 관찰 분석한 독일 황제 카이저가 감탄 끝에 뱉어낸 말이다.

이리하여 러일전쟁 후에 아카시가 독일 대사관 부무관으로 부임하자, 독일은 그의 수완을 크게 위험하게 생각한 나머지 아카시와 함께 사교 장에 출입하는 것조차도 기피했다. 아카시는 독일에서는 근무 자체를 하 지 못할 형편이 되어 재임 10개월 만에 귀국하였다. 보병 제7연대장에 보직된 지 5개월 만인 1907년 10월, 소장으로 진급하면서, 그는 조선의 제14헌병대장에 임명된다. 그리고 그는 한국주차군 참모장을 거쳐 헌병 대 사령관에 취임하고 경무총장을 겸직하게 된다.

카이저는 아카시의 책략의 힘을 3개 군단에 비유했으나, 일본에서는 심지어 아카시가 혼자 힘으로 러일전쟁을 이겨냈다는 말까지도 전해지 고 있다. 때문에 아카시는 태평양전쟁 무렵 모략 · 첩보요원 양성을 위해 서 개설된 육군 나카노 학교에서조차 첩보 · 모략전의 우상이자 산 교재 로 떠받들어졌다. 이런 자야말로 남의 나라를 훔치기에는 안성맞춤의 최 적임자가 아니고 무엇인가?

야마가타 → 가쓰라 → 데라나이로 이어지던 급진 병합파들은 이런 아카시를 조선에 투입하고, 무단파 데라나이 육상을 통감으로 겸직 발령함으로써, 병합을 결행 단계로 끌어 올리고 말았다.

달밤이 훔쳐간 주권

　달을 보고 있었다. 헌병사령관 겸 경무총장 아카시가 초대한 달 아래 원유회에서 기자들은 흥이 도도하였다. 바람이 나무숲 사이를 누비자 7월 열여드레, 보름을 갓 지난 달 그림자가 흔들거린다. 누구도 대한 정책이 어쩌구 하면서 질문하는 사람조차 없었다. 먹고 마시고 달을 보며 웃으면 그뿐으로, 재경 기자 전원을 초청한 이날 밤 원유회는 드물게 화락한 분위기였다.

　그 시간, 헌병들은 서울의 성문과 대로, 골목을 쉴 새 없이 순찰하고 있었다. 두 사람이 모여서 말을 나눠도 삼엄한 검문을 하곤 하였다. 보병 제29·32연대의 일군 병사들은 대궐과 성문, 중요기관, 대신의 저택 기타에 배치되어서, 개미새끼 한 마리 못 기어 나갈 경계망을 펴고 있었다.

　이들 제29·32연대 등은 의병 토벌작전 명목으로 7월 6일을 전후하면서, 한밤중에 큰길 아닌 작은 길을 통해서 서울로 들어온, 나남羅南 기타 지방에서 온 일군 병력들이다. 8월 들면서 이들은 저녁식사 후의 영외 산책이 금지되었다. 그 며칠 후부터는 숫제 외출까지 전면 금지되었던 것이다.

이 무렵 조선에는 군대도 경찰도 없었다. 해산된 군대들의 항일혈전을 탄압하기 위해서 확충 강화된 주차군·헌병대만이 이 땅의 유일한 무장 병력들이었다.

이들 헌병대의 총책임자로 임명된 아카시는, 발령 이튿날인 1910년 6월 16일, 조선의 경찰권을 접수하라는 신임 통감 데라나이의 명령을 받았다. 이리하여 6월 24일자로 마지막 경찰권마저 탈취되면서 대궐은 껍데기만 남겨지게 되고 마는 것이다.

아카시가 보안 유지를 위해 재경기자 원유회를 개최하고 있던 그 시간, 최후의 어전회의가 열리고 있었다. 이 자리의 참석자는 반대를 할까봐서 미리 따돌려 버린 학부대신 이용직을 제외한 전 각료(총리 이완용, 농상공부 조중응, 내부 박제순, 탁지부 고영희)와 황족 대표인 이재면, 궁내대신 민병석, 시종원경 윤덕영과 시종무관 이병무, 정계 대표인 중추원의장 김윤식 등 약 10여 명이다. 이 자리에서 이완용은 대신 일동이 병합을 찬성한다고 상주하였다. 토의건 반대건 할 여지조차도 없는 어처구니없는 회의였다.

"신들이 모두 가하다 하면 짐도 이의가 없다."

이리하여 1910년 8월 22일, 통치권을 완전히, 영구히 양여한다는 병합조약이 쥐도 새도 모르게 조인되었다.

3일 후인 8월 25일, 아카시는 경령警令 제3호로써 『집회취체령』을 공포하였다. "당분간 국내 정치에 관한 집회 또는 옥외에서의 다중의 집회를 금지한다"고 못 박으면서, 아카시와 데라나이는 정치단체 전부를 1주일 시한부로 해산시켰고, 친일·배일의 모든 지회를 금지시켰다. 일진회 같은 친일 주구 단체마저도 해산을 당했고, 기관지와 어용지 약간을 제외한 일체의 신문은 폐간되었다. 병합조약은 조인 후 1주일이나 비밀에 붙여

졌다가 8월 29일에 가서야 발표되었다.

그리고 총독부가 들어섰다. 통감에서 총독으로 옮겨 앉은 데라나이는 우선 구한국 정부 및 통감부 관청을 통합하는 관제 개정을 단행하였다. 왕실의 내각과 표훈원表勳院 등을 없애고, 궁내부의 사무를 이왕직李王職으로 옮기면서, 1관방·5부·12국으로 된 총독부가 일체의 통치권을 장악하였다.

신설된 권부의 괴수인 데라나이는 행정·입법·사법권을 전담했고, 일황의 직속으로 주차군 사령관과 헌병대 사령관을 통솔하였다. 중세 전제군주 이상의 막강한 권력으로, 데라나이가 조선인에게 강제한 것은 아카시를 하수인으로 한 헌병정치로서, 전무후무한 무단정책이었다.

이러한 통치 효과를 더욱 극대화하기 위해서, 데라나이는 자국민인 총독부 관리들까지 무서운 기세로 조여댔다. 관기 확립을 위해서 복무심득服務心得에 서명 날인을 하게 한 데라나이는 품위 보전·비위 사실 근절을 강조하면서, 1912년 6월에는 관리들의 고과표 규정考課表規定까지 만들었다. 총독부의 장들은 이에 의해서 부하직원들의 능력과 공과를 사핵査核하면서, 4월 1일마다 품행·건강·직무성적 등을 보고하되 소견을 아울러 구신具申해야 했던 것이다.

이리하여 제1착으로 게이샤들의 관저 출입이 금지되었다. 연회·원유회 등은 최소 필요한 경우로 한정되었고, 그나마 게이샤는 부를 수 없었다.

이러한 금령을 어기고 놀아났다면 즉결 처분으로 파면인데, 그 모두가 지배권 확립을 조속 공고하게 다지기 위한 수단이다. 그러니까 국장·고등관 이하 고원雇員들까지 근신에 근신을 거듭하면서, 일의전심一意專心 지배권 확립에만 매진해야 하는 분위기였다.

데라나이 초기의 남산 밑 게이샤촌은 스산한 바람이 불고 있었다. 이토·소네 두 대에 걸쳐서 무성할 대로 무성했던 악의 꽃들이 하룻밤 무서리에 마침내 전멸했는데, 이러한 표현은 최소한 표면적으로 볼 때는 하자가 없는 표현이다.

하지만 이면에서는 터놓고 출입을 못하니 은밀한 놀이가 성행했는데, 그것이 공개적일 때보다도 더욱 극성스러웠다.

이리하여 데라나이의 시대로 들어서면서는 화월 같은 큰 요정이 다소 위축된 반면, 자질구레한 무수한 군소 요정이 발전해 갔다.

도동 유곽사

　그럼 통감부 → 총독부 초기에 이르는 밤의 세계의 변모에 대해 이야기를 해보자. 일제의 침략은 칼과 코란이 아니라 칼과 여자로 수행되었다. 청일전쟁 출병군의 진주와 함께 개업한 악명 높은 신마치 공창가. 이토·소네 시기에 걸친 요정 정치 덕분에, 늘어난 것이라곤 통감부 5년에 게이샤·왜갈보들밖에 없었다.

　이들 오가와후이(小川ない: 1982년 풍기문란으로 추방당한 매음녀)의 후배들이 벌이는 추태는 도처에서 낯이 뜨거울 지경이었다. 음풍이 도처에 넘실거려서 바야흐로 말세나 다름없는 광경이었던 것이다. 때문에 부인은 물론 식모조차도 섣불리 외출을 할 수 없었다. 경부철도 공사에 동원된 일인 십장·노무자들에 관해 『매천야록』 광무 7년조 는 이렇게 기록하고 있다.

　"그 성질이 모질고 독살스러워서, 밤으로는 떼도둑질, 낮으로는 지나가는 장사꾼을 약탈하면서 추호라도 뜻을 거스르면 살상을 벌이곤 했기 때문에 그들이 지나는 고을마다 병란을 입은 것처럼 되었다."

당시의 속요처럼 그녀들 "철도십장의 방망이에 멍들"까봐 외출을 못하던 처녀·귀부인들은 이제 탕아·난봉꾼과 왜갈보들의 낯 뜨거운 짓거리 때문에 거리를 다니지 못할 지경이 되고 있었다.

이들이 어쩌다 호젓한 길이라도 걸을 양이면 일본인 탕아·난봉꾼들이 소매를 잡아끌기 예사였다. 호젓한 길뿐 아니라 가장 번화하다는 거리, 심지어는 경찰서 옆에까지도 갈보들이라 옥석을 가려낼 길이 없는 탓이기도 했을 것이다.

이들 왜갈보 족속들은 당시 하세가와조(長谷川町)로 통하던 소공동 일대에 많이 들끓었다. 태평로며 구리개(을지로)·청파, 낙동이자 지금의 명동 초입인 1905년 개설의 어시장 부근, 또 남산 쪽으로 뻗쳐서 옛 일신日新 국민학교 근처인 상가 주택가 일대에 출몰하던 왜갈보들은 계급이 또한 천층이었다. 중국인 기타 하층 품팔이 상대의 싸구려가 있는가 하면, 하룻밤에 1백여 원이라는 고급 밀매음녀도 없지 않았다.

신마치 공창가와 별도로 발전한 이들 밀매음녀들 중의 고급은 열의 여덟이 난봉 끝에 도망친 유부녀들이었다. 아니면 목적도 연고도 없이 무작정 조선으로 도망한 딱한 처녀들이다. 반면에 하급은 소위 '아이마이야(曖昧屋)'라고 불리우던 색주가 비슷한 하급 음식점의 무허가 작부들이다. 이들은 한때 경성 이사청 이사관 미우라에게 쫓겨서 도동 유곽인 '요시노신지'로 집결했으나, 단속이 소홀해진 틈을 타서 다시 가로와 주택가로 흩어져 갔다.

이리하여 이 부류들은 백주대로에서도 터놓고 유객 행위를 서슴지 않았다. 의자까지 골목에 들어내 놓고 앉아서, 행인이 지나가면 노골적인 작태로 붙잡아 들인다. 이렇게 해서 끌려 들어간 나그네들은 흔히 시계며 지갑 따위를 도둑맞고 한바탕 소란까지 벌이곤 했다.

　이들 왜갈보들의 생태가 어느 정도였던가를 말하는 적절한 에피소드가 있다. 총독부 개설 직후, 밤의 꽃들에 대한 소탕 작전을 개시한 총독 데라나이가 하루는 비서를 거느리고 신마치 공창가 시찰을 나섰다.

　이 지역에서는 가장 큰, 그리고 가장 오래된 업체인 제일루 앞을 지나칠 무렵, 그곳의 창녀 하나가 쪼르르 쫓아 나와서 총독의 소매를 잡아끌었다. 이런 면구스러운 꼴을 직접 당한 데라나이가 호통 한번 지를 경황인들 있겠는가? 대신 혼이 난 본정서本町署가 이튿날 포주 오기를 호출해서 치도곤을 놓고 제일루의 영업을 정지시켰다.

　이러한 소탕 작전에 따라 데라나이 초기의 풍기는 다소 정화되고 있었다. 하지만 그렇다고 해서 왜갈보들이 없어지지는 않았다. 약간의 고급 창녀들만이 만주·시베리아로 이주했을 뿐, 나머지는 야마토·모모야마의 신흥 창녀촌으로 집결한다.

　이들 중 모모야마 창가는 하다의 창립으로 미생정 유곽彌生町 遊廓이라 불려지던 곳이요, 야마토신지는 주자동·필동·묵정동 일대에 걸쳐 있었다.

　결국 데라나이의 무단통치도 일본인의 추업 상태만은 박멸하지 못한 채 집단적인 창녀촌만을 발전시키는 미봉책으로 끝나 버리고 만 것이다.

임검에 걸린 총독

아카시는 자신이 단속 책임자라 터놓고 유흥이 곤란하였다. 따라서 품행이 비교적 단정했다. 그러나 그것은 어디까지나 '비교적'이었다. 이 사람 역시 한때는 게이샤를 관용차에 태우고 심야의 드라이브쯤 예사로 하고 다녔다. 대한일보의 미네기시가 퇴한 처분으로 본국으로 쫓겨난 것은 아카시의 사생활을 폭로한 탓이라는 말이 돌았다.

그럼 데라나이는? 메이지가 죽고 다이쇼, 그해 1912년 12월에 정권은 제2차 사이온지 내각에서 제3차 가쓰라 내각으로 교체되어 있었다. 이에 앞서서 1911년 8월, 제2차 가쓰라 내각이 제2차 사이온지 내각으로 바뀔 때 육상을 사임한 데라나이는 보임 자격 관계로 군사참의관을 본직으로 한 채, 사실상 전임 조선총독이 되어 있었다.

이듬해 1913년 정월 초하루, 총독 관저에 때 아닌 꽃들이 만발하였다. 서울 장안의 2백의 게이샤들로 하여금 모조리 세배를 드리게 함으로써, 데라나이의 기생 출입금지령은 겨우 2년 남짓에 도로 아미타불이 됐다. 이들 2백 명의 게이샤의 세배를 받으면서, 데라나이는 옛날 가렴주구를 하던 사또들처럼, 일일이 그들을 점고하였다.

일장 훈시의 잔소리가 뒤따르려니 했던 게이샤들은 뜻밖에 1인당 2원씩 총독 하사금 떡값을 받으면서 은연 중 어안이 벙벙해졌다.

그 무렵 어느 날, 총독이 화월에서 잠을 자는데 때마침 임검이 삼엄하였다.

"누구냐?"

"본정서 형사요. 임검을 나왔으니 문을 좀 여시오."

"임검? 그런 것 필요 없다. 가거라!"

"여보, 임검인데. 어서 문 좀 열어요!"

"시끄러워! 나니까 잔소리 말고 가란 말이야!"

하도 호령이 벼락같아서 형사는 그만 찔끔하였다. 잘못 걸렸나보군!

어느 높은 사람 같은데 대체 누굴까? 그러나 형사는 기껏 어느 국장쯤으로 상상했을 뿐, 점잖은 개 부뚜막에 오른다는 속담은 미처 생각하지 못했다.

이튿날 서장실로 전화가 왔다. 전화를 건 쪽은 어지간히 기분이 잡친 음성이었으나 서장은 얼굴에 묘한 웃음을 떠올리고 있었다. 서장은 간밤의 형사를 불러들였다.

"화월에서 누가 호통을 질렀는지, 자네, 짐작이 가나?"

"글쎄요? 어느 국장님인가 했는데요?"

"국장? 그 하나 위인 첨두尖頭 총독 '비리켄' 장군이야."

"예에? 설마 총독 각하가….."

형사는 얼굴이 새파래졌다.

"자네, 신마치나 음식점 따위는 맘대로 취체를 하게. 하지만 화월 같은 일류 요정은 일일이 내 지시를 받아서 하란 말이야."

하지만 서장은 그후 아무런 지시도 내릴 수 없게 되고 말았다. 어느 먼 섬으로 좌천을 당해 데라나이의 처사를 원망하는 처지가 되었기 때문이다.

이 무렵 서울에는 송병준의 대성사가 경영하던 대정권번大正券番이 일인 나가노에게로 넘어가서 주식회사로 되어 있었다.

게이샤권번은 경성권번과 중中번의 둘이요, 창기조합인 신마치권번을 합쳐서 일인권번이 3개이다. 조선인 기생권번은 한성 · 한남 · 대정 · 조선권번의 4권번인데, 그 중 대정 권번을 일인이 운영했고, 송병준이 맡아서 하던 조선권번도 일본계에 준할 성질이었다. 이리하여 서울의 도합 7권번 중 조선인에 의해서 경영된 것은 한성 · 한남의 두 권번뿐이었다.

1914년 7월, 세계 1차대전이 일어나면서, 이들 권번에는 이토 · 소네 시절에도 볼 수 없던 호경기의 바람이 불어 닥쳤다. 전화번호 몇 개를 잘만 돌려서 연결시켜도 몇 만 원 이익과 구문이 떨어지던 호경기라, 재계며 관계가 정신 못 차릴 정도로 흥청거렸다. 창립 6년째로 들어서면서 사업이 궤도에 오르기 시작한 동양의 복마전이라던 동척, 또 1910년 이래의 악명 높은 토지조사사업이 그러한 화류계 경기에 기름을 더하는 꼴이 되었다.

이리하여 데라나이 초기의 다분히 체면치레이던 풍기단속은 마침내 더 이상 숨을 쉴 구멍조차도 없이 공염불이 된다. 말하자면 부흥기라고나 할 데라나이 시절의 밤의 세계, 그 지배자는 역시 총독부의 고관들이었고, 조선은행과 동척의 간부들도 활개를 쳤다.

용산 팔경원

그럼 먼저 총독부 고관들의 밤의 역사를 살펴보자. 아카시의 후임자인 제2대 헌병사령관 겸 경무총장은 다치바나의 부임 당시의 소장이다. 조선주차군 참모장 출신인 이 자는 1914년 4월에 아카시의 자리를 물려받았다. 이해 8월에 중장 진급, 그리고 1916년 4월에 신설된 제19사단(속칭 나남사단)장으로 전보될 때까지 2년 간 헌병경찰제의 주역이었다.

이 자는 용산 팔경원의 오유키를 정부로 두고 있었다.

그런데 어느 날, 팔경원 오유키가 거처하는 방에서, 한밤중에 끝도 없는 소동이 벌어졌다.

"여보, 여봇! 정신 차리세요!"

오유키의 다급한 소리가 들리더니 뒤이어 볶아치는 소리로 변했다.

"물! 물! 누구 없어요? 물! 큰일 났어요!"

하도 죽는다고 아우성이라 팔경원 사람들이 신성불가침인 규방의 문을 열었다. 그 순간 눈에 들어온 광경은 헌병사령관 겸 경무국장 다치바나 육군 중장의 벌거벗은 꼴! 눈을 까뒤집고, 입에는 게거품을 물고, 발작이 난 듯 사지를 버둥대는데, 곁에 있는 오유키의 매무새는 더 말이 아니었다. 의복은 어떻게 했는지 희멀건 속살을 그대로 드러낸 채 정신없이 다치바나의 등만 두들겨 대고 있는 중이었다.

사람들은 가슴이 철렁 내려앉았다. 이거 경무총장이 급살을 맞은 모양이군! 놀라고 얼이 빠져서 멍하니 서서들 있는데, 한참이나 끙끙거리던 다치바나가 문득 무언가를 토해 내었다.

"아니 이건? 이 아냐?"

이는 이인데 틀니, 이가 나쁜 오유키가 제 이 대신 착용하던 틀니였다. 그 틀니가 글쎄 무슨 곡절로 다치바다의 목구멍 속에까지 침입했을까?

이를 토해 낸 다치바나가 살았다는 듯이 긴 한숨을 쉬는 꼴을 보면서 사람들은 방문을 닫았다. 하도 놀라고 당황했던 끝이지만, 사람들은 전후 간의 원인 곡절을 상상할 때 웃음을 참아낼 수가 없었다.

하지만 그 일은 어쩌면 웃을 일이 아니었는지도 모른다. 군인 생활의 대부분을 조선과 만주에서 보낸 다치바나는 가스 중독으로 뇌에 손상을 입고 한때 광인처럼 되었던 시기가 있었다. 데라우치의 비호 덕분에 군직을 계속하면서 차차 회복되어 갔던 것인데, 그날 밤의 그 소동은 혹시 이러한 사정의 후유증이 아닐까? 그렇다면 그것은 웃을 일이 아니다. 불편한 몸으로 기생방 출입까지 한 호객성에 대해서 감탄을 해야 할 일인 것이다.

이 자는 1916년 4월, 신설된 나남羅南 사단장으로 전보되었다. 이 제19사단과 함께 용산에 제20사단이 신설되게 된 내력을 이 자리에서 약술해 보자.

1880년, 서대문 밖 청수관에 개설된 일공사관에 주재하기 시작한 보병 대위 미즈노 이하 약간명의 공사관 경비병. 이들 일본군은 임오군란 후 제물포조약에 의해서 1개 중대의 공사관 수비대로 증강되고, 갑신정변에 개입한다. 이후 청일전쟁 출병군은 경성수비대인 후비보병 제18대대 및 지방수비대인 후비보병 제19대대를 남기고 철수하는데, 이 중 제18대대가 을미사변에 흉행부대로 참가한다.

1903년 11월부터 이들 주한일본군은 한국주차대 사령부를 설치한다. 러일전쟁이 나자 일제는 구한국 정부에 공수동맹을 강요하여 주병·용병 및 군 시설권을 손에 넣은 후, 1904년 3월 11일자로 한국주차대 사령부를 한국주차군 사령부로 개편 강화하였다.

이때부터 조선에는 일본에 있는 2개 사단이 교대로 와서 주둔하였다. 이들 병력은 병합에 의해서 1910년 9월 1일부터 조선주차군으로 개칭했다. 육군은 이들 비상설 상주 사단의 상설 사단화를 끊임없이 책동하였다. 1911년 8월~1912년 12월에 걸친 제2차 사이온지 내각 당시에, 육상 우에하라, 군무국장 다나카, 군사 과장 우가카 등은 평시 25개 사단의 대러 군비 확장안과 관련해서, 조선 내 2개 사단의 증설을 요구하고 나섰던 것이다.

당시 내각은 러일전쟁 후의 긴축 정책을 근본 방침으로 하고 있었다.

이리하여 육군 측 제안인 증사안增師案은 내각의 기본 긴축정책에 배치됨으로써 1912년 11월 30일자 각의에서 부결되고 만다. 2일 후 우에하라는 육군대신을 사임하였다.

당시 일본 내각은 군부대신 현역 전임제로, 현역 대·중장만이 육·해군대신에 임명될 수 있었다. 우에하라가 육상을 박차고, 육군 전체가 다시 육상 취임을 보이콧하자, 육상이 없는 내각이 존립될 수 없었다. 12월 5일자로 사이온지 내각이 무너짐으로써 조선 내 2개 사단 증설 문제가 마침내 내각을 잡아먹고 말았던 것이다.

이러한 군부의 횡포에 반발해서, 후계 제3차 가쓰라 내각(1902. 12~1913. 2)이 들어서자 정우회와 국민당은 호헌운동을 벌이면서 정부탄핵안을 제출하였다. 내각이 의회 정회로써 응수하자 호헌파 군중들은 경시청·파출소와 여與계 신문사를 습격하였다.

히비야 공원은 군중대회가 폭동으로 발전하는 무정부 상태 앞에서, 가쓰라 내각은 집권 62일 만에 속수무책으로 무너져 버리고 만다. 조선 내 2개 사단 증설 문제의 파장이 마침내 또 하나의 내각을 잡아먹고 말았던 것이다.

정권을 물려받은 야마모토 내각(1913. 2~1914. 4)은 군부의 횡포를 제어하기 위해서 육·해군대신 현역 전임제를 예비역 또는 퇴역장성도 무방한 것으로 개정해 버렸다. 이에 불만을 품은 군부는 이른바 '지멘스' 사건을 꼬투리로 삼아서 도각운동을 일으킨다. 이것은 독일 회사인 지멘스 슈켈트가 주문을 따내기 위해 해군 고위층에 뇌물을 주었다는 독직 사건이다.

하비야 공원의 국민대회가 다시 또 폭동 상태로 발전하고, 의회가 예산안을 보이콧함으로써, 야마모토 내각은 도리 없이 무너져 버린다. 조선 주둔군 증설 문제로 인한 파장이 마침내 세 번째 내각까지 잡아 먹고 만 것이다.

후계 수상에 지명된 기요무라도 해군대신의 인선 때문에 마침내 조각을 못하고 말았다. 육군대신은 그런대로 중장 오카를 골랐으나, 해군은 소위 88함대의 해군 확장안을 취임 조건으로 제시하면서, 난색을 표명하자 해상海相 취임을 보이콧했기 때문이다. 이리하여 후계 제2차 오쿠마 내각(1914. 4~1916. 10)에서 수상은 마침내 군부의 횡포 앞에 굴복하고 만다.

1915년 5월, 내각의 사활을 좌우하였던 조선 내 2개 사단 증설 문제가 마침내 가결되면서, 신설된 제19 · 20사단이 그해 12월 22일부터 상설 사단으로 조선에 상주하게 됐던 것이다.

이에 따라서 종래의 조선주차군 사령부는 1918년 5월부터 조선군 사령부로 개칭되었다. 이리하여 주한일본군은 초대 하라구치 이후 마지막 고즈키까지 22명의 대 · 중장을 사령관으로 하면서, 총독부 · 동척과 함께 식민지 강점의 3대 원흉의 하나로 군림하게 되었다.

어느 명예 아버지

압력과 음모로 병합을 달성한 데라나이는 8월 29일에 일한병합을 발표하면서 대대적인 축하행사를 전개하게 하였다. 이 행사에는 관변·거류민단과 일본계 신문사가 동원되었고, 조선인도 기뻐하는 양으로 위장하기 위해서 친일·매국 도배 다수를 함께 참가시켰다.

1910년 8월 29일, 그날은 아침부터 맑은 날씨였다. 남산 밑 일인 촌에는 집집마다 일장기가 게양되었고, 헌병·경찰의 강제 독려로 조선인 가옥에도 내걸렸다. 시내 도처에는 아치와 장막과 5색 등이 설치되면서 상점들은 거개가 휴업을 하고 있었다.

그날 아침 9시, 경성거류민단 주최로 남산 중턱에서 신궁봉구제가 관변·요인과 일반인 참석으로 거행되었다. 오후 6시가 되자 경성일보·매일신보 주최의 등불 행렬이 시가를 누비기 시작한다. 이 행사에 동원된 자는 한일 각급 학교 학생, 실업단체, 일반인 약 6만명이다. 이 행렬은 총독부·총독관저·정무총감 관저·경무총장 관저와 군사령관 관저 앞에서 만세를 3창한 후 창덕궁으로 향했다.

돈화문 앞에 이르자 이른바 합방공신으로 자작이 된 윤덕영과 이왕직

차관 고미야 등이 나와서 군중의 만세에 환호를 보냈다. 행렬은 다시 덕수궁 앞으로 가서 만세를 불렀고, 이때는 전총리 김홍집의 생질인 승녕부承寧府 시종장侍從長 출신 남작 김춘희가 군중에게서 축하를 받았다.

이날 밤, 총독 관저에서는 데라나이를 중심으로 일인 고관들이 모여서 축하연을 벌이고 있었다. 그날이 음력으로는 7월 25일, 달이 있을 턱이 없는데, 한잔 술에 거나해진 데라나이가 하늘을 쳐다보면서 즉흥시를 읊었다.

고바야카와(小早川)
가토(加藤) 고니시(小西)가
살았더라면
오늘 밤의 저 달을 어떻게 보았을꼬?

이 시에 등장하는 세 사람은 고바야카와 다카가게, 가토 기요마사, 고니시 유키나가로 임진년 침략전쟁에 동원되었던 왜장들이다. 외사국장 고마쓰가 즉석에서 즉흥시로 화답하였다.

도요토미(豊臣秀吉)
지하에서 깨워서
보이고 싶네
고려의 강산에 높이 오르는
저 일장기를

기분이 좋아진 데라나이가 부하들을 돌아보면서 질문하였다.

"몇 해 정도나 지나면, 우리가 조선의 어느 궁벽한 시골에 가더라도 노인네들이 진심으로 감사하면서, 차라도 드시고 가시라고 맞아들일 만큼 되겠는가?"

식민지 완전 동화에 얼마나 걸리겠느냐는 질문이다.

"그야 뭐, 한 5년 정도나 걸리겠지요."

어느 대관이 말하자 다른 사람이 수정을 한다.

"5년까지 갈 것도 없어요. 2~3년이면 아마 충분할 것입니다."

통감부 시절의 학부차관을 한 다와라는 여러 대관들의 입에 발린 그런 소리가 불쾌스러웠다.

"2~3년이라구요? 천만에, 2~3백 년 후라도 그렇게 되리라고 바라지는 못할 겁니다."

그 순간 데라나이의 우쭐했던 기분은 급전직하다. 이 일이 동기가 되어서 훗날 하마구치 내각(1929.7~1931.4)에 상공대신을 맡은 다와라지만, 총독부에서는 데라나이에 의해서 면직을 당하고 만다.

이러한 다와라도 밤의 세계에서는 직언거사直言居士가 되지 못했다. 화월의 게이샤 후쿠야코를 쫓아다녔는데, 이 여자는 나니와부시(浪花節: 타령조인 일 가곡)가 장기인 총독부 제1의 한량 고마쓰의 정부였다. 이런 틈새를 비집고 한몫 끼여든 사람이 사계국司計局 서기관 고우치야마로, 사이토 시절에 재무국장을 하던 사람이다.

이리하여 이 세 사람은 중원의 사슴인 후쿠야코를 놓고 각축전을 벌이던 끝에, 마침내는 사이좋게 공동 소유로, 주식회사(?)를 차리게 됐던 것이다.

　이런 일은 왕년에 소네 시절에도 없지 않았다. 소위 요순우예군인 화월의 쓰야코를 대상으로 해서 아버지인 소네와 아들인 간지는 부자유친으로 사장·전무를 독점하면서, 나눠 먹기식으로 애욕회사를 경영하였다. 그러니까 고마쓰·다와라·고우치야마의 경우는 장유유서·붕우유신이라, 주주총회로 싸움 한번 일어나지 않았다는 것쯤 당연한 귀결이 되는 것이다.

　그런데 후쿠야코가 떡두꺼비 같은 옥동자 하나를 분만하였다. 어느 밤 누구와의 잠자리 끝에 생겼는지 알 수 없으니, 그럼 주식회사 식으로 공유지분은 아니다. 투자는 같이 했지만 배당은 적어도 사양하는 것이 이런 경우의 붕우유신이자 겸양의 미덕이다. 네 자식이다 내 자식이다 서로 사양을 하다 마침내는 고마쓰가 아버지인지, '명예' 아버지인지 아무튼 과실에 대한 소유권을 독점한다. 이리하여 남은 두 사람 다와라와 고우치야마는 어쩌면 사장이 되어야 할지도 모를 신분으로 고문이 되면서 태평성세가 도래하였다.

　후쿠야코는 그후 도쿄 야나기바시의 홍등가로 옮겨가서 쓰야지란 이름으로 웃음을 팔았는데, 고마쓰는 도쿄 출장을 가면 한번도 제 기한에 돌아온 적이 없었다. 말은 가자고 우는데, 아이까지 딸린 쓰야지가 낙루를 하는 탓이었다. 이를 두고 다른 총독부 고관들은 해를 잡아맬 수가 없으니 늦는 것이 오히려 당연하다고 수군거렸다.

탕아 고마쓰 미도리

아버지인지 명예 아버지인지의 고마쓰는 왕년에 도쿄정치학교의 국제법 교수였다. 통감부 외사국장으로 부임한 그는 정치학교 시절의 제자인 이완용 비서 이인직을 구어 삶아서 합병 전선의 첩자로 투입한다. 이리하여 이인직은 이완용과 고마쓰의 사이를 왕래하면서 합병의 이면 공작을 추진한다. 1910년 8월 8일 밤, 고마쓰의 관사에서는 이인직과 고마쓰 사이에서 다음과 같은 밀담이 교환되고 있었다.

"… 저번 만나 뵌 다음 날 이후 수상에게 대체의 보고를 하였더니 수상께서는 일일이 수긍 … 이런 중대사는 … 하루라도 빨리 해결을 하는 편이 좋을 것이라고 말씀하셨습니다."

"그렇다면 이 수상은 데라우치 통감이 빨리 정식 교섭을 여는 편이 좋겠다는 생각이시군요?"

"그렇습니다."

"이 수상은 이 일(병합문제)에 대하여 조중응과 의논하신 모양이던가요?"

"매일 만나고 있으니까 이런 중대사를 의논하지 않았을 리가 없습니다."

병합 전선에서 이렇게 암약한 고마쓰는 총독부 제일의 오입쟁이로서도 유명하였다. 이 자는 화월을 내 집처럼, 국취루와 정문루는 처갓집처럼 드나들면서 가오루·오다후쿠 등 많은 게이샤들과 염문을 뿌렸다. 그런데다 도쿄 출장 때마다 들르는 야나기바시 소재 쓰야지의 소실 집, 이밖에도 대소 15명 이상의 염문 상대를 거느렸다는 것이 고마쓰의 웅장한 행락 내용이다.

이 안에는 나눠 먹기식 주식회사만도 4~5개 이상이 포함되었다. 오다후쿠도 그 중의 하나인데, 이 여자는 큐슈 하카다에서 요릿집을 경영했다는 사나이 다니카와와 열을 올린 끝에 서울까지 함께 줄행랑을 쳐왔다는 계집이다. 그러다 진고개 일대에서 거상으로 이름 높았던 모리가 염치없이 끼어들었는데, 고마쓰가 또한 비집고 들어서면서 3파전 끝에 마침내는 고마쓰가 단독 경영으로 오다후쿠를 독식해 버리게 되었던 것이다.

한데, "멧돼지 잡다가 집돼지 잃는다"는 속담이 있다. 고마쓰라는 사내는, 허구한 날 주지육림으로 멧돼지 사냥이니까 집돼지란 놈의 신세가 말이 아니었다. 서방이란 작자는 한 달에 한 번을 만나기 어렵고, 집에서는 먹는지 굶는지조차도 관심 밖인 것 같았다. 그러니까 집 돼지란 놈이 마침내 먹따는 소리로 아우성을 질러댔지만, 그놈의 멧돼지 사냥은 여전히 그 모양 그 꼴로 하고많은 날을 지칠 줄도 모르고 계속되었다.

마침내 집돼지 하나가 도망을 쳤다. 두 번째로 얻어들인 집돼지도 또 견디다 못해서 도망을 쳤다. 이리하여 세 번째로 얻어들인 집돼지가 궁내부 어용계御用係를 맡아보던 명문석학 다카야마 선생의 따님이었다. 남부럽지 않은 가문에, 남부럽지 않은 장인에, 게다가 남부럽지 않은 용모의 긴부는 정숙 음전하기로도 소문이 높았다. 그러니까 남부럽지 않은 가정을 꾸미고, 이번에야 말로 남부럽지 않게 오순도순 새살림을 하리라 뭇사람이 기대하고 믿었던 것인데….

"개꼬리 3년에 황모黃毛 안 된다"는 속담도 있다. 여전히 그 모양 그 꼴인 고마쓰의 멧돼지 사냥은, 아니 오히려 한술 더 뜨기 시작한 그놈의 멧돼지 사냥은, 마침내 세 번째로 이룩한 가정까지 파탄의 참경 속으로 몰아넣고 말았다. 이리하여 내로라하는 교수 출신인 고마쓰의 인격 자체를 의심하면서 미모·숙덕淑德을 겸한 세 번째 아내를 동정하였다. 하지만 세상에는 빛 좋은 개살구, 허울 좋은 한울타리라는 것이 있다. 가문과 인물이야 나무랄 데가 없었지만 속내로 여자 구실을 못하는 사람이었다고 일부에 소문이 돌고 있었다.

하지만 고마쓰의 아내들이 도망친 까닭은 정작 그것만은 아니었다고 한다. 도쿄 시바쿠에 살던, 그 또한 남부럽지 않은 가문의 큐슈 스즈코, 아이 둘까지 생기고 나니 끊으려야 끊을 수 없는, 호적에 없는 본처이다. 그러니까 첩은 고사하고 부엌데기만도 못한 신세라 그후에 얻어들이는 아내마다 도망칠밖에. 마지막 세 번째 아내마저 도망을 치자 고마쓰도 그제는 좀 지나쳤다 싶었던지 대통大統의 자리를 스즈코에게 양여하였다. 이리하여 총독부 제일의 오입쟁이이자 미남이던 고마쓰도 다소는 가정적으로 돌아갔다는 것이 데라나이 이후의 후일담이다.

유부녀 침략의 전술

데라나이의 막료들 중에서 고참은 훗날 사이토 재임 시절에 정무총감으로 발탁되는 고다마(회계국장 겸 총독관방 비서과장)이었다. 하지만 엄처시하에 짓눌려서 고다마는 울타리 밖의 꽃을 꺾지 못했다.

아내 사와코가 게이샤 박멸을 명령한 초대 총독 데라나이의 딸이고 보면, 고다마는 언감생심 딴 생각을 품을 계제가 아닌 것이다. 이리하여 고다마는 품행이 적이 방정했는데, '타의 반 자의 반'이 아마 이런 경우에 쓰라고 생긴 말일 것이다.

그리고 나면 데라나이의 고참 막료는 사세국장司稅局長 동척 감리관인 스즈키이다. 스즈키는 화원의 고참 게이샤 오다카 하고 고참끼리 열애 중인데, 이 여자는 원래가 구한국 시대의 관세총장 나카하마의 첩 비슷한 정부였다.

이 여자는 드물게 볼만큼 선정적인 요소를 갖추고 있었다. 육감적으로 통통하게 부풀어 오른 입술, 그 또렷한 윤곽은 우선 먼저 신비의 계곡에 대한 한없는 호기심을 자극시켰다. 그런데다 씨암탉걸음을 옮길 때마다 선정적으로 하늘거리는 허리며, 그 아래 하체의 율동, 밉지 않은 얼굴의 도발적인 표정. 첫 눈에 넋이 나가 버린 스즈키는 무슨 수를 써서라도 오다카를 횡령해야겠다고 내심 단단히 결심하였다.

돈은 얼마가 들어도 좋았다. 하지만 돈이라는 점에서 스즈키는 나카하마에게 승산이 없었다. 그럴밖에, 나카하마라면 적어도 금방석을 타고 앉은 사람, 조선의 세관을 쥐었다 폈다 하는 관세총장이니까. 그럼 지위? 이 것도 스즈키는 나카하마에게 꿀리고 있었다. 상대방이 조선의 세관을 움켜 쥔 관세총장인데, 스즈키는 당시 국장도 못 되는 겨우 서기관이었다.

스즈키는 마침내 나카하마를 조선에서 쫓아내기로 결심을 굳힌다. 일제의 침략 수법은 피침략국을 친일·반일로 분열시킨 후, 그 대립 상쟁의 과정에서 친일파를 원조 포섭하여 괴뢰화 지배권 확립을 달성하는 것이다. 이 수법은 부부싸움을 부채질한 후 유부녀에게 방을 얻어 주면서 별거시킴으로써, 마침내는 동침해버리고 마는 형식에 비유할 수 있다.

이 침략 수법은 밤의 세계에서 스즈키의 남의 여자 빼앗기 작전에도 고스란히 응용되었다. 오다카에의 선심·선물공세로 부부간 금슬에 칼질을 시작한 스즈키는 나카하마에 대한 끊임없는 모략 중상과 비행 폭로로 그를 조선에서 쫓아버렸다.

나카하마가 본국으로 쫓겨가자, 나카하마의 계집이던 오다카는 스즈키의 '보호' 상태를 거쳐서 마침내 속국으로 병탄을 당한다. 이제 남은 문제는 오다카가 한눈을 팔지 못하게 하는, 말하자면 오다카의 독립운동을 탄압하는 것이었다.

이럴 무렵에 스즈키는 유럽 시찰로 한 1년 조선을 떠나게 되었다. 그가 귀경한 것은 5월, 여름이라기엔 빠르고 봄이라기엔 좀 늦은 계절이다. 그동안 오다카의 미소는 좀 더 난숙할 대로 난숙해 있었다. 저것이 저 몸매를 하고 그동안에 과연 무사했을까? 의심을 하고 보니 의심은 의심을 낳아서 도대체 못견딜 노릇이었다. 그동안 나 없는 사이에 사내놈이 생겼거나 놀아났거나, 좌우간에 무슨 일이 있었다고 생각하는 스즈키의 얼굴은 심각하였다.

"별일 없었지?"

"별일이라뇨?"

"사내놈이 없었느냐 그런 말이야!"

닦달을 하는 스즈키의 눈초리가 독립운동자를 취조하는 고등계 형사의 그것과 비슷하였다.

"정말 너무 하세요. 오랜만에 만나서, 선물치고는 정말 너무 무정한 선물이군요."

오다카가 눈물을 흘렸으나 스즈키는 안심을 할 수 없었다. 사람까지 동원해서 오다카의 그동안 소행을 미주알고주알 정탐하기 시작하자 나카이 오센이 보다 못해 보증을 서고 나섰다.

"정말 너무 하세요. 제게 부탁까지 하셨는데, 제가 그런 짓을 용인하겠어요? 나카이 오센이 오다카의 결백을 보증한다고 증서 1백 장이라도 쓰겠어요. 매달 생활비까지 보내 주시는데, 인두겁을 쓰고 어떻게 그런 짓을 할 수 있어요?"

이리하여 스즈키의 '탐정정치'는 나카이 오센의 보증으로 태산 명동에 쥐 한 마리를 못 잡은 채 중도폐지가 되고 말았다. 스즈키는 예전과 다름없이 오다카를 유순한 식민지(?) 백성으로 믿었지만, 그렇다고 골치 아픈 짐까지 사서 맡을 생각은 없었다. 이리하여 오다카는 구도 산부인과병원으로 입원한다. 유럽의 최신식 안목을 얻어 듣고 온 스즈키의 식민지 지배정책에 걸려서 임신중절수술을 받은 채 쾌락만을 착취당하는 신세가 됐던 것이다.

조선을 침략한 일제는 그 연장으로 만주를 손아귀에 넣고 중국과 남태평양 각처를 석권하였다. 마찬가지로 스즈키는 오다카 한 여자의 식민지로는 만족하지 못했다. 정력적으로 전개된 정복 엽색행각은 대소 15명 이상의 계집을 닥치는 대로 농락하였다. 기쿠야의 기요치란 계집이 비교적 오래 간 게이샤란 소문이 한동안 굉장하였다.

농지의 마술사

1908년 12월, 자본금 1천만 원으로 동양척식주식회사가 설립되었다.

농업척식에 필요한 이민의 모집·분배며 자금의 배정·공급 등을 담당한 약칭 동척東拓은 총독부·조선군 사령부와 함께 조선에서 침략의 3대 원흉으로 군림하였다.

국책회사인 이 회사는 본점을 도쿄 고지마치구에 두었으나, 조선의 경성지점이 사실상 본사나 다름이 없었다. 창립 이래 이 회사는 만주·중국·남태평양에 지점과 출장소를 차례로 개설하면서 식민사업과 토지경영 기타 제염사업도 경영하였다.

이 무렵 총독부는 1910년 9월 이래 8년 8개월을 소비해 가면서 토지조사사업을 완수하였다. 이 사업은 신고제를 바탕으로 했기 때문에 신고되지 않은 민유지와 소유권 불명의 토지, 각급 조선 관아 등에 속해 있던 역둔토 등이 총독부 소유의 국유지로 둔갑해 버렸다. 이렇게 약탈된 전 국토 40% 대의 국·관유지는 동척 기타 후지·가다쿠라 같은 식민회사에 불하되어 식민지 수탈의 물적 기반이 된다. 토지를 잃은 농민은 날로 영락을 거듭하면서 쪽박 하나만 찬 채 만주로 쫓겨가기 시작하였다.

이러한 수탈 체제 속에서, 동척은 그야말로 식민지의 제왕임이 분명하였다. 설립 후 8년 기한으로 정부의 연간 보조 30만 원씩을 수령한 동척은 1909년의 경영 면적 1만 4천 4백 75정보가 1912년에는 3만 2천 7백 33정보로 증가한다. 연평균 6천여 정보의 초고속 성장을 한 것이다.

이러한 동척 사유지 및 대부된 국유지를 깔고 앉아서, 동척 패들이 찍는 도장 하나는 농지에 관한 한 전지전능의 신이나 다름이 없었다.

이들은 일본의 비렁뱅이를 동척 이민으로 끌어들여 일약 대지주로 둔갑시켰다. 그런가 하면 조선인의 그대로 쓸만한 살림을 쪽박 하나로 영락시키면서 만주 땅으로 쫓아냈다.

… 충남 서산군 근흥면 안기리에 원적을 둔 함영근·이윤하 두 사람은 늙고 어린 약한 가족들을 데리고 북간도를 향하여 가는 길에 경성까지 와서는 수중에 노수가 한 푼도 없이 떨어져 길가에 방황하여 방금 아사에 직면한 가장 참혹한 상태에 있다. 그들은 본대 전기 고향에서 소작농을 하고 있었으나, 점점 위축되는 생활에 도저히 살아갈 수가 없으므로, 재산이라고 있는 것은 깨진 그릇 조각까지 모두 팔아서 약간의 여비를 만들어 가지고, 기차도 타지 못하고 가족들과 함께 먹으며 굶으며 약 15일 만에 간신히 경성에 올라와서는 그나마 돈이 한 푼도 없이 떨어져 … 이제는 가도 오도 못하고 굶어 죽게 되었으므로….

동아일보 1927년 3월 6일자가 전하는 유랑이민들의 참상의 한 예이다. 그 무렵 전라·경상도에서 봉천·장춘까지 가는 데 필요한 노자는 4명의 가족을 기준으로 기차삯 55원, 잡비 52원, 도합 107원이 든다고 하였다. 1927년의 평균 쌀값을 17원 50전으로 환산하면 쌀 6가마 값이다. 전 재산을 팔아도 쌀 6가마 값을 만들 수 없는 몰락 농민들이 위의 기록처럼 문전걸식을 하면서 걸어 만주로 가곤 하였던 것이다.

이러한 참상을 외면하면서, 아니, 이러한 참상을 만들어낸 장본인인 동척패들은 식민지에서 농지의 신으로 군림하면서 밤의 세계를 쓸고 다녔다. 그 재원은 일확천금을 꿈꾸고 건너온 일인들이 땅을 얻기 위해서 다투어 바치던 고사떡 아닌 뇌물이다. 그런데다 이 자들은 총독부 관료들에 비해서 신분이 훨씬 자유로웠다. 당연한 귀결로 요정 출입이 빈번했으니 데라나이 시절의 화류계의 제왕은 동척패, 정녕 그자들이었다.

찬탈당한 총재와 애첩

1909년 1월 29일에 동척의 간부진은 남대문 역에 도착하였다. 그 선두는 '제1세 동척 총재 육군 중장 종4위 훈2등 공2급 남작'이란 긴 직함을 가진 우사카와. 친척인 데라나이의 비호, 천거로 데라나이 육상 밑에서 육군성 군무국장을 했고, 다시 동척 총재로 보직된 사람이다. 부총재는 제1차 가쓰라 내각에서 내무차관을 한 요시와라였다.

조선인 부총재로 임명된 민영기가 이날 역두로 영접을 나갔다. 이들과 함께 온 이사는 이와사, 하야시, 이노우에와 영접객 속에 섞인 조선인 이사 한상룡을 합친 4명이다. 감사는 자작 마쓰다이라와 노다 외에 조선인 실업가 조진태를 합쳐서 3명이었다.

진고개의 여관 3개에 여장을 푼 간부·직원 이하 70명은 영접차 역두로 갔던 탁지부대신 임선준, 별명이 대학목약大學目藥인 동척 부총재 민영기, 이완용의 생질인 동척 이사 한상룡과 감사 조진태 기타를 초청해서, 그날 밤 간단한 연회로 영접해 준 노고를 치하하였다. 이튿날부터 동척의 업무가 시작은 되었으나 조선인 부총재·이사·감사는 멍청하게 회의에나 참석하는 정도가 고작이었다. 매사를 저희들 멋대로 좌우하면서 동척의 수탈 업무는 자리가 잡혀가기 시작했던 것이다.

이와 동시에 이 자들의 밤의 업무도 자리를 잡아가기 시작하였다. 오미쓰라고, 지난 날 국취루에서 나카이를 하던 계집이 동척 총재의 애첩으로 벼락출세를 하자, 하급 사원들은 '사모님'을 바치자니 신세가 따분하다고 수군거렸다.

오미쓰의 세도는 실로 당당해서 형부까지 동척의 지점 상인으로 덩달아 돈방석에 올라앉는다. 이런 꼴을 보면서 사람들은 명색이 총재란 사람이 너무 체모 없이 계집을 밝힌다고 수군거렸다.

하지만 망령 주책이란 점에서 부총재인 요시하라가 총재 우사카와보다 한 수 위였다. 화월의 게이샤 와카이치는 옛날 이토 시절에 총무부장관 스루하라와 단꿈을 나눈 경력자이다.

요시와라가 물이야 불이야 쫓아다니니, 아무리 직함이 부총재지만 나이가 60줄이라 와카이치로서는 성가신 일이다. 하지만 화류계 신세라 와카이치에게는 오는 손님을 싫다고 박대하지 못하는 약점이 있었다. 그약점에 꼬리가 잡혀서, 지성이면 감천이라고, 와카이치는 지겹게도 쫓아다니던 요시와라의 진두에 마침내 항복한 채, 부총재의 애첩이 되고 말았다.

이리하여 한 몇 달은 현란하고 아기자기한 밀월의 세월이 무사태평하게도 계속되었다. 하지만 부총재의 애첩이란 자리는 와카이치로서 애당초 좋아서 들어앉은 자리가 아니었다. 60줄의 늙은이 그 주름살 투성이의 얼굴은 잠결에 생각해도 진저리가 쳐질 만큼 싫어지기 시작하였다. 이에 비해서 우사카와 총재는 얼마나 깨끗하고 미남자일까? 이리하여 와카이치의 요염한 윙크에 우사카와가 넋을 빼앗기면서, 요시와라는 막대한 자금을 들여 낙적시킨 와카이치를 고스란히 우사카와에게 횡령을 당하고 마는 것이다.

그러니 요시와라는 심사가 부글거릴 수밖에 없었다.

"개구리가 올챙이때 생각을 못한다더니 제기랄, 우사카와를 두고 한 말이로군!"

이렇게 씹어뱉는 요시와라의 말에는 그럴 만한 까닭이 없지 않았다.

우사카와는 지금이니까 동척 총재로 요시와라의 상관이지, 그 옛날 요시와라가 내무차관이던 시절에는 육군성의 한낱 국장으로 새카만 졸병이자 하관下官이었다. 그 새카만 하관에게 총재도 계집도 몽땅 빼앗긴 생각을 하면 자다가도 소스라쳐 깨어날 지경이었다. 그렇다고 사직도 결투도 못할 판이니 그 심사를 풀 곳이 없어 처량할 밖에. 이럴 무렵 요시와라의 처량한 마음의 공백을 메우기 시작한 여자가 화월의 게이샤 이치야코라는 아가씨였다.

이리하여 요시와라의 노후 인생에 또 하나의 봄이 오고 있었다. 하지만 그 봄을 분수껏 누리기에는 요시와라의 옛 상처가 너무나 큰 서릿발로 작용하고 있었다. 와카이치에게 혹할 대로 혹했던 요시와라는 그녀의 환심을 사기 위해서 돈 아까운 줄 모르고 뿌려댔다. 이렇게 막대한 투자를 한 와카이치를 고스란히 횡령당한 끝이라, 요시와라는 새로 얻은 이치야코의 돈타령에 대해 도대체가 너그러운 얼굴이 될 수 없었다.

늙고 쭈그러진 지독한 노랭이 영감이 이치야코의 요시와라에 대한 인상이었을 것이다. 이 매력 없는 부총재의 애첩이라는 생기는 것 없는 이름과 바꾸기에는 이치야코의 나이가 우선 너무나 젊었다. 이리하여 한바탕 소동과 천둥 번개로 이치야코가 도망을 치자 계절은 여름, 요시와라의 늙은 인생에도 음울한 장맛비가 구질거리기 시작하였다.

그해 가을, 낙엽이 무수한 추억과 함께 지는 남산 중턱을 주자동으로 빠져 넘어가는 노인의 호젓한 그림자가 있었다. 와카이치에게 썼던 삿갓을 이치야코에게 되씌우는 바람에 게도 구럭도 다 잃어버린 요시와라의 낙조 인생인 것이다. 그 낙조 인생이 찾아가는 곳은 주자동 한 구석에 방 하나 값으로 들여앉힌 오요시라는, 게이샤도 나카이도 못되는 하녀였다.

남들은 체모에 안 맞는 상대라고 비웃었지만 요시와라는 어지간히 이 하녀에게 만족했던 모양이다.

"기생 첩이란 것은 도대체가 돈만 알아서 탈이야. 이에 비하면 우리 요시코는 참 무던하거든. 주면 주는 대로 소리가 없으니…." 하면서, 돈 하나 덜 드는 것만 다행이라고 꽤나 부지런히 드나들었다.

도척이냐 동척이냐?

화월의 쓰야코는 이토·소네·데라나이의 3대를 섬김으로써 요순우예군堯舜禹藝君이란 별명을 얻었다. 이 여자는 또 소네와 그 아들 간지 사이를 동가식 서가숙하던 끝에 동척 이사 이노우에의 애첩으로 낙찰이 되었다. 큐슈 벳부(別府)의 온천거리에서 맺어졌다는 이들의 정분은 오래지 않아 쓰야코의 죽음으로 종막이 고해진다. 용산에 살림까지 들이고, 이노우에가 병석에 눕자 쓰야코는 약탕관 옆에 살면서 죽어서 연리지를 맹세하였다는데, 이 여자는 위스키로 얻은 병석에 누워, 죽기 전에 이노우에를 만나보고 싶다고 유언처럼 뇌까리면서 눈을 감았다. 그 장례 행례에는 이토도 소네도 데라나이도 남이었고, 그처럼 보고 싶어 한 이노우에의 모습도 보이지 않았다. 조합의 몇 사람의 쓸쓸한 배웅을 받으면서 어느 영마루에 밤의 침략사의 한 페이지를 소문 없이 묻고 말았던 것이다.

그 무렵 얼마 후부터 이노우에는 향 짙은 육체의 수풀 속에서 외지 근무의 자유를 한껏 만끽하고 있었다. 상대방은 국취루의 게이샤 본타였다. 본타는 일본 옷을 입으면 드러나는 목덜미가 너무 희어서 눈이 부실 것 같은 여자였다. 그 목덜미를 보고 있노라면 땅 속에 누운 쓰야코 따위는 염두에도 떠오르지 않는 이노우에였다. 하지만 본타는 게이샤인데다 무식하고 가난한 출신이어서 목이 희었다 뿐이지, 다분히 백치미에 가까운 얼굴이었다.

그 얼빠진 것 같은 미모를 들여다보면서, 농지의 제왕으로 금방석에 앉아 있던 동척의 이사 나리는 문득 장난이 하고 싶었다. 살이 베어질 것 같은 빳빳한 지폐 1백 원짜리를 꺼내 들면서, "너 이런 거 본 적이 있니?" 하고 돈 자랑을 하였다. 그 돈은 회사의 공금 얼마를 요령껏 횡령하거나 아니면 벼락 지주를 노리는 이민 청탁자들이 쓰고 남을 정도로 가져다 바치는 물건이다. 1910년도의 연평균 쌀값이 5원 60전이니 당시의 1백 원짜리는 쌀 18가마를 살 수 있는 액수였다. 평생에 그런 고액권을 본 적이 없는 무식하고 가난한 게이샤는 대답하였다.

"아무렴 그런 것도 못 봤을까봐? 부엌에 가면 통조림 껍데기로 얼마든지 붙었는걸요?"

웬만한 사람은 10원짜리 지폐도 구경하기 어렵던 시절이라, 무식하고 가난한 게이샤가 1백 원짜리 고액지폐를 통조림의 라벨로 착각했던 것이다. 그 순간 이노우에는 오만한 웃음을 터뜨리면서 말한다.

"맞았어! 하지만 이 종이 반쪽이면 너쯤이야 맘대로 되는 거겠지?"

"어머머?" 하면서 게이샤, 본타는 호들갑스럽게 눈을 흘긴다.

"그러지 마세요. 고무풍선도 아닌데 종이 반 쪽 가지고 움직여지나요? 너무 얕보시는가봐?"

하지만 그 밤이 미처 깊기도 전에 본타는 일금 50원의 화대로 영락없이 이노우에의 품에 몸을 던졌다. 그 베갯머리에는 정말 대수롭지도 않게 던져 놓아서 굴러다니는 좀 전의 1백 원짜리가 한 장. 그 종이 한장은 참

한없이 짓궂은 표정을 간직하면서, 본타가 이노우에의 뜻대로 움직이는 광경을 지켜보고 있었다.

며칠 후, 본타가 우연한 기회에 처음 본 1백 원짜리 고액권은 그날 밤의 그 종이 한 쪽과 추호도 생김새가 다르지 않았다. 그 순간 본타는 눈을 휘둥그렇게 뜨면서 말했다.

"어머? 이게 1백 원짜리우? 그런 줄 알았더라면 그때 이노우에 상에게 그걸 달라고 그래 버릴 걸!"

'종이 반쪽'에 움직인 고무풍선 신세를 억울해 했지만, 나머지 반쪽 쌀 9가마 값은 본타의 손으로 돌아와 주지 않았다.

그 무렵 이와사는 이토의 퇴물인 불모미인 오다미에게 열을 올리고 있었다. 이들 식민지 경기에 놀아나는 고관들 밑에서, 게이샤들이 땡을 잡는 방식에도 여러 가지가 있었다. 손과 발이 엄청나게 컸던 오초는 경무총장 오카며 농상공부장관 기우치 등에게서 천대 괄시를 받던 끝에 통감 이토의 애첩으로 등용문을 열었다. 그러니까 아래에서 위로 거슬러 올라서 영달한 셈인데, 오다미는 반대로 위에서 아래로 곤두박질을 치면서 영달하였다.

인천의 요정 아사오카에서의 이토와의 하룻밤. 그 이후 오다미는 두번 다시 이토의 침실에 들지 못했다. 있어야 할 곳에 있어야 할 것이 있지 않았다는 육체적 결함 때문에, 그녀는 이토의 입을 통해서 '불모미인'이라는 별명을 선물 받고 말았을 뿐이었다. 후미노스케의 천거를 거절하면서 이토가 내뱉은 그 한마디 때문에, 오다미는 그후 게이샤 영업조차도 막심한 지장을 받고 있었다. '불모미인'이란 소문이 하도 요란해서 어지간한 호사객이라면 모를까, 찾는 손님도 드문 처지가 되었다.

그런데 이와사가 이 여자에게 열을 올렸다. 불모미인이라는 소문쯤 들어서 모를 턱이 없는데, 아마 송충이에게는 솔잎이야말로 진수성찬이 된다는 그런 이치 때문인가 보다. 거금 1천 원으로 몸값을 물고, 의복·화장품 값 기타 자질구레한 빚 외상까지 합쳐서 거액 2천 원으로 첩살림을 들여앉히자, 오다미는 이토의 권세쯤은 부럽지 않은 처지가 되었다. 그럴밖에, 그 2천 원은 쌀이 무려 3백 60가마에 해당하는 거액이니까.

"그 여자 정말 땡을 잡았어!"

뭇 사람이 부러워 수군거렸다. 더러는 시새움 비슷한 심정으로….

"하지만 이와사도 괴짜야! 동척의 이사쯤 하면서 어디 여자가 없어서 불모미인을 얻어?"

이렇게 수군대는 소리가 요란하니까, 이와사의 아내가 참다못해 참견을 하고 나섰다. 며칠째 첩의 집에서 자고 돌아온 이와사의 코앞에서, 정실부인의 얼굴은 앙칼지고 표독한 표정이었다.

"회사 일로 날마다 그렇게 야근인가요?"

이와사는 할말이 없다.

"주책 좀 그만 부리세요! 이토의 퇴물인 줄 뻔히 알면서, 불모미인의 어디가 그렇게 좋다는 거죠? 그러나 저러나 2천 원씩 들여서 살림을 차린 그 돈은 어디서 그렇게 쏟아졌어요?"

입이 열이라도 할 말이 없다. 오다미를 낙찰시킨 거금 2천 원은 동척의 이사라는 직책을 팔아서 얻은 회사의 음성 수입이다. 아내는 꿀 먹은 벙어리처럼 잠자코 있는 이와사에게 한결 더 앙칼지게 고함을 쳤다.

"세상에서 하는 말이나 알고 있나요? 동척이 아니라 도척(옛날 중국의 큰 도적)이라고들 해요! 간부란 사람이 툭하면 회사 공금을 쪼개서 술이나 먹고, 뇌물을 받아서 기생 치마폭에나 디밀고…. 어느 말단 사원이 말하더래요. 동척 사원 아무개라는 명함을 내밀자니 창피해서 도대체 고개를 못 들겠대요!"

하지만 이런 비난쯤 동척패들에게는 쇠귀에 경 읽기도 되지 않았다.

이와사는 지금까지 들인 2천 원 외에 다시 또 집과 세간집물까지 차려서 오다미와의 애욕에 탐닉하였다. 고도부키초(壽町:현 주자동) 1정목 109번지의 2호에 붙은 새 문패 '다케와카 다카'는 불모미인 오다미의 본명이었다.

조선은행 총재의 정부

강화도조약에 의해서 부산은 조약 당년인 1876년에 개항장이 되었다. 2년 후인 1878년, 이곳에 개설된 일제의 제일은행 부산지점은 본국 정부로부터 무이자로 자금을 차입하여 사금 등의 매수를 시작한다. 입도선매식 약탈적 수법에 의해서 흘러나간 그 조선산 금이 일본의 근대 화폐제도 확립에 근간 역할을 하였다. 일제는 본국 내의 연 산금량 2백 관에 대해 조선의 수입금 5~7백 관을 예정함으로서, 1897년에 금본위제의 근대 화폐제도를 확립시킬 수 있었다.

그후 제일은행은 1888년 창립된 경성지점 및 부산·인천지점과 함께 일본의 임시 중앙금고 파출소로서 청일전쟁 중 군용금 출납 등 일본 중앙은행의 사무를 대행한다. 미쓰이 물산과 함께 침략 자본의 첨병이던 제일은행은 1905년에 경성지점을 한국지점으로 승격시키면서 조선에서의 중앙금융기관으로 군림하게 된다.

1909년 11월, 자본금 4천만 원으로 한국은행이 창설되자 제일은행은 업무 일체를 양여하면서 한국은행 경성지점으로 편입되었다. 조선에서의 화폐발행권까지 장악한 이 한국은행이 병합 후 조선은행으로 개칭되면서, 식민지의 중앙은행으로 막강한 세력을 휘둘렀던 것이다.

이래 조선은행은 1913년에 봉천 · 대련 · 장춘, 1916년에는 북만주 하얼빈에 지점을 설치하면서, 일제 북침 경제 전선의 제1선에 선다. 러시아령 블라디보스톡에서 업무를 개시한 조선은행은 다시 남하하여 산동 철도 기점인 중국 청도에 지점을 차렸다.

1917년 11월에 조선은행권은 만주 요동반도와 만철 부속지에서의 강제 통용력을 획득하면서 만주에서의 중추 은행 역할까지를 도맡게 된다. 이리하여 조선은행은 1930년대로 들면서 조선에 10개, 만주에 14개, 중국에 3개, 일본에 4개, 기타 블라디보스톡 · 뉴욕 · 런던 등지에 합계 35개의 지점 · 출장소를 거느리면서 수탈 체제를 완성하였다.

이러한 방대한 기구의 초대 두령이 이치하라다. 조선은행 총재와 부총재는 정부 임명으로 임기 5년이던 바, 제1대 총재 이치하라는 1909년 11월부터 1915년 10월까지 이 자리에 있었다. 이 자는 학자 출신으로, 도시샤(同志社) 대학에서 이재학理財學을 강의하던 시절만 해도 의젓하고 얌전한 샌님이었다. 그런데 은행 총재로 식민지 관료가 되어 오자 별안간 본색이 드러났다. 낮에는 돈의 제왕, 밤에는 화류계의 제왕으로 크게 이름을 떨치기 시작했던 것이다.

이 자는 요정에서 노래 한마디 부르는 법이 없었다. 게이샤들이 아양삼아 타는 샤미셍(三味線: 일본 악기) 한 곡조에도 귀를 기울이지 않았다. 소처럼 마시고 고래처럼 빨아들여서 하늘이 그야말로 세상이 돈짝만 해지면 쓰러져 계집의 무릎에서 단꿈이다. 그 상대자는 화월의 게이샤 오하마, 남자가 돈의 제왕인 조선은행 총재라 오하마는 한동안 양귀비 못잖은 영화로 뭇 사람의 부러움을 독점하였다.

하지만 오하마의 영화는 뭇 게이샤들의 시샘 앞에서 미구에 물거품이 되어 버린다. 그럴 수밖에, 남자가 돈의 제왕이다 보면 내로라하는 수십 명의 게이샤들이 저마다 금방석에 앉지 못해서 안달 각축전을 벌이게 마련이기 때문이다.

이리하여 화월을 안방삼아 드나들던 이치하라는 이윽고 청화정으로 본부를 옮겼다. 어느새 싫증이 나기 시작한 오하마여서, 청화정의 새로 사귄 히사노스케에 비해서 매력이 크게 떨어져 보인 때문이었다.

이 여자는 둥그스름한 얼굴에 웃으면 매력 있게 패이는 볼우물이 어디로 보나 미욱하게 안 생긴 매무새였다. 그러니까 태산준령을 무난히 정복하면서 눈에 들어 조선은행 총재의 소실로 둔갑할 수 있었던 것이다. 오하마를 격퇴하면서 뺏어낸 이 금방석을 놓치지 않기 위해서, 히사노스케는 필사적인 노력을 아끼지 않았다.

어느 열녀·조강지처도 못 따를 그 매고 얽는 솜씨에 말려들어서 과색을 한 탓인지, 이치하라는 마침내 병이 들었다. 담석증이었던 것이다.

'약탕관쯤 끼고 앉았다고 까짓 열녀전에 이름이 오를라구?'

이렇게 생각한 히사노스케는 이때부터 날마다 새벽에 별을 보고 일어났다. 우물물을 뒤집어씀으로써 몸의 부정을 떨어버린 그녀는 별이 총총한 밤길을 걸어 남산의 신궁으로 걸음을 옮긴다. 비도 바람도 눈도 그 사무치는 정성을 막지는 못했다. 이리하여 지성이면 감천으로 백일기도가 영험을 보였던지 이치하라의 병이 나았으니 계집이 귀여울 수밖에. 여중군자女中君子요, 열녀 중의 열녀라는 이치하라의 늘어진 칭찬 속에서 히사노스케는 이승을 천당으로 알고 살았다.

하지만 나뭇가지를 바람은 그저 두려워하지 않았다. 자리가 자리요 직책이 직책이라, 히사노스케의 금방석을 노리고 덤비는 적수들이 그야말로 부지기수였다. 이치하라가 이 꽃 저 꽃 닥치는 대로 옮겨 앉기 시작하면서 그 하늘에서 낸 열녀(?)의 마음에도 균열이 생겼다. 일부종사를 못한 열녀…, 이치하라의 품에서 쫓겨난 한 마리 새가 그후 어느 지붕 아래 날갯죽지를 내렸는지 보았다는 사람은 없다.

지평선 너머로 사라지는 구름

후사에도 말년의 종적이 묘연하였다. 이토 시절에 이 여자는 농상공부 장관 기우치의 애첩으로 호강깨나 하던 여자였다. 이 여자가 소속해 있던 요정 화월은 데라나이 시절로 들면서 조선은행과 동척 패들의 소굴로 변모해 있었다. 그럴 수밖에. 조선은행은 돈의 제왕, 동척은 농지의 제왕이니 권력의 제왕인 총독부 패들이 감히 따르지 못했다. 후사에는 여기서 조선은행 이사 겸 영업국장인 기무라와 물불을 가리지 않는 사이가 되어 버렸다. 이들은 고려 가사 "얼음 위에 댓잎자리 보아 임과 나와 얼어 죽을 망정 정든 오늘밤이 더디 새오시라"를 실천하면서, 허구한 날 밤이 짧다고 무던히도 한탄들이었다.

그러니 날이면 날마다 빈 방을 홀로 지키는 기무라의 아내야말로 정황이 딱할 수밖에 없었다. 수심과 히스테리가 눈꺼풀에 주름을 낳고, 그 주름이 자라서 양미간에 내 천川자로 발전하는 단계가 되어서야, 기무라도 아내의 딱한 몰골이 겨우 눈에 보이는 것 같았다. 그렇다고 그 딱한 몰골을 위해서 후사에를 희생시키자니 매력이 너무나 아까웠다. 궁리에 궁리를 거듭한 끝에 기무라는 마침내 구렁이 담 넘어가는 수작으로 누이 좋고 매부 좋고를 실천하기로 했다.

"당신 아무래도 건강이 나빠졌어. 살림살이가 좀 무리인가 본데…."

후사에를 잠시 단념한 채 일찌감치 초저녁에 돌아온 기무라가 아내를 근심스럽게 쳐다보면서 말한다. 하지만 무리는 그렇게 말하는 기무라가 더 무리이다. 날이면 날마다가 "더디 새오시라"니 그 놈의 건강인들 견디려고?

"아녜요. 아픈 데는 별로 없지만…. 그저 당신이 집을 비울 때마다 어쩐지 잠이 안 와서요."

"허, 참!"

기무라가 호들갑스럽게 말을 잇는다.

"그런 증세가 바로 신경쇠약이야. 집 좀 비웠다고 내가 뭐 한눈을 파나? 알다시피 요새는 신주新株 모집이다 뭐다 하면서 은행이 눈 코뜰 새 없이 바쁘고…. 게다가 영업국장쯤 하니까 제기랄, 찾아오는 손님 나부랭이들은 왜 그렇게 많은지…. 그러나 저러나 당신 아무래도 요양을 좀 가는 게 좋을 것 같은데?"

"요양이요?"

기무라의 아내가 눈을 동그랗게 뜬다.

"그럴 필요까지 뭐가 있을까요? 집을 비워야 할 정도로 제가 중병을 앓는 것도 아닌데…."

"아니야! 신경쇠약이란 놈은 원래가 초기에 딱 잡아서 다스려야지, 괜찮다 별일 없다고 덧들여 놓으면 아주 고질이 되는 거라구. 그러지 말고 한 달포쯤 절에 가 보구려? 임제사가 조용하고, 주지스님은 나도 잘 아는 마루야마이신데 아주 고명하신 분이거든."

이리하여 어리석은 자, 너의 이름 아내여, 구렁이 담 넘어가는 수작에 말려들어서 이름 하나 좋았다, 요양! 이렇게 아내를 따돌려 버린 기무라는 이 눈치 저 눈치 볼 것도 없이 후사에와 하고 싶은 대로 놀았다.

이들의 시련은 후사에가 구한국 왕실의 모 왕족에게 정을 옮김으로써 파탄으로 끝나게 된다. 전하의 애첩이 되었으니, 세월이 세월 같으면 비빈妃嬪 줄에 섰을 후사에지만, 타고 난 헤픈 정은 어떻게도 하지 못했다.

뜨내기 배우 한 사람과 눈이 맞은 후사에는 전하의 애첩 자리를 박차버린 채 유랑의 애정 행로를 떠났다. 대구 · 부산과 만주 · 중국에까지 뻗쳤던 유랑극단 부부의 애정 행로는 대륙의 지평선에 사라진 한 조각 구름처럼 그후의 종적을 남기지 않았다.

제6장

하세가와 :

비루먹은 강아지의 장

하세가와라는 호랑이

데라우치는 1916년 6월에 전임 총독인 채로 승진하여 원수가 되었다. 왼손으로 경례하면서 대위 → 장군 가도를 달린 데라우치의 원수 직위는, 해군에서 역시 실전 경력 없이 원수가 되었던 운양호 함장 이노우에와 함께, 원수의 명예를 더럽히는 것으로 비판을 받고 있었다. 말하자면 데라나이(寺內: 시시한) 원수인 것이다.

그러나 데라우치는 그해 1916년 10월 수상으로 제2차 오쿠마 내각 (1914. 4~1916. 10)을 계승하면서 총독의 자리에서 떠나갔다. 후임자는 1916년 10~1919년 8월까지 재임한 제2대 하세가와다. 야마구치현 출신으로 조슈벌의 직계였던 하세가와는 1904년 9월부터 1908년 3월까지 제2대 한국주차군 사령관으로 주한일본군을 지휘하던 자이다. 일본에서 교대로 파견되곤 했던 한국주차군 병력을 바탕으로 해서 일제는 을사늑약과 정미7조약(1907. 7. 24)을 강제 체결하고, 구한국 군대를 해산시켰다. 을사늑약(1907. 8. 1)과 군대 해산에 항거하는 후기 의병 항쟁이 전국의 산야에서 메아리치자 하세가와는 헌병경찰제를 확대 강화시킴으로써 무자비한 살육·초토작전을 수행하였다.

1904년과 1907년 2차에 걸친 런던『데일리 메일』의 조선에 왔던 F·A·매켄지가 그 초토·살륙전의 현장을 잘 전달하고 있다. 그의 저서 『자유를 위한 조선의 항쟁』(1920년)에서 하세가와의 군대가 전개한 초토 작전의 흔적을 더듬어 보자.

> 이천으로 뻗은 계곡이 내려다 보이는 산길에 섰을 때 … 보이는 마을이 란 마을은 모조리 잿더미로 변해 있었다. 나는 가장 가까운 폐허로 내려 갔다. 그곳은 아마도 70~80호는 되었음직한 꽤 큰 마을이었다. 파괴는 전 면적이고도 완전하였다. 한 채의 집, 한 개의 벽도 남아 있지 않았다. 겨울 을 위한 김칫독도, 질화로도, 깡그리 파괴되어 있었다.

이로부터 수 일 간, 조선인의 자유를 위한 항쟁을 취재하기 위해서 1907년 가을을 여행한 그『데일리 메일』의 기자는 제천으로 가는 연도의 도처에서 일본 군인이 저지른 만행의 흔적을 목격한다. "끝없이 계속되 는 초토화한 마을과 인적 없는 거리, 버려진 채 돌보는 이 없는 지방을 지 나 여행을 계속"하면서 매켄지가 본 광경은 약탈·방화·살상·능욕으 로 얼룩진 세기의 참극이었다.

> 충주로 가는 연도의 대략 2분의 1의 부락은 일본군에 의해서 파괴되어 있었다. 충주에서 직접 산을 넘어 제천을 향해 하루가 걸려 여행을 했는 데, 두 지점을 연결하는 간선도로변의 마을과 촌락은 5분의 4가 초토로 변해 있었다.

이천을 지난 마을에서 매켄지는 "원정의 아내가 일본군 병사에게 능욕당한" 이야기를 들었다. 그 만행이 진행될 동안 "다른 병사들은 총검을 겨눈 채 그 집의 파수를 보고 있었다. 여자의 비명을 들은 남편이 식칼을 들고 달려 왔다. 일본군 병사가 문 앞에서 총검을 겨누고 있는데…." 그 식칼은 막대기만도 못할밖에 없었다.

"마을에 방화를 할 때 상당수의 여자와 아이들이 살해된 것은 의심의 여지가 없다"고 매켄지는 기록한다.

> 일본군은 대다수의 경우 부락을 습격해서, 그 주변에 의병들이라도 있을 양이면, 방화하기 전에 무차별 사격을 가한 것 같다. 어느 부락에서 나는 두 채의 집만이 남은 것을 발견했는데 … 일본군이 그 집의 겨우 10살 먹은 외동딸을 사살했다. 마을사람들은 … "당신네는 이 집의 딸을 죽였는데 또 집까지 불태울 필요가 있겠느냐"고 사정하였다.

이리하여 그 두 채의 집만이 남을 수가 있었다는 것이었다.

매켄지가 본 제천은 "반듯한 벽도, 바늘 하나도, 깨어지지 않은 독 하나도 없는" 완전한 폐허였다. "지금까지의 생애에 이토록 철저하게 파괴된 곳을 목격한 적이 없다"고 매켄지는 기술한다. 지방에서의 수많은 전투에서 일본군은 조직적으로 모든 부상자와 투항자를 살육하고 있었다. 또한 모든 장소에서 일본군은 가옥에 방화하는 한편, 의병을 원조했다는 혐의로 다수의 일반 민중을 사살하였다고 하면서, 매켄지는 마을 사람들의 목격담으로써 그 학살 장면의 하나를 다음 같이 전달하고 있었다.

일본군이 이들 부상병에게 접근했을 때, 그들은 아픔이 심해서 말도 하지 못하면서, 그저 만세! 만세! 만세! 하면서 짐승 같은 외침을 발할 뿐이었다. 그들은 손에 무기도 없이 선혈만을 땅에 뿜어내고 있었다. 일본군은 그 외침소리를 듣고 접근해 가서, 숨이 끊어질 때까지 총검으로 찌르고, 찌르고, 또 찔렀다. 그 때문에 그들은 총검술 시험용 인형처럼 갈기갈기 찢겨져 버리고 말았기에 우리 마을 사람들이 그것을 주워 모아 묻어 주었다.

모조리 약탈하고, 모조리 불 지르고, 모조리 살육한다는 삼광三光정책이다. 이런 살육·초토작전을 지휘하면서 하세가와는 친일 귀족 이지용의 처인 이홍경과 추문을 뿌렸다. 민영철의 처 유옥경과는 관사와 북한산 승방으로 왕래하면서 추문을 남긴다.

그는 앞에서 말했듯이 러일전쟁비 잉여금 50만 원으로 용산 아방궁을 짓고 국적國賊으로 비난을 받았다. 하지만 그뿐이 아니라, 국취루의 게이샤 고로와의 사건이야말로 하세가와의 스캔들 중에서도 압권이었다.

강아지 하세가와

하세가와는 1916년 12월 9일 부산에 도착해 정무총감 야마가타와 군사령관 아키야마 등의 영접을 받으면서 이튿날 특별열차 편으로 남대문 역에 내렸다. 의병 탄압 과정에서 '호랑이'로 이름을 떨쳤던 이 왕년의 군사령관은 군사참의관으로 본국에서 근무한 후 1912년에 참모총장, 1914년에는 일본군 11번째인 원수, 1916년 7월에는 백작이 된 후, 제2대 총독으로 다시 서울 땅을 밟은 것이다.

이 조슈벌 출신의 거물을 맞이하기 위해서 역두에는 총독부 고관, 조선 귀족, 민간·사회단체 대표가 입립하였고, 남대문 → 을지로를 거쳐 왜성대에 이르는 연변은 군대·경찰과 일반 출영객의 홍수로 입추의 여지가 없었다.

이들 인파 속을 누비면서 하세가와의 행렬이 왜성대로 향하기 시작하였다. 정무총감·군사령관 이하가 뒤따르는 그 부임행렬을 보면서, 사령관 시절의 하세가와와 함께 조선에 살았던 사람이라면 예외 없이 이상한 생각을 했다. 있어야 할 사람이 하세가와의 곁에도, 또 부임행렬 어디에도 섞여 있지 않았던 것이다. 부관 소장 각하의 모가지까지 좌우할 만큼 위세가 당당했던 그 왕년의 명기가 왜 함께 나타나지 않았을까?

을사늑약 · 7조약 무렵(1905~1907년)을 조선에서 살았던 일인이라면, 원수 · 백작 · 총독이 되어온 하세가와보다는 그 애첩, 백작부인으로 영달한 왕년의 명기 고로의 얼굴이 아닌 게 아니라 더 보고 싶었는지도 모를 일이다. 대관정 군사령관 관사를 무상출입하면서 육군 소장까지도 좌천 끝에 군문에서 쫓겨나게 만든 지난 날 국취루의 게이샤. 군사참의관으로 갈려가면서 하세가와는 그 여자를 일본으로 데리고 갔다. 바람결에 묻어오는 소문이 도쿄 우시고메의 저택에서 살림을 차렸다고 하였다. 그런데 이 여자가 하세가와의 측근에 없으니 어쩐 일일까?

그러자 사람들에게는 또 한 가지 알 수 없는 일이 생겨나고 있었다. 군사령관 시절의 하세가와는 이른바 '호랑이 사령관'으로 관료 · 군인과 일인들에게 절대적인 외경의 대상이었다. 일인들은 그의 성을 따서 그가 살던 사령관 관사 일대를 하세가와조(長谷川町: 현 소공동)로 명명하였다. 러일전쟁에 참가하고, 을사늑약 · 7조약 끝에 고종을 강제 퇴위시키면서 의병 탄압으로 뇌명雷名을 떨친 하세가와의 공적(?)을 기리면서, 1909년 1월 14일, 화월의 송별연 석상에서 일인들은 보선거주인寶仙居主人이 지은 다음과 같은 송별가까지 합창을 하곤 했던 것이다.

서로 맺는 일한신협약에
장군이 진심을 다해 진력한 조력은 길이 사라지지 않으리.
남산 아래 통감기 빛나는 조선 8도
뜻하지 않았던 헤이그의 음모, 흑망의 소동,
자리 바꾸는 통감을 도와서 융희년隆熙年 봄

각처에 궐기하는 불평당을 어르고 누르고 처치하면서,

이에 융희 3년 축복을 맞는 철에

폐하의 명을 받고 돌아가는 하세가와 장군이여

석별의 정은 영원하리, 영원하리.

그런데 총독이 되어 온 하세가와는 호랑이는 고사하고 비루먹은 강아지만도 못한 처신이었다. 그러니까 왕년의 호랑이를 상상하면서 잔뜩 긴장하고 겁을 먹었던 관료며 일인들은 어지간히 맥이 빠져 버렸다. 데라우치의 바통을 이어받아서 무단 제2세로 지배권을 다지려니 했는데, 하세가와의 실적은?

총독실에서 이따금 멍청한 상념에나 잠길 뿐, 모든 것이 전임자의 답습으로, 이렇다 할 호령 하나가 없었다. 토지며 지세제도를 확립했다지만, 그것은 데라우치의 토지조사를 마무리한 것에 불과하였다. 1918년 4월부터 『제국화폐법』을 실시하면서 통화제도를 통일했다고 하나, 그것 역시 오래된 기존 방침에 종지부를 찍은 것일 뿐, 획기적인 새 시책은 되지 않았다.

데라우치는 105인 사건을 꾸며서 조선을 뒤흔들었는데, 15인 사건도 날조하지 못하는 하세가와의 무단통치는 병합 5년째를 넘어서 잔뜩 기세 등등해 있던 일인들에게 매사 미적지근하게만 여겨졌던 것이다.

이럴 판에 어느 입에서인지 모르게 해괴한 풍설이 퍼지기 시작하였다. 총독이 기밀비를 한 번도 제대로 옳게 안 쓰고 횡령 착복한다는 소문이었다. 사람들은 그것이 고로로 인해서 구멍 난 자리를 메우기 위해서라고 수군거렸다.

변했군! 호랑이가 늙어서 비루먹은 강아지로 변했어!

이리하여 데라우치의 호통 밑에서 기를 못 펴던 관료들이 슬금슬금 기강이 풀리기 시작하였다. 세계 1차대전 직후의 호경기로 통틀어 들떠 있던 세상 풍조가 식민지의 관료 기풍을 한층 해이하게 만들고 있었다. 그 해이하고 들뜬 틈새로부터 3·1의 지열이 뜨거운 기세로 끓어올랐다. 한가하게 낮잠을 즐기던 하세가와의 면상에 날벼락이 떨어지면서, 그는 총독직에서 물러나게 된다.

계집과 소장의 보초병

그럼 고로와의 이야기로 붓을 돌리자. 용산 아방궁이 미처 낙성하기 전이다. 밤이 늦어 자정이 가까웠는데, 대관정 군사령관 관사의 정문 앞으로 한 여자가 접근해 오고 있다.

"누구얏? 정지!"

보초가 날카롭게 소리쳤으나 여자는 두려워하는 기색이 없었다. 씨암탉걸음으로 다가서더니 짙은 분 냄새까지 풍긴다.

"사령관 각하 면회에요. 자세한 말씀은 각하께 여쭤보세요."

정문 보초는 여인의 위아래를 훑어보면서 갸웃한 생각이 들었다. 몸맵시가 게이샤 같은데 불호령으로 쫓아버릴까? 아니야, 이 늦은 시각에 면회를 청하는 걸 보면 혹시? 이리하여 보초는 사령관 하세가와의 침실 문밖에서 차렷 자세로 서서 일단 보고를 했다.

"지금 어떤 여자 하나가 각하께 면회를 신청해 왔습니다. 통과시켜도 좋겠습니까?"

약속이 되어 있었던지, 어떤 여자냐는 질문도 없이 하세가와의 즉석 승낙이 떨어진다.

"좋아! 즉각 통과시키게!"

그런데 밤이면 밤마다가 이런 절차라, 사령관도 또 드나드는 여자도 도대체가 성가실 노릇이었다. 이리하여 여자는 후문 출입을 시작했으나 이곳 역시 마찬가지였다. 저녁마다 바뀌는 보초병에게 그때마다 정지를 당하고, 사령관에게 보고 → 승낙 절차를 밟고 하던 끝에, 여자가 마침내 투덜거렸다.

"어떻게 좀 방법을 강구해 주세요. 후문도 뭐 수월하지는 않거든요. 각하와의 관계를 일일이 말하기도 면구스럽고…."

이리하여 하세가와는 여자 하나의 야간 자유출입을 위해서 후문 보초를 철폐하기에 이르렀다.

그러자 말썽이 폭발하였다. 군기가 생명인 군대에서 한낱 여자의 출입을 위해 보초를 철폐하다니? 전 장병에 대한 모독이라고 핏대를 올리는 보초가 있었다. 하물며 문제인 여자의 신분은 국취루의 한낱 게이샤. 이런 일 저런 신분으로 여자가 장병들 사이에서 대단한 화제가 되자 풍기문제까지 발설되면서 소문이 부관의 귀에까지 들고 말았다.

이리하여 어느 회합에서 한국주차군 제16사단 보병 제30여단장으로 하세가와의 예하에 있던 소장 도조가 날카롭게 질타했다.

"최근 대관정 군사령관 관사의 후문 보초를 철폐하셨다는데, 무슨 이유입니까?"

참모 · 부관 일동이 숨을 죽였다. 그러자 도조의 날카로운 제2탄.

"듣자 하니 일개 여자의 출입을 위해서라는데, 천황폐하의 군대를 한낱 여자의 출입을 위해 좌우하다니, 이 무슨 모독이요 망발입니까?"

그 순간 주차군 사령관 하세가와의 면상이 '호랑이'처럼 일그러졌다.

"시끄러워! 귀관이야말로 폐하가 임명한 상관 앞에서 무슨 하극상인 가!"

그로부터 얼마 후, 좌천 발령을 받은 도조 소장을 보면서 장병들은 조슈벌 하세가와의 전횡을 수군거렸다. '천황의 군대'의 후문 보초를 좌우하더니 소장의 직위까지 좌우한 한낱 게이샤, 여자의 힘이 그토록 위대했던가? 그런데 이 사건으로 하세가와의 미움을 산 도조는 미구에 군문에서까지 쫓겨났다. 1906년 1월, 주차군 보병 제30여단장으로 조선에 왔던 도조 소장은 그 사건이 있은 얼마 후인 1907년 11월, 중장으로 명예진급을 하면서, 예편하여 육군을 떠났다.

그럼 도조는 어떤 사람인가?

경골한硬骨漢으로, 전사戰史 연구에서 보배 같은 존재로 평가받던 실력파 장성이다. 육대를 수석으로 졸업한 그는 참모본부 제4부장 등을 하면서 부내 제1의 논객이자 건필가健筆家로 공인을 받았다. 해박한 전사가戰史家로 병학에 소양이 깊었던 그의 군비론軍備論에는 참모본부에서도 머리를 못 드는 경우가 허다했다고 한다.

1901년 5월, 소장으로 진급한 그는 육상 데라우치의 청일전쟁사 편찬 사업 축소를 반대하다 참모본부 제4부장에서 보병 제8여단장으로 좌천된다. 러일전쟁 후 보병 제30여단장이 된 그는 하세가와에게 직언을 하다 좌천을 당하고, 지휘 능력 부족을 핑계로 육군에서 쫓겨난다.

데라우치와 하세가와에 의해서 군을 쫓겨난 반 조슈벌의 이 유능한 장성은 예편 후에도 전사 연구에 전념함으로써 많은 업적을 남겼다. 이 사람의 아들이 태평양전쟁 당시의 수상이자 대장인 도조 히데키이다.

그 여자의 기호술

소장의 군복을 벗긴 그 여자가 고로였다. 이 여자와 하세가와의 사이에는 좀 더 오래된 인연의 줄이 엉켜 있었다.

이야기는 소장으로 갓 진급한 하세가와가 큐슈 오쿠라에서 보병 제12여단장이던 청일전쟁 전으로 올라간다. 온천으로 유명한 벳푸에서 하세가와의 여단은 훈련을 벌이게 되었다. 이때 여단 사령부를 차렸던 곳이 오야라는, 그 지방 호족이 경영하는 여관이었다.

차 심부름을 하던 그 집 후데코라는 딸이 한 여남은 살이나 먹었을까? 귀염성스럽게 생겼으니까 여단장 이하 막료들은 이따금 과일 · 과자 따위를 사 먹이면서 말동무로 삼곤 했던 것이다. 그후 제12여단장을 떠난 하세가와는 제3단장 → 근위 사단장을 거쳐서 한국주차군 사령관으로 오던 1904년까지 10여 년 가까운 세월을 후데코의 일 따위는 참 까마득하게 잊어버리고 지냈다.

그 하세가와가 남작 · 대장 · 주차군 사령관으로 조선에 왔다. 국취루에서 연회가 벌어진 어느 날, 하세가와는 꽃처럼 만발한 뭇 게이샤들 속에서 문득 한 얼굴을 주목하였다. 낯이 익어 보이는데, 누굴까?

가까이 불러서 인연을 따져 보니 참 세상은 넓고도 좁다. 올챙이 꼬리처럼 나풀거리던 단발머리가 화사하게 시마마 머리(게이샤들의 머리 양식)로 변했을 뿐, 옛날 벳푸에서 만났던 소녀 후데코가 분명하였다.

그날 밤 국취루의 별방에서 추억이 눈처럼 내려 쌓이고 있었다. 나풀거리는 머리로, 후데코는 참 무던히도 귀염성스러운 소녀였지. 머리 뒷모양이 올챙이 꼬리 같다니까 앵두 볼을 붉히고 도망치더군. 조석으로 차 시중들던 모습이 눈에 선해서 오쿠라 시절에 벳푸를 들르면 여관은 꼭 오야 여관으로 정하곤 했지. 그런데 그 후데코가 왜 이런 곳에 나왔을까?

추억을 더듬던 하세가와가 곁에 앉은 후데코, 아니 지금은 게이샤인 고로를 향해서 나직하게 질문을 한다.

"그러나 저러나, 왜 이런 곳으로 나왔지?"

"어머니가 계모였어요. 사업에 실패한 아버지가 화병으로 돌아가시자 여관은 남의 손으로 넘어가고…. 저는 계모의 박대가 싫어서…."

나이든 게이샤의 음성에서 옛날 소녀의 목소리를 더듬으면서 하세가와는 '호랑이'답지 않게 어느새 센티멘털에 잠긴다. 오야 여관의 주인이라면 옛날 12여단장 시절에 신세를 졌다면 졌다고 할 사람이다. 그 사람의 딸이 이렇게 노류장화로 서울까지 흘러와 있는 이상은? 못본 채 할 수야 없지. 구제해야겠다고 생각한 것은 하세가와가 의리의 사나이여서는 아니었다. 나이 들어 한창으로 무르익은 추억 속 소녀의 아름다움이 이성으로서 매력의 대상이기 때문이었다.

이리하여 하세가와는 급속도로 고로에게 빠져 들었다. 주차군 병력을 지휘하면서 의병을 상대로 초토·살육작전을 벌이던 호랑이 사령관도 고로의 앞에서는 한낱 강아지에 불과하였다. 아니 고로의 난숙할 대로 난

숙한 미모 교태가 하늘 아래 둘도 없는 명기수名騎手가 되어, 호랑이를 강아지처럼 조종하기 시작했던 것이다.

이리하여 '천황의 군대'인 후문 보초가 철폐되었다. 소장이 좌천을 당한 끝에 육군에서 쫓겨나 버렸다. 이때쯤 사령관 관사에 아주 들어 앉은 고로는 정부가 아니라 애첩이었다. 하세가와는 고로의 구실만 뗀 것이 아니라 동생뻘 되는 게이샤 주조의 몸값까지 갚아 주면서, 관사에서 고로와 함께 살게 하였다.

1909년 1월 30일, 조선을 떠나면서, 물론 하세가와는 고로를 데리고 갔다. 본국에서 그는 참모총장 → 원수 → 백작으로 영달함에 따라 고로도 마침내는 백작의 2호 부인으로 사모님 신분이 되었다. 이렇게 되자 시골 여관집 딸인 왕년의 게이샤는 간덩이가 부풀대로 부풀었다. 도쿄 우시고메의 백작 저택에서 동거생활을 하면서, 딴은 미천한 출신으로 자라난 고로라 한없는 사치 · 허영 · 낭비로 안하무인이 되어 갔던 것이다.

이렇게 되니 죽어나는 사람은 하세가와다. 버릇도 고칠 겸 별거 생활이 시작됐으나 고로의 행동은 마찬가지였다. 매월 수백 원의 빚 · 외상이 하세가와에게로 청구되니 밑 빠진 독에 물 채우기도 정도 문제다. 넌덜머리도 나고, 그보다 문제가 이젠 더 이상 지탱조차 못할 지경에 떨어진 하세가와의 재력이라 마침내는 인연을 끊기로 결심을 굳히게 됐던 것이다.

이 무렵 고로에게는 어느새 정부가 생겨 있었다. 이 정부란 것이 하필이면 하세가와가 두고 부리던 심부름꾼이다. 이것들이 손잡고 야반도주를 할 때까지 하세가와는 참 감쪽같이 판관사령을 했던 것이다. 쓸 만한 물건 하나가 남아 있지 않은 공허한 방에서 하세가와는 배신감보다도 백작의 체모 때문에 치를 떨었다.

이런 일 끝에 하세가와는 제2대 총독으로 부임해 왔다. 이때쯤 그는 그 모든 환란의 여파로 하여 심신이 어지러울 대로 어지러웠다. 그런데 서울은 하세가와를 정신적·육체적·경제적으로 철저하게 파괴한 고로와의 옛 추억이 얽힌 곳이다. 떠가는 구름에서 첩살림에 얽혔던 환멸을 읽으면서, 하세가와는 그가 소홀했던 가족을 위해서 유산을 만들어야겠다고 생각한다. 총독부 주변의 참새들은 이때쯤부터 하세가와의 기밀비 횡령설을 조잘대기 시작하였다.

비루먹은 강아지처럼 기밀비나 핥고, 고로와의 악연의 냄새에 코를 킁킁대기나 하던 이런 총독 밑에서, 식민지의 관료들은 풀어질 대로 풀어져 갔다. 세계 1차대전 직후의 호경기가 이 기풍을 더욱 들뜬 것으로 만들고 있었다.

때마침 팽배한 민족자결 사상은 1918년의 재만在滿 39인 독립선언을 거쳐서 익년의 2·8선언을 낳게 한다. 이런 일로서 볼 때 국내에서도 무슨 일이 있으리라는 것은 충분히 예측할 수 있는 것이었다. 이런 예측 가능의 상황을 탐지해 내지 못했을 정도로, 하세가와 시절의 관료들은 기풍이 해이해져 있었다.

이리하여 고로는 3·1운동의 이면에서 우리에게 얼마간의 기여(?)를 하고 있었다. 이 여자는 그 무류의 기호술騎虎術로 하세가와의 정신·육체·경제를 파괴한 끝에 호랑이를 마침내 강아지로 만들어 버리고 말았다.

이런 일이 없이, 하세가와가 호랑이인 채로 총독이 되어 왔다면 어떻게 됐을까? 105인이 아니라 1천 50인 사건을 날조하면서 조선을 뒤흔들었을 것이다. 호랑이 사령관 시절에 창안해 낸 헌병경찰제를 확대 철저화시킴으로써 3·1의 지열을 사전에 탐지해 내지 못했다고 누가 과연 장담하겠는가?

그러나 비루먹은 강아지에게 그런 호위가 있을 턱은 없었다. 그는 한가하게 고로와의 악연이 풍기는 냄새에 코를 킁킁대다가 3·1의 날벼락을 맞고 본국으로 쫓겨간다.

이때쯤 고로는 함께 도망쳤던 사내를 어딘가에 벗어 팽개친 채 신바시 기생을 하고 있었다. 하세가와와의 전력으로 명기 행세를 하려 들었으나 한물 간 인생이라 손님이 잘 들지 않았다. 흐르고 밀려서 우쓰노미야의 시골 기생으로 영락했다는 것이 하세가와를 망쳐 먹은 고로의 후일담이다.

오쟁이를 진 이야기

데라우치 → 하세가와에 이르는 10년을 우리는 무단통치라고 부른다. 헌병이 치안경찰 업무를 전담하면서, 무관 총독이 주차군 병력을 총지휘하던 공포정치 시대이다. 이래 1919년 8월, 3·1운동과 관련한 민심수습 책으로 무관 총독제는 문무관 병임제로 바뀐다.

그런데 예비역 해군대장 사이토 등 퇴역무관이 총독이 된 적은 있으나, 조선에는 말만 문무관 병임제일 뿐 문관 출신 총독은 단 한 명도 부임한 적이 없었다. 즉 일제의 조선 통치는 육·해군 대장인 총독이 주차군과 헌병대를 지휘하면서 통치에 임했다는 점에서 민정이 아니라 군정인 것이다.

통감부 시절에는 문관 출신인 통감(이토 히로부미)에게 헌병·주차군에 대한 지휘 감독권이 부여되어 있었다. 즉 문관에게 군령권을 허락했던 경우인데, 이런 경우는 정한론征韓論에 패한 에토가 1874년 사가에서 반란을 일으켰을 때 문관 오쿠보가 군령권을 행사한 외에는 전무했던 형식이다.

사가의 난에서의 경우는 전시·임시적인 것이었으나, 문관 이토의 군령권 행사는 평시·항구적이었다는 점에 조선 통치의 군정적 특색이 있는 것이다.

조선 통치의 이러한 군정적 성격 때문에 청일전쟁 전후로부터 통감부 → 데라우치 → 하세가와에 이르는 동안은 조선에서 일본 군인들의 콧대가 이만저만이 아니었다. 인천은 1883년 1월 개항, 이곳에서 최초의 요정은 야자카 우리라는 여자가 개업한 요정 야자카이다. 시모노세키의 춘범루, 평양의 '오신의 자야', 즉 오신의 다점과 함께 3대 요정으로 이름을 떨쳤던 야자카는 1895년 창업되었다고 하나, 1887년 서울의 정문루와 거의 비슷한 시기에 영업이 시작됐던 것으로 짐작된다.

이곳 야자카의 초기 게이샤들은 모두가 일본 군함의 이름을 따서 나니와 · 다카오 · 마쓰시마 · 요시노 따위로 불려지고 있었다. 그 중 다카오는 운양호 사건에 참가했던 군함의 하나요, 마쓰시마는 청일전쟁 때 상비함대 사령장관 이토가 타고 왔던 기함이다. 이런 살벌한 이름이 게이샤들의 예명으로 통용될 만큼 그 무렵에 군인 풍조는 대단하였다.

통감부가 개설되자 이토는 뻔질나게 야자카로 드나들면서 그 배를 탔으니까, 태운다는 점에서 배(腹)와 배(軍艦)는 같이 불려져도 무방했을 것이다.

이리하여 침략 초기에는 극장에서도 『군인의 기질』이니 『진중설陳中雪』이니 하는 신파 군인극이 성황이었다. 이들 군인패들의 단골이 국취루인데, 1900년에 화재를 만난 후 다시 남산동에서 신축 개업한다. 그날 국취루에서 큰 불이 나자 사령부 당직이던 야마구치 대위는 근무를 이탈, 대위 정장을 한 채 달려가서 정부를 불 속에서 구했다. 이 대위는 화월의 오다루마에게도 넋을 잃었는데, 여자가 임신을 하자 한탄삼아 뱉어낸 말, "계집이란 툭하면 고무풍선처럼 부풀어서 탈"이라는 소리가 한동안 세상의 화제가 됐다고 한다.

그 무렵 주차군의 미야지 소좌는 대한일보의 산도(훗날 중의원 의원)에게 화월의 긴시를 약탈당했다. 홧김에 옮겨 간 상대가 화월의 다쓰코인데, 이 여자에게는 고리대금이 본업인 악질 변호사 이와다가 끄나풀처럼 달려 있었다. 미야지는 이와다의 꼭두각시인 다쓰코의 악랄한 수법과 혀끝에 말려들어서 피해·재앙·망신살이 끊이지 않았다고 한다. 이와다를 살찌워 준 다쓰코는 훗날 이 변호사와의 악연을 청산하지만, 좋을 때 그에게서 얻은 악질 때문에 패인처럼 밤의 무대에서 사라져 버렸다.

그 무렵 침략 초기에 일본군 전신대電信隊 제리提理인 가와무라 대좌가 있었다. 조선에서의 전신업무는 프랑스 뮤렌스테드에 의해서 1885년 9·11월에 경인·경의 간 전신이 개통된 것이 출발이다.

그후 청일전쟁 때 일본군은 조선의 각 전신선을 군용으로 이용하면서 1894년 7월 경부·경원 간에 새로 군용 전신을 가설한다. 이들 군용 전신을 경비하기 위해서 임시헌병대가 파견되고, 이들이 일본군 임시 육군전신부와 함께 공동 경비에 임한다. 임시 육군전신부는 훗날 일군 전신대로 개칭되었다.

이들 군용 전신은 의병들의 주요 공격 목표의 하나였다. 1909년 9월 29일 새벽, 공주 마곡사 부근에 근거를 둔 약 40명의 의병부대가 소정리·이원 두 역을 습격하고 전신선을 절단한다. 동년 10월 29일, 문태성 부대 약 20명은 옥천역을 습격하면서 군용 전선을 파괴하였다.

천안·대전·영동지구의 수비대·전신대·헌병경찰대가 출동하는데, 이러한 토벌작전에서 일군은 무고한 양민까지 살상한다. 옥천 피습사건 후 일제는 경부선 중 헌병 주둔이 없는 신동·약목·추풍령·황간·심천·옥천 등 10개 역의 역무원을 무장시킴으로써 의병의 습격에 대처하게 하였다.

이러한 군용 전신의 총책임자가 가와무라 대좌였다. 남산정이 단골인데, 돈 잘 쓰겠다, 직책 좋겠다, 게이샤들에게 인기가 비상하였다. 하물며 이른바 군인 기질로 언행에 차렷 쉬어가 분명하니 게이샤들이 저마다 안달복달일밖에.

그 숱한 꽃들 중에서 오아키라는 한 꽃을 골랐는데, 이 여자가 산전수전을 다 겪은 한다 하는 수단가였다. 가와무라는 그 좋은 오아키의 수단에 넋이 나가서 마침내는 구실을 떼느니 살림을 앉히느니 하는 단계에까지 빠져 들고 말았다.

그런데 그 꼴을 마음 편하게 볼 수 없는 사나이 하나가 있었다. 영사관의 측량 기수이던 마쓰모토. 그는 돈이 없었다. 하지만 오아키와의 사랑은 깊어서 오매불망하는 사이이다. 그러니까 치미는 질투를 삭이다 못해 마침내 오아키를 불러내었다.

"살림을 산다지, 지난 인연은 잊어라 그 말인가?"

"잊으라곤 안 했어요. 하지만 당신은 제 몸값을 못 갚잖아요?"

"알았어! 돈 없는 작자는 물러서라 이 말이로군?"

"아이 참! 그게 아니라…."

하면서 오아키가 사내의 귀에 무엇을 소곤거렸다. 사나이는 입가에 야릇한 미소를 떠올리면서 이윽고 고개를 끄덕거렸다. 그 얼마 후, 오아키는 가와무라가 물어준 몸값 150원으로 마침내 자유의 몸이 되었다. 영문營門 가까운 마을에 집을 얻고, 오매불망하던 오아키와의 살림이라 가와무라는 세상의 봄을 혼자서 맞는 느낌이었다. 군무軍務가 파하기 무섭게

집으로 달려가고 하는 생활이 미처 한 달을 다 못 채운 어느 날, 집에는 오아키가 없었다. 대신 경대 서랍에 들어 있는 러브레터가 하나. 불쾌한 발견이었지만 가와무라는 용하게 꿀꺽 참아내면서 남자의 도량을 무너뜨리지 않았다.

그런데 그 편지가 사흘이 멀다고 날아들었다. 동시에 오아키는 이 핑계 저 핑계로 외출이 잦아졌다. 소리 소문도 없이 빠져 나가서 한나절이 지나야 돌아오니까 이젠 가와무라도 참는 재간이 없었다. 어느 날 오아키를 불러 앉혀 놓고서, "이러쿵 저러쿵 변명 따위는 듣고 싶지 않다, 나가라!" 고 말했다.

"그래요? 싫어지셨나 보죠? 그럼 뭐, 나가 드리죠!"

선선히 보따리는 싸는 바람에 거금 150원으로 차린 살림은 미처 한달이 못 가서 풍비박산이 나고 말았다.

그런 지 얼마 후 공사관 가까운 어느 골목에 방 하나를 얻어드는 남녀 한 쌍이 있었다. 측량기수인 마쓰모토와 오아키이다. 오아키는 기생머리를 부인 머리로 고쳐 틀어서 한결 미모가 돋보였다.

그날 밤, 조촐한 저녁상 앞에서 마쓰모토가 말했다.

"이젠 우리 세상이야. 하지만 가와무라에겐 좀 미안한걸!"

"할 수 없죠. 그런 수단이라도 썼으니 말이지, 안 그러면 당신이 어느 천 년에 몸값 150원을 장만하죠?"

마쓰모토와의 살림을 위해서 오아키는 임시 정류장으로 가와무라를 이용했던 것이다.

제 7 장

사이토 :

정탐과 모략의 계절

사이토의 아내와 장인

1919년 8월 12일, 만세 사건의 책임을 지고 총독을 불명예 제대한 하세가와를 이어서, 예비역 해군대장으로 사쓰마벌(薩摩閥)의 거물인 남작 사이토가 제2대 총독으로 발령되었다.

이때까지, 통감부의 이토·소네와 총독부의 데라우치·하세가와는 모두가 야마가타·가쓰라 등의 급진 병합론자와 지연을 함께 한 조슈벌의 실력자들이었다. 막부 타도의 주동 세력으로 메이지정부에서 육군을 주름 잡았던 조슈벌이, 이제 그동안 독점했던 총독의 자리를, 유신의 주동 세력으로 해군을 주름 잡았던 사쓰마벌에게 넘겨 주었는데, 이 자리는 무관 전임제로, 현역 육·해군대장이 일황에 의해서 친임親任되었다. 예비역 해군대장 사이토는 이때 총독이 되기 위해서 현역에 복귀했기 때문에, 조슈벌이 사쓰마벌로 바뀌었을 뿐 현역 무관 전임제에는 변함이 없었다.

이후 일제는 3·1운동과 관련한 민심 수습책의 하나로 1919년 8월 19일, 무관총독제를 문무관병임제로 개정한다. 그러나 이 관제개정은 1945년 8월 15일까지 부도수표로 끝나 버리고 말았다. 야마나시 등의 예비역 대장이 총독으로 부임한 적은 있었으나, 문관 총독은 끝내 한 명도 오지 않았다. 중일전쟁 무렵까지 문관 총독 9명이 도합 17년을 통치한 대만에 비해서, 일제의 조선 지배가 한결 군사적이었음을 말하는 한 단면이다.

사이토는 1919년 9월 2일 신임 정무총감 법학박사 미즈노와 함께 남대문역에 착임하였다. 제네바의 군축회의(1927. 4)에까지 아내를 달고 다닐 정도로 애처가이던 사이토는 총독으로 부임해 오면서도 아내 하루코를 달고 왔다. 그럴밖에, 북일본 이와데현 출신으로 사쓰마벌 가고시마와는 지연이 멀었던 사이토가 사쓰마벌을 계승할 수 있었던 후광이야말로 아내 하루코의 은덕이었으니, 소중하게 모실 수밖에 없었을 것이다.

이 여자 하루코의 부친, 즉 사이토의 장인은 해군을 주름잡았던 사쓰마벌의 원로로서, 일본 해군 여섯 번째로 해군 중장이 된 해군대신(1892. 8~1893. 3) 자작 니레이다. 임오군란 직후 제물포조약을 강제 체결하기 위해서 함대 4척을 이끌고 조선에 왔던 니레 소장은 해군참모부 전신인 초대 군사부장과 해군대학교장 등을 역임한 해군의 실력자였다. 운양호 함장으로 강화섬을 공격한 이노우에 등 기타 다수가 니레 중장의 부하·후배였는데, 사이토의 사쓰마벌 계승은 이런 규벌閨閥 관계의 힘 입었다.

이들 사이토 일행의 부임행렬에 강우규 의사의 폭탄이 터졌다. 1919년 9월 2일 오후 5시, 비서관 이토와 함께 마차를 탄 사이토 부처가 막 출발을 하려는 순간, 요란한 폭탄이 뭇 사람의 귀청을 찢었다. 정신을 차린 출영객들이 현장으로 눈을 주었을 때, 갈기갈기 찢어져 늘어진 전선 밑에서 수십 명이 피를 흘리며 신음하고 있었다.

이 폭탄으로『대판조일大阪朝日』특파원 다치바나와 경기도 순사 스에히로가 사망하였다.『대판매일』특파원 야마구치는 폐를 뚫고 들어간 파편 때문에 4년을 병상에서 신음하다 저승 사람이 되었다. 이들을 제외한 중경상자가 무려 34명이다. 그러나 사이토는 파편이 바지 혁대를 손상했을 뿐 몸에는 부상을 입지 않았다. 현장을 용하게 피해 나간 강 의사는 인상착의를 목격한 일인 소년의 제보로, 사건 15일 후인 9월 17일 밀정이자 친일파 경찰인 김태석에 의해서 체포된다.

평남 덕천 출신인 강 의사는 사립학교 등을 운영하다 병합에 불만을 품고 북간도로 망명, 북만주와 시베리아를 전전하면서 블라디보스톡에서 광복단체 노인단에 가입하였다. 3·1운동으로 독립을 하는 줄 알았는데 뜻밖에 새 총독이 온다고 듣자 러시아령 우스리 철도의 작은 역에서 구입한 폭탄을 들고 블라디보스톡 → 원산 경유로 서울에 잠입하였다. 친일 경찰에 의해서 체포된 강 의사는 1년 여를 옥중에서 신음하다 1920년 11월 29일 서대문 형무소에서 사형 집행을 당했다.

강 의사의 폭탄 밑에서 살아난 사이토는 북일본 기모자와 현청의 급사 출신으로, 고학 끝에 현청 도쿄출장소 직원이 되었다. 해군병학교를 마치고 1879년 소위 임관, 미국 유학 후에는 해군참모본부와 해군성을 거쳐 1898년 11월 대좌로 해군성 차관이 된다.

육·해군을 통해서 전무후무했던 대좌 차관은 당시 제2차 야마가타 내각의 해군대신이었던 사쓰마벌 해군의 원로 야마모토의 발탁이었다. 그 후 사이토는 7년여를 차관직에 재임하면서, 장인 니레 중장의 후광을 입어서, 사쓰마벌 계승의 토대를 만들어 갔다. 그후 사이토는 제1차 사이온지 내각(1906. 1~1908. 7), 제2차 가쓰라 내각(1908. 7~1911. 8), 제2차 사이온지 내각(1911. 8~1912. 12), 제3차 가쓰라 내각(1912. 12~1913. 2), 제1차 야마모토 내각(1913. 2~1914. 4) 밑에서 8년 3개월의 최장수 해군대신을 한다.

차관 생활 7년여를 합쳐서 거의 16년을 해군 군정에 종사한 사이토는 겨우 1년 남짓한 함장 경력으로 1912년 10월에 해군대장이 되었다. 즉 실전 경력이 없는 대장인 것이다. 사쓰마벌 해군의 마지막 아성이었던 사이토는 '지멘스' 사건으로 야마모토가 실각하자, 그해 1914년 5월 58세의 나이로 예비역에 편입되었다. 이후 그는 정치가로 전신, 조선총독을 거쳐서 1932년 5월 수상이 된다.

이러한 경력에서 보듯이 사이토는 입지전적인 인물이요, 또한 일본 해군 유수의 실력자였다. 그는 북일본 이와테현의 시골 현청 급사로 출발해서 해군 최고의 실력자가 된 것이다. 러일전쟁 전후의 격동기를 무려 16년이나 해군차관에서 대신으로 장수할 수 있었던 것은 그의 인물과 수완이 비상했던 탓이라고 평가되고 있었다.

정탐과 모략의 계절

사이토가 총독으로 부임한 것은 조선으로서 볼 때, 새로운 공포정치의 개막이었다. 아닌 게 아니라 그는 1927년 3월 제네바 군축회의 전권대표로 총독을 물러날 때까지 7년 7개월을 조선에 재임하면서, 최고의 지능적 수법으로 사이비 문화정치를 행하였다.

이 자는 최고의 고등술책으로 직업적 친일파를 양산하면서, 참정론·자치론 등의 정치모략으로 조선인의 독립심을 마비시키려 하였다. 일계 『조선신문』은 이 자의 통치를 평해서 "탐정 정치로 유명한 데라우치 백작보다도, 문화정치를 표방하고 있는 사이토 남작 쪽이 조선의 치안을 유지함에 있어서, 최고로 능숙하고 산뜻한 수완을 가지고 있다"고 말한 적이 있었다.

그럼 먼저 사이토 초임 시절의 사회 정세부터 더듬어 보자. 이 자가 부임할 당시만 해도 1차대전 후의 호경기로 세상은 웬만큼 들떠 있었다. 그러나 7개월이 지난 1920년 3월 14일, 주식의 폭락은 지금까지의 전후 경기를 뒤집어엎고 반동으로 공황을 몰고 왔다.

주식회사 경성수직현물 취인 시장(1920. 1 인가)이 개장하면서부터 혼란에

빠지자 파산자들이 속출하면서, 뒤미처 생사生絲와 면포綿布가 폭락하였다. 자금 사정이 악화된 은행은 심지어 1년에 1할 이상으로 예금 금리를 인상하면서 정기적금·거치저금 등을 창설하여 자금 흡수에 열을 올렸다.

1916년 하야마스미는 아담한 요정 지요모토를 차렸다. 게이샤로 돈을 번 이 여자는 현 남창동 부근에 요릿집 지요모토를 차렸고, 쌀 5천 가마 값인 예금 10만 원도 갖고 있었다. 그런데 한창 전후 경기가 좋을 때 하얼빈 거래소의 주식 시세는 하늘 높은 줄 모르는 폭등세였다. 때마침 운수가 대통해서 단골 실업가인 고이즈미가 하얼빈 거래소로 가자, 10만 원 예금을 몽땅 주식으로 바꿔 주었다. 이것이 폭등만 하면 5~10배도 문제가 아닌데, 미구에 폭락이 왔다. 이리하여 10만 원 저금만 풀을 쑤고서 냉가슴을 앓았다는 것이 그 무렵의 한 에피소드이다.

그럴 무렵 1923년 9월 1일, 진도 8의 관동대진재關東大震災가 일어났다. 도쿄·요코하마 일대가 쑥밭이 되면서 공황은 더욱 격심해졌다.

그 무렵 경성부에서는 새로 청사를 짓기 위해서 자금 60만 원이 필요했는데, 조선에서 융자가 되지 않았다. 일본 야스다 은행을 통해서 대부를 받는데, 이 은행의 대출금리는 연 8부로 조선의 1할 내지 1할 4부에 비해서 압도적으로 싼 금리이다. 이리하여 경성부는 감격 황송해 하면서 부회府會의 결의로 감사의 전보문을 칠 만큼 금융 사정이 궁핍해 있었다.

그런데 관동대진재의 어음 처리 문제 때문에 1927년 3월의 금융대공황이 왔다. 일본에서는 예금주들의 연달은 환불 소동 때문에 휴업하는 은행이 속출하였다. 내각(제1차 와카스키 내각)이 무너지면서 일황은 칙령으로써 전국에 3주 간의 지불유예령을 내렸다. 이와 관련해서 총독은 조선은행으로 하여금 조선 내 각 은행의 무제한 환불을 원조하게 하겠다고 성명서를 발표했으나, 고객들의 불안한 심리를 막을 수는 없었다. 건물이 초라한 은행이 미덥지 않아서 예금을 다른 으리으리한 은행으로 옮겼는데, 실은 그 으리으리한 은행이 초라한 은행의 지점이었다는 넌센스 같은 일도 벌어지곤 하였다.

그 시절 사이토 부임 초기에 조선은 3 · 1 운동의 열풍이 아직도 줄기차게 계속되고 있었다. 총독부가 발표한 바에 의하면, 1919년 3월 1일부터 같은 해 12월 말일까지 만세운동 횟수는 3천 2백회, 체포된 사람은 2만 6천 4백 42명이다. 이 해 4월에 상해에 임시정부가 수립되자 국내의 애국부인회 등이 연통제로 군자금을 모아 보내면서 독립에의 의지를 다져 나갔다.

이러한 반제反帝 · 독립전선은 사이토 시절에 크게 갈라져서 세 개의 흐름을 나타내고 있었다. 하나는 비타협 · 급진 · 폭력 노선인데, 남북 만주에서 전개된 광복 진영의 무력항쟁이 이 노선에 속한다. 1919년 11월, 길림성 파호문 밖에서 조직된 의열단은 암살을 수단으로, 파괴를 정의로 삼으면서, 총독부 · 동척 등의 적 기관과 7악인 총독부 고관 · 군수뇌 · 대만총독 · 매국노 · 친일파 · 밀정 · 반민족적 토호열신土豪劣紳 등을 암살 파괴의 대상으로 삼았다. 이들 비타협 급진 무력파는 식민통치를 부정하면서 조선을 일제로부터 분리 독립시키기 위해서 무력으로 항쟁하자는 입장이었다.

이에 반해서, 비폭력 · 합법 · 점진 노선을 독립 쟁취의 수단으로 삼으려는 흐름이 있었다. 이들은 무력항쟁이 희생만을 초래할 뿐 독립의 쟁취에 실효성이 희박하다는 판단 아래, 민족 백년의 대계를 실력 운동에서 찾으려는 입장이었다. 이들은 교육진흥을 위해서 민립대학운동을 벌였고, 물산장려운동으로 산업의 부흥을 모색하였다. 지·덕·체, 3육으로 국민의 수준이 향상되고, 산업의 발달로 국력과 민력이 함양됨으로써, 일제를 쫓아낼 수 있는 기반이 마련될 수 있다는 입장이었다.

이러한 민족파의 두 흐름에 대해서, 계급적인 입장에서 반제운동을 선동하는 공산·사회·무정부 계열의 움직임이 있었다. 1918년 4월에 노령 치타에서 조직된 후 상해로 옮겨진 여운형 계의 상해파 고려공산당과 1919년 5월 러시아령 이루크츠크 시에서 조직된 이시파 고려공산당은, 1920년대로 들면서 끊임없이 국내 침투를 모색한다. 1922년 4월, 상해파 여운형의 밀명을 받고 잠입한 박헌영 등이 조직 공작 중 체포된 사건을 시작으로, 1925년 11월의 제1차 조공朝共피검사건 이래 5차의 조공검거 사건이 일어난다. 이들 초기의 공산운동은 제1차적으로 반제·반식민투쟁을 통해서 조선의 독립을 달성한 후, 2차적으로 소련과 연맹하여 노농국가를 건설한다는 입장이었다.

이러한 반제 독립전선의 영향 밑에서 3·1운동으로 크게 고무된 민중의 항일 기세도 농후하였다. 경찰서·영문에서의 일인 보조와의 충돌 사건 또는 일인 서장이 기차 등에서 내릴 때 출입구를 막아선 채 조선인이 비키지 않더라는 사건 또는 전차를 타려는 일본 여자를 조선인 차장이 고의적으로 밀쳐냈다는 사건 따위가 도처에서 다반사로 일어나고 있었다.

전문·대학생이 요정에 가면 심지어 기생들까지도 지금이 어느 때인데 독립할 생각은 않고 유흥이냐고 타이르면서 함께 놀기를 거절하였다. 이리하여 사이토 부임 초기의 서울의 "기생 8백, 그들은 모두가 살아 있는 독립 격문檄文이었다"고 어느 일인 경찰부장은 말하고 있었다.

이런 분위기를 냉각시키기 위해서 사이토는 문화정치를 표방하였다.

그러나 그 내용은 민간 3개 신문 중 동아일보는 친일 귀족 박영효, 조선일보는 친일단체 대정친목회大正親睦會, 시사신문은 직업적 친일분자 민원식에게 허락하는 사이비 문화정치였다.

무관총독제를 문무관 병임제로 바꿨다지만 문관 총독은 한 번도 부임한 적이 없었다. 헌병경찰제를 보통경찰제로 바꿨다지만, 경찰 병력은 데라우치 시절에 비해서 몇 배 이상으로 강화되었다.

이러한 사이비 문화정치를 하면서 사이토는 16년 해군정을 요리하던 수완으로 조직적 또 치밀하게 친일분자를 양성하였다. 독립불능론·참정론·자치론 따위는 반독립 정치모략을 구사함으로써 독립 진영의 교란을 획책하였다.

민정시찰관이라는 이름으로 친일 관료를 지방에 파견해서 민정을 정탐했고, 총독부 정보위원회의 신설(1920. 11)로써 정보·선전 활동을 강화하였다. 데라우치의 무단통치 이상으로 치안 확보에 효과적이었던 사이토의 소위 문화정치, 그 7년 7개월은 양산된 직업적 친일분자를 축으로 해서 정탐과 모략이 최고로 난무하던 시절이었다.

친일 대동권번

사이토에 의해서 크게 이용된 친일 거두가 민원식이다. 1887년 서울 출생, 8세 때의 동학항쟁으로 집안이 몰락한 후 민원식은 고아가 되어 사방을 유리하다가 청국 상인에게 이끌려서 중국 보정으로 갔다. 2년 남짓을 지나 귀국한 민원식은 13도를 떠돌아다니다 일본으로 가서 이토의 지우와 후원 밑에서 친일파로 둔갑한다.

통감부 개설과 함께 귀국한 그는 관직 생활 약 1년 후 친일 대한실업장려회를 일으키고, 정치단체 정우회政友會를 만들면서 친일활동을 벌인다. 이 동안에 민은 엄비嚴妃의 질녀 채덕彩德에게 장가를 들어 고종의 처조카 사위가 되었다.

1911년 이래 양지·이천·고양군수 등을 한 민원식은 3·1운동이 나자 관계를 떠나고, 중추원 부찬의副贊議가 되었다. 이 해(1919년) 8월 1일, 민원식은 신일본주의를 표방하면서 그 운동기관으로 친일단체 협성구락부를 조직했다.

이 신일본주의는 일본민족만의 일본이 아닌, 조선의 토지·인민을 포유包有하는 신일본 밑에서, 일선일가日鮮一家 공존 공영을 달성하자는 반독립 친일사상이다. 이것을 위해서 민원식은 1920년 1월 경무국 사무관 마루야마의 후원으로 협성구락부를 개칭하여, 친일 국민협의를 발족시켰다.

이때부터 민원식은 뻔질나게 도쿄를 드나들면서 참정권 청원운동을 벌였다. 조선인 의원을 일본 의회에 보내게 해달라는 이 운동은 조선인에게 정치적 기대감을 던져줌으로써 3·1의 열풍을 가라앉히고, 독립 의지를 거세하려던, 사이토의 반독립적 정치 모략인 것이다.

이 운동을 위해서 사이토·마루야마 등은 자금 지원을 아끼지 않았고, 재계 거물 시부자와 등에서 자금 지원을 주선하기도 하였다. 이렇게 제공된 자금으로 민원식은 치부까지 해 가면서 1920년 봄의 제42의회, 동년 여름의 제43의회, 1921년 2월의 제44의회에 참정권 청원서를 제출한다. 호화판 여행으로 도쿄의 제1급 호텔에서만 머물렀던 민원식은 세 번째 청원서 제출을 위해서 머물던 도쿄 정차장 호텔 14호실에서 1921년 2월 16일 양근환 의사에 의해 죽음을 당한다.

이런 식으로 전개된 사이토의 친일파 양성 → 민족분열 → 독립 전력 약화 공식은 심지어 무당과 기생사회에까지 손을 뻗쳐지고 있었다. 그중 먼저 무당에 대한 친일화 공작인데, 일진회·대한협회의 배후 관련자로 사이토 시절에 총독의 사설참모이었던 오가키가 조종했으며, 김재현으로 행세한 일인 고미네가 일선 실무 역할을 맡았다.

이들은 조선인의 무속신앙을 반독립 치안 공작에 이용하기 위해 면허제로 무당 사회를 무면허자와 면허 소지자로 분열시킨 후, 면허 소지자를 친일 경신교풍회敬神矯風會로써 조직화시켰다. 이 회에 소속한 무녀들은 당국의 보호로 영업을 계속하면서, 굿과 예언·신탁 등을 빙자하여 반독립

정치선전 및 첩보활동 등을 수행하였다.

다음은 기생 사회에 대한 친일화 공작이다. 사이토 부임 초기에 서울에는 조선인 기생조합으로 대정·한성·한남·형화의 4권번이 있었다. 3·1운동의 영향 밑에서, 이 4권번에 속한 조선인 기생 8백은 경기도 경찰부장 지바가 표현했듯이 "모두가 살아 있는 독립 격문"이었다.

그녀들은 빈궁한 청년 학생에게 학자금까지 제공해 가면서 독립투사가 되도록 설득 종용하곤 하였다. 이리하여 어느새 반일 모의의 소굴로 화해 버린 8백의 조선인 기생방, 이따금 일인 유흥객이 들르면 춤도 노래도 담소도 거절하곤 했기 때문에 마치 "망자들이 음부陰府에 모여 마시는" 광경과 비슷했다고 한다.

이러한 반일 온상을 격파하기 위해서, 경기도 경찰부장 지바 등은 친일 대동권번을 새로 창립하게 하였다. 친일파 양성 → 민족분열 → 독립전선 약화 교란의 침략 공식이 밤의 세계에까지 고스란히 적용된 것이다. 기성 4권번의 8백 명 기생은 대동권번을 이단시 했으나 지방에서 갓 상경하는 신출내기 기생들이 가입함으로써 대동권번은 틀이 잡혀 갔다. 이들 새 권번의 기생은 당국의 특별보호 밑에서 일어와 일본 노래를 배우면서 친일 기생으로 양성되어 갔던 것이다.

이들 친일 기생을 주축으로 해서, 경무 당국자는 일선日鮮 화류계 융화책을 추진시켜 나갔다. 그 방식을 지바의 『조선독립운동비화』에서 옮기면 다음과 같다.

일본 요정은 되도록 조선 기생을 부르고, 조선 요릿집은 일인 게이샤를 부르도록 제안하였다. 유흥객도 일인은 애써 조선 요정을 이용하며, 조선인은 일본 요정에서 회합하도록 종용하였다. 부윤, 군수 회의나 경찰서장 회의 때의 초대연도 조선요정에서 개최하고, 조선 시찰을 온 일인들의 초대연에도 가급적 조선 기생을 부르도록 노력하였다. 또한 당시의 주변정세를 볼 때, 일어를 알고 일본 노래를 하여 일인의 기분을 맞출 수 있는 친일 기생이 심히 적음을 알고, 무슨 방법으로든 친일 기생단을 만들지 않으면, 내선 화류계의 융화는 영속하지 않는다고 생각했다.

그래서 나는 기회 있을 때마다 친일 기생을 물색하고, 그 용모·성격·언어 등을 보아서 점차 친일 기생단을 만들고, 우리가 관계하는 연회에는 애써 이들 기생을 부르게 했기 때문에, 이들 기생단은 일인에게 크게 갈채를 받았다. … 연전 조선관광단으로 입경한 일인 3백여 명 앞에서 서투른 일인 게이샤보다도 훌륭한 가락으로 일본 속요를 불러서 깜짝 놀라게 만든 것도 모두 이 기생단의 활약이다. 훗날 경무국 주최의 각종 회합에 출석함으로써 언제부턴가 '경무국 기생'으로 불려지게 된 것도 이 기생단의 후신이었던 것이다.

당사자인 지바가 말하는 기생 친일화 공작의 개요인 것이다.

이러한 공작이 거둔 성과를 지바는 다시 다음과 같이 자랑하고 있었다.

그토록 험악을 극하면서 음모의 소굴로 음부와 같았던 화류계(조선)도, 지금에 와서는 내선일체를 구하는 봄의 꽃동산이 되고 말았다. 일어나 일본 노래를 모르면 기생으로서 위신이 떨어질 만큼 되어 버려서, 조선인은 물론 일인들도 도처에서 봄바람 같은 기생 환대를 받게 되었다. 불

령한 음모 따위는 어느새 종적이 끊어져서, 살아 있는 독립 격문도 이제
는 살아 있는 백화요란을 연상하리 만큼 되어 버렸다.

정무총감을 위원장으로 한 총독부 정보위원회는 이들 친일 기생단의
일선융화 장면 등을 홍보영화로 찍어 전국에 순영巡映함으로써 파급 효과
의 극대화를 도모하곤 했던 것이다.

여마적 시베리아 오키쿠

사이토는 마적단을 매수해서 독립운동자를 살육하게 하였다. 일제의 이러한 마적단 이용은 아주 일찌감치 청일전쟁 무렵부터 시작되고 있었다.

이 무렵부터 북만주 · 시베리아에서 마적 노릇을 한 철룡은 도쿄 원적으로 군인 · 신문기자를 거친 일본인인데, 본명은 불상이다. 훗날 호림 마적단에서 참모를 한 철룡은 각처 대륙을 약탈하면서 숱하게도 염문을 뿌리고 다녔다. 블라디보스톡에서는 러시아군 육군 대좌의 미망인과 사랑을 했고, 전신기사의 딸인 러시아 여학생을 임신시켰다. 성은 오카지마라고도 하고 부사라고도 하는데, 그 둘이 다 본성인지 위성偽姓인지 알 수는 없다.

이들 청일전쟁 이래의 일인 마적이 일 군벌과 야합해서 조직적 대활약을 전개하는 것이 러일전쟁 때이다. 1900년에 북청에서 의화단이 난리를 일으키자, 일본 참모부는 대량의 첩보장교를 대륙에 파견했다. 이때 블라디보스톡로 파견된 첩보장교가 소좌 하나다인데, 러일전쟁 때 마적단을 조종함으로써 크게 이름을 떨친 사람이다. 이 자는 마적 사회에서 마적명 '화따이젠(花大人)'으로 불려지고 있었다.

이 자는 중국인 마적 저옥박, 왕비경, 현양사 계열의 낭인 히구치·후지이와, 청일전쟁 이래 만주인 마적단 속에 침투해 있던 일인 마적들을 끌어 모아서 만주의군을 조직하고 러시아의 배후 교란작전을 벌인다. 몽고인 마적 두목 파브찹프는 하시구치 중좌 휘하에서 일인 와카바야시 등과 함께 나가누마 정신대의 선봉으로 후방 철도 파괴 등 게릴라전을 수행한다.

이토 대위가 지휘하는 특별행동반은 5백~1천 명의 중국인 마적단을 지휘하면서 동청 철도를 제압하기 위해서 치치하얼과 하이라얼의 철교 폭파를 기도한다. 이들 어용 모략 마적의 총두목처럼 활동한 사람이 가고시마 출신인 헨미의 아들이다. 이 자의 막하에는 독립투사 박해로 악명을 떨친 천락天樂과 그 두목 이토, 일본인 모략 마적의 거두 천귀天鬼 등 다수가 행동부대로 참가하였다.

이 부류 일제의 모략 마적 속에는 심지어 여자들도 참가하였다. 그중 대표적인 한 사람이 '시베리아 오키쿠'인데, 본명은 야마모토 기쿠코 또는 데가미 기쿠라고도 전해진다. 큐슈 아마쿠사섬 출신인 이 여자는 청일전쟁 무렵 요릿집에 팔려서 서울로 왔다. 인천·원산에서도 작부 노릇을 했다는 이 여자는 얼마 후 해삼위로 가는 기선의 석탄 창고 속에 숨어서 시베리아로 밀항하였다.

이때부터 그녀는 시베리아, 북만주와 중국에서 정착할 줄 모르는 생활을 이어나갔다. 니콜라이에프스크, 하바로프스크 블라고베시첸스크를 전전한 그녀는 우스리 철도 공사장에서 인부를 상대로 몸을 팔았고, 광산에서 술집을 경영하였다.

보드카를 마시고 아편을 피우던 그녀는 중국으로 가서 산동성 일대를 방랑하면서 웅담과 팔보단으로 마약 행상을 하였다. 다시 시베리아로 옮겨 가서는 제야 상류의 사금광에서 유형수인 광부를 상대로 술과 몸을 팔았고, 해삼위에서 음식점을 경영하였다.

시베리아 출병(1918. 8~1922. 10) 무렵에 그녀는 일본 출병군 상대 위안부 노릇을 하였다. 이 무렵 블라고베시첸스크에 오론궁이라는 카페가 있었는데, 경영자는 손화정이라는 중국인이다. 이 자는 본업이 마적으로, 동만주와 간도 일대를 주름잡던 고산이라는 대두목이었다. 그가 일군 경비대에 밀고되어 처형되기 직전에 시베리아 오키쿠가 구명을 주선했기 때문에, 고산은 그녀를 부두목 겸 정부로 대우하게 되었다.

이 무렵의 소위 시베리아 출병은 소비에트 혁명에 대한 일제의 간섭 전쟁이었다. 1917년 12월, 로마노프 왕조를 쓰러뜨린 과격파 정부는 대독 전열에서 이탈하여 독일과 단독 강화조약을 맺었다. 러시아군과 함께 대독항전 중이던 체코군 30만 명은 동부 시베리아 경유로 연합군에 합류하려 했으나, 과격파군의 방해로 행동이 여의치 않았다. 이렇게 되자 일본은 미국의 권고를 받아들여서, 체코군 원조를 구실로 시베리아 출병을 단행하였던 것이다.

이때 일군 수뇌부가 구상한 시베리아 정책은 다음의 세 가지였다.

(1) 시베리아의 전면적 군사 점령에 의한 지배권 확립.

(2) 북만주 부분 출병에 의한 동 철도 및 북 만주의 지배권 장악.

(3) 동부 시베리아에 반혁명 백로정권을 수립, 괴뢰·완충국화 함으로써 동부 시베리아에 대한 간접적 지배권 장악.

이러한 시베리아 정책을 위해서 일본군은 쎄미요노프의 백로군白露軍을 원조하면서 소비에트군을 상대로 간섭 전쟁을 수행했던 것이다.

이 무렵 일군 사령부가 가졌던 대륙 군사 지도는 도대체가 엉터리였다. 측량반이 마을 이름을 물으면, 일어를 모르는 중국인들은 흔히 '뿌퉁도(不懂得)'라고 대답한다. 묻는 말을 못 알아듣겠다는 뜻이다. 그런데 측량반은 마을 이름을 대답하는 줄 알고 '뿌퉁도촌(不懂得村)'이라 기입하니까, 도처 사방이 몽땅 '뿌퉁도촌'들 뿐이다. 이렇게 작성된 군사 지도는 50리가 10리로 기록되었고, 험산준령이 광야로 기록되기 일쑤다. 이런 엉터리 군사 지도 앞에서 일본군은 작전 행동에 큰 지장을 받지 않을 수 없었다.

이럴 때 10여 년 구석구석을 방랑한 시베리아 오키쿠의 존재는 그야말로 구세주나 다름없었다. 그녀는 고산 마적단의 졸개들을 이끌고 지리 안내, 정탐, 후방교란으로 일군의 작전을 돕는다. 러시아군 장성과 연애하면서 비밀지도를 훔쳐내고 적로군 빨치산을 유인해 사지에 몰아넣었다. 고산 · 점산 · 만천비 · 보자 · 상승 · 입산 등이 이 무렵 시베리아 오키쿠와 결의를 맺고 대두목 고산에서 활약한 친일 마적들이다.

이리하여 그녀는 시베리아와 동만주 일대에서 '마적 아주머니' 또는 '붉은 망토의 아주머니'라는 별칭으로 크게 이름을 떨쳤다. 고산마적단의 선두에서 모젤 권총에 붉은 망토를 입고 말을 달리는 그녀의 모습은 대두목 고산 이상으로 위엄이 있어 보였다. 그녀는 훈춘 습격 사건에도 가담한 흔적이 보이나 확실한 전거는 없다.

고산이 경찰서장에 의해서 모살되자 그녀는 마적단을 떠나서 대륙을 방랑하다 1923년 니콜라이에프스크에서 병사하였다.

경무국 어용 마적

독립투사 박해로 이름을 떨친 천락天樂(본명 나카노)은 경무국장 마루야마의 조종을 받았다. 큐슈 후쿠오카현 가스가야군 출생인 천락은 소년 시절 무단 가출로 싱가포르에서 음식점 배달꾼을 했고, 만주에서는 야바위꾼 노릇도 하였다.

그는 길림성 몽강현에서 벌목업자의 고용인을 하던 약관 시절에 마적단과의 교분이 시작되었다. 그후 3년의 군대생활을 마치자 다시 조선과 만주를 방랑한다. 이 동안 그는 조선군 사령부의 밀명을 받고 만철선 일대의 지리 풍속을 정탐하였다.

러일전쟁 무렵의 모략 마적 이토의 부하이던 천락은, 시베리아 출병 무렵에 쎄미요노프의 백로군 원조를 계획한다. 이후 총독부 경무국 사무관 마루야마와 접선한 천락은 친일 마적 장강호의 참모로 침투하여 총독부 지령으로 독립투사 박해를 시작한다. 1920년 6월, 장강호와 천락의 무리는 몽강현에서 김재호·송계원·오제동·전성규 등 독립군을 체포하였다.

4개월 간 매일같이 악형을 가한 끝에 동년 음력 8월 9일 유하현 삼원보의 한족 회원 7명을 합친 11명을 압록강 연안 육도구의 삼림 속에서 학살해 버렸다.

이 해 9월 12일, 동만東滿 마적의 대두목 담동해 막하의 왕사해王四海·만순萬順이 3백 명의 마적단을 이끌고 훈춘 시가를 습격하였다. 훈춘 주둔 제1헌병대를 박살낸 마적단은 현縣 금고에서 현금 약 12만 원을 탈취한 후, 인질 60여 명과 약탈품 마차 4대 상당을 끌고 훈춘 북방 차대인구車大人溝 쪽으로 철수하였다. 즉 제1차 훈춘 피습사건인 것이다.

약 2주일 후인 9월 하순, 담동해 막하인 고산·만송·승영·만천룡·쌍양·점동 등의 두목들이 모여 제2차 훈춘습격을 의논하였다. 왕사해 등이 미처 털지 못한 서문 밖 일본인 거류지를 노린 이번 거사, 마적단은 서상렬徐相烈 휘하의 독립단 수십 명과 연합전선을 펴기로 하였다.

적로인赤露人 수 명까지 합세한 4백여 명 연합부대는 10월 2일 새벽 훈춘 시가로 들이닥쳤다. 야포野砲까지 동원한 이들이 영사관을 포위하고 쏘아대는 바람에 서장이 총에 맞아 즉사하였다. 마적단은 수류탄을 투척하면서 공격을 퍼부어 영사관 건물과 숙사를 깡그리 불태워 버렸다. 그리고는 시중으로 흩어져서 약탈·방화·노략질·분탕질…. 경원수비대의 병력이 도착한 것은 이들이 노흑산 쪽으로 철수한 지 1시간 남짓이 지난 10월 2일 오전 9시쯤이다. 이 제2차 훈춘습격 사건에서 영사관 건물을 포함한 소실 가옥 16동, 관리 3명 사망을 합쳐 사상자 31명이 발생하였다.

그런데 제3차 습격설이 나돌았다. 일도구·두도구 방면의 독립단과 연하반 3백 명의 마적대가 호시탐탐 훈춘을 노린다는 것이었다. 대황구에는 최계천·최독승의 독립단 3백여 명이 마적단 150명과 연합하여 일군 상대로 일전을 공언한다. 차대인구 북쪽 산채에 집결했다는 8백 명 마적단, 또 사도구 방면에 출몰한다는 3백 명 독립단…. 국자가·용정촌에까지 이들의 야습설이 전해지자 주민들은 다투어 피난봇짐을 싸곤 하였다.

그 무렵, 봉오동전투(1920. 6)의 참패를 보복하기 위해서 기회를 노리던 일군에게 훈춘사태는 출병의 좋은 구실이 되었다. 나남의 제19사단 휘하인 이소바야시(磯林直明) 지대, 기무라 지대·아즈마 지대 등을 주력으로 한 제1차 간도 출병군에는 관동군·시베리아 출병군 일부와 본국에서 파견된 항공 제1대대의 군용기가 가담한다. 10월 6·7일에 걸쳐서 동원령을 받은 이들 출병군은 간도에서 마적은 잡지 않고 엉뚱하게 '제1차 불령선인 토벌작전'을 벌였다. 훈춘을 비롯한 서북간도와 기타 만주 각처에서 닥치는 대로 이민부락을 습격 도륙한 간도 사건, 또는 훈춘학살사건이라고도 하는 것을 벌였는데, 이 사건으로 공식 집계 7천 명, 실제로는 1만여명 이상의 동포가 일군에 의해서 살해되었다.

이 무대에서, 경무국장 마루야마의 어용 마적인 천락의 활약은 특히 눈이 부셨다. 그는 일 군경의 요구에 의해서 일 군경의 손이 미치지 않는 오지의 산곡·밀림지대를 누비며 무자비한 체포·학살극을 벌인다. 그가남긴 글『천락각서天樂覺書』에서 당시의 학살 광경을 옮겨 보자.

1920년 10월 하순 우리(천락 지휘의 장강호 마적단)는 안도현으로 향하였다. 대개 불령선인의 광복단은 봉천성 안도현 유두산에 있는데, 40여 호의 조선과 3호의 중국인으로 된 부락으로, 일본인은 일보도 발을 들여 놓을 수 없는 항일부락이었다. 이 부락은 전부가 광복단원으로서 여러 가지 계획이 모두 여기서 모의되었다.

그래서 먼저 우리 부대(천락의 마적)는 그 부락을 습격하여 40여 호의 가옥을 불 지르고 광복단 연병교관 및 제2대장, 외교부장, 동 부원 3명, 아울러 구장 부구장 광복단 병졸 등 10여 명을 독가스를 사용해서 살육하였다. 우리 부대는 직동을 공격하였다. 직동(24도구라고도 함)에 있는 조선인 부락은 12호 중에 중국인은 1호도 없이 모두 불령선인뿐인데 총독부가 손을 댈 수 없는 곳으로 자못 중대시 한다.

여기서 우리 부대는 일본 관헌의 간청에 따라 곧 습격하여 이것을 불살라 버리고 불령선인을 살육하였다. 17세 이상의 남자는 전부 죽이고 기타 노유는 압록강 안 조선 땅으로 보냈다. 그리고 21도구 - 장백현 - 강안의 불령선인 부락에는 정몽학교가 있는데, 그 학교는 항상 반일사상을 고취하므로, 이것을 때려부술 필요가 있다고 일본 관헌이 나에게 상담해 왔으므로, 동월 하순 이를 습격하여 민가와 학교를 모두 불살라 버리고 불령선인 27명은 독가스를 써서 살육하였다.

총독부의 마적단 이용은 심지어 우치다 같은 침략주의자에게서조차 비난의 대상이 되고 있었다. 일진회를 배후 조종하면서 합방청원서까지 제출하게 하였던 우치다는 1921년 2월 20일 궁내대신 마키노에게 사신을 보내 총독부의 마적단 이용을 비난하였다.

… 국경 방면에서는 마적에게 거액의 돈을 주어 만주에 사는 조선인의 우두머리를 죽이게 하는 등, 상식을 벗어난 공격은 결코 통치의 도리를 밟는 것이라고 말할 수밖에 없습니다. 지금 마적 사용 사실을 지나(支那: 중국) 정부가 알게 돼서 분개하고 있는 터이므로…

1922년 2월, 제45의회에서는 중의원의 아라카와 의원이 이 문제를 들어서 다음과 같이 총독과 수상을 공격하고 있었다.

… 기타, 마적을 사용하여 만주의 조선인을 살육하였고, 그리하여 이것이 문제가 되어 장작림에게 그 마적을 인도하게 되었는데, 인도인의 면전에서 이를 참斬하였다 하는 등, 종종의 비참한 사실이 심히 많습니다. 지금 여기서 이들 사실을 들어 책한다 하여도 이를 개攺함에 이르지 못할지나, 이 대사大事인 조선 통치의 일은 정부 다카하시 내각의 전 책임이라 하는 사실을 이에 단언합니다.

어뢰면의 강간 순사

　사이토 시절에 관권은 어용 체제의 확립을 위해서 무제한으로 남용되고 있었다. 평남 출신인 선우순은 평남지사 시노다의 후원으로 친일 대동동지회를 만들고 내선일체 · 공존공영을 외친 직업적 친일분자이다. 이 '내선일체'라는 어휘는 조선에서 이 자가 최초로 사용했던 것이라고 한다.

　1922년 1월, 이 자는 독립단 안주 지단장 홍이도 외 다수의 가석방 등을 미끼로 금전을 사취하고, 사기죄로 피소된 적이 있었다. 이때 평남지사 시노다는 총독 사이토의 양해를 얻어 담당 조선인 검사를 일인으로 바꿔치기 하고 선우순을 불기소 처분하였다. 고소인 홍성하(홍이도의 아들)가 불복 항소하자 그들은 오히려 무고죄로 몰면서, 불순분자의 책동이요, 사실무근이라고 혐의 사실을 얼버무렸다.

　고위층의 이러한 관권 남용은 발뒤축인 말단 순사 층에까지도 골고루 흐르고 있었다. 소백산 줄기를 등지고 압록강과 독로강을 따라 펼쳐진 평북 강계군은 배산임수의 승지라 미인이 많이 난다고 알려진, 국경 가까운 평화스러운 고을이다.

이곳 어뢰면 천성동 마성참에서 산골 밭을 매던 이기영의 처와 이기주의 처 두 여자가 풀밭 속으로 끌려가서 순사에게 벌거벗겨진 채 취조를 받았다. 단오가 며칠 안 남은 1924년 음력 5월 2일, 양력으로 6월 3일 정오 무렵에 일어난 사건이었다.

이로부터 어뢰면 주재소의 순사들은 독립군을 조사한다는 명목으로 장장 2개월 동안이나 면내의 각 부락을 돌아다니면서 능욕·강간 행각을 벌였다. 7월 12일 밤, 천성동 사동참에서는 순사 두 명이 송정헌의 집에 나타나서 한 명은 송씨를 취조하고, 또 한 순사는 자부 김씨를 무밭 속으로 끌고 들어가서 나체 취조를 하였다. 이튿날인 7월 13일, 천성동 최성운의 집에 순사 4명이 나타나서 최씨는 안방, 그의 처는 부엌, 손자는 창고에 넣고 분리 심문하였다. 이때 최성운의 손부孫婦는 집 앞 물레방앗간으로 끌려가서 권총으로 위협을 당해 가면서 장시간 나체 취조를 받았다. 7월 15일 정오 무렵에는 종인동 주민 최명준과 이명준의 딸인 처녀 두 명이 순사 두 명에 의해 종일 풀밭 속으로 끌려 다니면서 곤욕을 치렀다. 그 1주일 후인 7월 21일 정오, 마성참 유석운의 집에 순사 세 명이 나타나서 두 명은 유씨 처를 취조하고, 한 명은 며느리 김춘계를 밭으로 끌고 가서 권총으로 위협하며 수욕을 채운 후, 동거생활까지 요구하였다.

이런 피해자가 2개월 간 어뢰면 내 3개 동 7~8개 촌락에 걸쳐서 드러난 숫자만 30명이다. 불경이부不更二夫를 신조로 하는 조선의 부녀들은 이럴 때 능욕당한 사실을 좀처럼 실토하지 않는다. 이들은 풀밭 속에서 장시간 나체 취조를 받았다고만 할 뿐 강간 사실에는 입을 다물었으나 개중에는 분에 못 이겨 사실을 실토하는 피해자도 있었다. 처가 강간당한 전의석이 검사 분국에 고소하자 경찰은 약간의 위자료와 협박으로써 소를 취하하게 하였다. 권총을 입에 물린 채 능욕을 당한 김용필의 처는 경찰이 고소했다고 구타 폭행한 사실을 다시 고소한 후 후환이 두려워 강계읍 내로 피신하였다.

이리하여 1922년 2월, 제45의회에서, 아라카와 의원은 무려 47건의 경찰 불법 사례를 들어 질문 공세를 폈다. 그 47건을 유형별로 요약하면,

(1) 고문·고문치사상 21건: 1920년 9월 평북 철산서鐵山署가 16세 조희준 소년을 만세를 불렀다고 고문한 사건 등

(2) 불법 총살 7건: 1920년 7월 평북 영변서寧邊署가 양민 강진형을 혐의 사실 없이 체포 심문 총살한 사례 등

(3) 모해·원죄 8건: 1921년 7월 전주서全州署가 학우회 순회강연반을 무고히 치안 방해로 몰아 구속한 사례 등

(4) 폭행·폭행치상 5건: 1921년 6월 평남 대동서장이 그의 딸과 장난하며 놀다 싸웠다는 죄목으로 차용술의 딸(7세)을 난타 창상創傷시킨 사례 등

(5) 피의자 능욕 4건: 1920년 4월 평남 대동서大東署가 부인청년단원인 윤석원의 며느리를 체포·감금·능욕한 사례 등

(6) 범죄 비호 2건: 1921년 6월 평남 순천서順川署가 마약 밀매자 일인 나카무라를 비호하여 체포하지 않은 사례 등

동 제45 의회에서 산도 의원이 또한 사이토의 사이비 문화정치를 공격하였다. 그 중 질의『경찰의 군대화』부분을 요약하면, 다음과 같다.

산도 의원은 사이토가 문화정치를 표방하면서 실제로는 경찰의 군대화

로 조선 민중에 대하여 미증유의 대탄압을 가하고 있다고 비난하였다. "금일 총독의 지휘에 속하는 경찰은 약 2만"이며, 그 밖에 2개 사단 2만의 병력과 증원된 6~8개 대대 및 헌병으로, 조선의 경찰력은 헌병 경찰시대에 비해서 약 3배로 증강되었다.

이들 경찰이 보유하는 총기는 1만 8천 6백 4정으로 헌병 경찰시대의 3배이며, 연간 140만 5천 5백 34발이라는 엄청난 탄환을 소비한다고 하였다.

이리하여 산도의원은 심지어 경찰서에도 기관총이 비치되어 있는 현실을 지적하면서, "문화정치를 행한다면서 경찰관에게 기관총을 소지하게 하는 나라가 세계의 어디에 또 있느냐"고 공박하였다.

물구나무 서기의 치안

이러한 비문화정치를 하면서, 사이토 시절 관리들의 밤 생활은 화려하였다. 내무국장 1개월을 거쳐서 경무국장(1919. 9~1922. 6)으로 3년을 재임한 아카치. 이 자는 요정 출입을 할 때마다 항상 진솔버선으로 폼을 잡고 다녔다. 그러니까 그의 똑 떨어진 옷맵시부터가 게이샤들의 관심의 대상일밖에.

"멋쟁이셔?"

어쩌구 수군거리다 정이 담뿍 실린 실눈으로 살짝 건너다 보면서 한숨까지 쉬는 게이샤가 있었다. '시로다비 상'이라는 것이 게이샤들이 붙여준 아카치의 별명인데, '새하얀 진솔 버선만 신는 사람'이라는 뜻이다. 이런 별명이 붙을 정도로 아카치의 옷차림은 게이샤들 사이에서 화제였다.

이에 비해서 아카치의 후임 경무국장(1922. 6~1923. 9)인 마루야마는 놀이가 거칠었다. 술이 취하면 이 자는 거꾸로 물구나무서기를 하겠다면서 성화를 부렸다. 하기야 바로 서서 치안 확보를 못하겠으니 거꾸로 서서 마적단이나 매수 이용할밖에. 그런데 이 자의 물구나무서기란 것이 마적 괴수 장강호를 매수하던 솜씨만큼이나 일품이었다.

취했으니까 바로 서도 비틀댈 판인데, 이 자는 거꾸로 서서 콧방아 한 번 찧는 법 없이 용하게도 아랫방 윗방을 헤집고 다녔다. 게이샤들이 박수갈채를 하면 이 자는 거꾸로 선 채 히쭉하면서 천상천하 유아독존을 뽐내었다.

이 자들의 두목인 사이토는 별명이 '고젠사마'이다. 높은 자리에 대한 경칭으로 고젠사마(御前樣: 나리님)라는 말을 쓰는데, 한 자를 바꿔서 같은 음으로 부른 것이다. 주량이 엄청난 사이토는 요정에서 버티고 앉았다 하면 오전 2~4시까지도 자리를 뜨지 않았다. 밤새도록 마셔대는 그 엄청난 주량 때문에 고젠사마(御前樣)가 고젠사마(午前樣)로 둔갑했던 것이다.

그러니까 부하들은 같은 연석에서 게이샤 상대로 희롱질이 좀 멋쩍었다. 점잖은 체 좀 일찍 자리를 떠서 자유롭게 놀게끔 해 주면 좋겠는데, 당자가 그런 기색조차도 안보이니 은근히 조바심이 난다. 참다못해서 측근이 은연 중 권할라치면 사이토는 노골적으로 불쾌한 기색까지 나타내면서 한층 더 술잔을 자주 비웠다.

이래서 창안, 발명된 것이 사이토 시절 요정에서의 그 유명한 군무群舞다. 어지간히 거나해져서 총독이 일어나 주기를 바랄 때쯤이면 어느 부하가 일어서서 앞소리를 먹인다. 좌중은 사이토를 복판에 가둬 포위한 채 빙글빙글 군무를 추고 돌아간다. 그 군무의 행렬은 조금씩 이동해서 문지방을 넘고, 층계 쪽으로 밀려간다. 이렇게 되면 사이토가 비로소 곡절을 알아차린다.

"나더러 자리를 비켜 달라는 춤이로군?"

사이토가 자리를 뜨면 주안상이 다시 차려진다. 국장도, 게이샤들도, 이젠 눈치 볼 사람이 없으니 부어라 먹자로 무호동중이작호無虎洞中狸作虎

를 연출하였다.

이 시절 총독부의 연회는 화월보다 지토세(千歲)에서 자주 열리곤 하였다. 현 남창동 부근이었던 이 요정은 이토 시절의 나카이 오치요가 통감부 이래의 화류계 경기로 요정주가 되면서 차린 것이다.

이토의 가벼운 정부이기도 했던 이 여자는 정무총감 미즈노의 아내를 구워삶아서 화월을 젖혀둔 채 총독부의 거의 전용 요정이 되었다. 이 여자는 '물구나무서기 치안'의 명수 마루야마의 아내와도 잘 통하고 지냈다.

이 자들, 사이토 초기의 총독부 패들이 관동대진재 때 조선인 학살의 주범이 되었다. 1922년 6월, 제1함대 사령관 → 해상을 거친 가토가 수상이 되자 미즈노는 내무대신으로 발탁되어 조선을 떠났다. 이듬해 1923년 8월 24일, 수상 가토의 사망으로 해군의 실력자 야마모토가 8월 28일 후계 수상에 지명된다. 관동대진재가 나던 9월 1일에는 이 제2차 야마모토 내각(1923. 9. 2~1924. 1. 7)이 아직 조직이 되어 있지 않았기 때문에, 외상 우치다를 임시 수반으로 하는 전 내각이 사무 인계 완료까지의 정권 공백을 담당하였다.

미즈노는 이 임시 내각의 내무대신이었고, 총독부 경무국장 출신인 아카치가 가토 내각 이래의 경시총감이었다. 이들 치안 책임자는 진재震災 직후의 혼란이 반정부 폭동으로 발전할 것을 염려하여 조선인 폭동설을 의도적으로 조작 유포시켰다. 조선인이 우물에 독을 넣고, 방화·폭동을 일으킨다고 조작된 유언비어는 대정부 불만을 조선인 증오로 전환시키는 효과가 있을 뿐만 아니라 전시·내란이 아닌 진재에서 계엄령 발포의 합리적 근거로도 이용되었다.

이리하여 미즈노 등의 유언에 현혹된 일인들이 도처에서 조선인 학살의 만행을 벌였다. 집계 최고 6천 4백 15명의 조선인 학살을 통해서, 미즈노 · 아카치의 치안 책임자는 반정부 폭동의 위기를 미연에 방지할 수 있었던 것이다.

마적단을 매수함으로써 독립투사를 살해하게 한 마루야마의 '물구나무서기 치안', 그것은 단지 마루야마만의 장기일 뿐 아니라 미즈노의 아카치의 장기이기도 했던 것이다.

재무국장의 정부

사이토의 7년 7개월(1919. 8~1927. 3)은 1929년 세계적 대공황과 이것을 극복하기 위한 하마구치의 이른바 긴축 내각(1929. 7~1931. 4)으로 넘어가는 과도기였다. 불경기의 징조가 도처에서 나타나기 시작했지만, 이토 → 하세가와 시절의 화류계 전성기의 여파는 여전했다.

다만 하나, 이때쯤 되면 총독부 패들도 독신으로 건너오는 자가 거의 없었는데, 그래서 오입하기가 좀 불편해졌다고 할까? 식민지의 이권도 이때쯤이면 꽤 다각도로 개발되어서, 못 쓰고 못 마시고 못 떠드는 축이야말로 능력 없는 관리로 취급하려드는 풍조마저도 없지 않았다.

그러니까 여간한 비행쯤 저질렀다 해도 세상은 으레 그러려니로 넘어가 버렸다. 조선은행 이사 오타가 방석 2장을 쌀 60가마 값 1천 원에 맞추면서 낭비를 해도 세상은 비난을 하지 않았다. 은행 영업국장 요시다가 추잡한 거래며 뒷교섭 끝에 자살을 해도 그저 그만하게 탈 없이 넘어가 버리고 말았다.

당시 동아일보 사설이 폭로한 관변의 독직 사례만도 "서무부 요임要任에 있는 모某가 전남 부호 김모에게 군수 채용을 예약하고 3만 원", "개성부호 김모를 양행洋行할 때 동반하여 여비 2만 원", " 진주 부호 김모(김기태)에게 참의 운동비로 6만 원"등등이다. 이러한 내막을 폭로한 1924년 7월 28일자 사설 『회뢰賄賂의 사행肆行』은 경무국에 의해서 물론 압수되었다.

이런 분위기 속에서 총독부의 고관 및 졸개인 아부파들은 재래종과 신래종으로 갈려서 파쟁·내분을 하면서 놀아났다. 즉 이토 시절에 관료들이 기우치 패, 오카 패로 갈려서 파쟁하던 유풍인 것이다.

사이토와 함께 부임한 미즈노·아카치·마루야마 기타 신래종들이 총독부의 요직을 독점하자, 이토 이래의 재래종 관리 등은 그자들의 세도가 아니꼬웠다. 이리하여 사이토의 7년 7개월은 총독부에서 관리들의 세력다툼이 과거의 어느 때보다도 극심한 기간이기도 했던 것이다.

사이토 부임 초기에는 신래종인 미즈노가 정무총감이라, 재래종들의 코가 납작했다. 1922년 6월 13일, 미즈노가 가토 내각의 내무대신으로 갈려 가자, 재래종 대표인 아리요시(통감부 말기의 총무장관)가 정무총감을 계승하면서 신래종 잔류파의 기가 죽었다. 이런 분위기는 재래종인 시모오카가 정무총감을 계승하면서 또는 신래종인 마루야마가 경무국을 호령하고, 혹은 또 신래종인 오스카가 내무국장으로 앉으면서, 그때그때 국·과마다에서 세력의 판도가 확연히 변하곤 하였다. 득세한 축들은 득세 못한 측들을 은근히 깔보면서 밤의 세계에서도 내로라고 뽐냈다.

아내와도 단짝인 나카이 출신 오치요라는 마담이 사랑스러워서 미즈노는 지토세의 단골이 되었다. 여기서 마루야마는 장기인 물구나무서기를 하면서 마적단 매수와 음모의 술자리를 벌인다. 재무국장 와다는 제딸보다 어린 계집으로 첩을 삼았고, 내무국장 오스카는 남산장의 기요지에게 미쳐서 죽네사네이다.

그 옛날 고마쓰·다와라와 함께 화월의 후쿠야코를 상대로 갈라먹기 주식회사를 차렸던 데라우치 시절의 고우치야마 서기관. 사이토 시절에 이 자는 재무국장으로 출세했는데, 재무국장이 아니라 재무財無국장으로 영달할 만큼 게이샤의 꽁무니를 밝히고 다녔다.

이런 축들은 흥이 나면 더러 색향인 평양으로 원정 유흥을 가곤 하였다. 이곳의 요정 '오신노자야'는 인천의 야자카, 시모노세키의 춘범루와 함께 전 조선 전 일본에서 염명을 떨치던 곳이다.

이런 조건이 아니더라도 평양은 명승·명기의 고장이요, 쇠고기 맛이 좋기로 소문이 난 고을이다. 당시 조선에 와 있던 일인들은 본국의 친지에게 초청 편지를 낼 때면 으레 "기막히게 좋은 평양 쇠갈비를 먹으러 오라"고 했다고 한다.

해마다 강이 풀리면 이곳 대동강에서는 부벽루 아래 능라도 버들 숲으로 기생을 실은 놀잇배들이 장관을 이룬다. 풍악소리 수면에 어지러운데 저만치 이웃한 놀잇배에서 심가 한 가락을 나직이 흘리고 있는 한 미인. 그 순간 평남지사 요네다는 전신이 짜릿해서 미처 정신을 차릴 수 없었다. 지사 체면도 잊어버린 채 부랑자처럼 이웃 남의 놀잇배의 미녀를 침략하겠다고 팔을 내뻗는 순간, 풍덩! 몸의 중심을 잃으면서 발이 뱃전에서 미끄러졌다. 물 속으로 곤두박질 친 요네다 지사의 한쪽 가슴에 물에 젖은 뭉클한 것이 필사적으로 매달렸다.

이리하여 억지 논개가 될 뻔하다 만 이웃, 남의 놀잇배의 기생이 김옥엽이다. 20년대 초반의 평양 명기이던 이 여자는 소설가 김동인의 애인으로 문단 이면사에도 등장하는 이름이다.

경무국장 마루야마토 요네다 식으로 침략 근성을 발휘한 적이 있었다. 국경 시찰을 가다 들른 평양 장춘관에서 마루야마는 술이 얼큰해지자 느닷없이 이웃방 남의 술자리를 침략하였다. 주인처럼 비집고 들어가 앉아서 맥주를 달라고 생떼를 쓰니 배척운동이 일어날 수밖에. 떠들썩한 소리가 하도 요란해서 마루야마의 패들이 와서 보니, 이웃방의 놀이 패들은 막 뭇매질도 불사할 기세이었다.

그런데 좌석을 침략당한 이웃방 유흥객은 재판소 패들이었다. 양쪽의 얼굴을 알아보는 사람이 있어서 쌍방을 달래고, 또 경무국장이라는 간판이 힘을 발휘해서, 이 침략 항쟁의 일막극은 화해 술 한 상으로 수습이 되고 말았다.

남산장의 기요치

　남산은 소위 서사헌정西四軒町이라던 현 장충동 계곡에 있었다. 경성부회 의원이던 아카오기가 1918년에 개설했는데, 정원이 호화 수려하였다. 이 요정의 건물은 경복궁의 비현각조顯閣 건물, 즉 왕세자의 저택이었다. 1916년 6월 25일 총독부청사를 기공하면서, 일제는 헐어낸 경복궁의 융무당隆武堂 · 융문당隆文堂을 용산의 일본 절 용광사로, 비현각은 요릿집 남산장으로, 수정전修政殿 남쪽의 한 전각은 남산동 화월별장으로 아무렇게나 불하해 버렸다.

　이곳 남산장에 기요지라는 새로 온 게이샤가 있었다. 본바닥 도쿄의 물이 배어서 세련된 몸매가 흠 잡을 곳 없는 데에다, 춤 솜씨가 아주 일품인 여자이었다. 그뿐 아니라 오뚝한 콧날하며, 미인의 대명사로 일인들이 사족을 못 쓰던 이 여자의 소위 '우리자네 가오(계란형 얼굴)'였다. 몸이 달아서 어느 어물 도가 주인이 도쿄 신바시 기생인 이 여자의 구실을 떼고 살림을 앉혔다.

　하지만 부잣집 첩살림은 게이샤보다 따분한 것, 진종일 먼산 바라기에 진력이 난 여자는 무단 가출 끝에 숫제 신바시도 그만두고 서울까지, 멀찌감치 줄행랑을 놓고 말았던 것이다.

여기서 기요지는 내무국장 오스카와의 인연의 막을 열었다. 오다가다 단골 삼아 접촉한 이 여자의 교태 앞에서 내무국장도 별 수가 없었던 것이다. 관청이 파하기 무섭게 기요지의 곁으로 가서 신선놀음에 도끼자루 썩는 줄을 몰랐다.

풀벌레 우는 장충단 기슭, 옛날에는 적어도 왕세자의 저택이었던 요릿집 남산장 건물. 미끈한 자동차 한 대가 정원을 뚫고 들어서면 차림새 좋은 고관 하나가 왕세자(?) 만큼이나 게이샤들의 환대를 받으면서 별방으로 들어간다. 또한 팔각정이 바라보이는 계곡, 녹음이 짙어서 두 사람의 희롱은 은밀하건만 이따금 산책꾼의 눈에 띄어서 심심찮게 입에 오르내렸다. 그런데도 오스카는 영 물불을 가릴 줄 몰랐다. 남산장 출근에 지장이 있는 날이면 한밤중에라도 관용차를 보내서 기요지를 관사로 모셔 들이는 열성이었다.

이러구러 몇 해가 지난 1925년 6월, 본국으로 전근이 되면서 오스카는 기요지의 늪에서 헤어나지 않으래야 않을 수가 없었다. 조선에서는 소위 식민지 기강이라 멋대로 자유롭게 놀아났지만, 첩을 거느린 채 본국 더구나 황실 비서관장으로의 부임은 말이 안 된다.

이리하여 오스카는 끊을래야 못 끊을 미련을 엄청난 위자료로 대신한 채 조선을 떠났다. 그후 오래지 않아서 오스카는 신장병으로 사망하면서도 두고두고 행복하라는 유언을 굳이 기요지에게로 적어보냈다.

이런 위자료 · 화대 덕분에 돈푼이나 착실히 모았다던 기요지. 한 동안 종적이 묘연하더니 어느 프로덕션에서 그 요염한 모습을 볼 수 있었다. 그리고 얼마가 지나자 신바시 홍등가에서 기요지의 춤이 명물이었다. 그후의 소식이 없는 것을 보면, 이 여자도 식민지 경기의 탁류 속에서 부침한 한 가닥 부평초이다. 오스카의 정부 노릇 이상의 영화가 이 여자의 생애에는 없었으니까.

이 여자에게 열을 올리던 시절의 어느 날, 엉망으로 취해서 돌아온 오스카가 한밤중 목욕실로 직행하였다. 비누 수건을 대령하려 들어서다가 하녀는 곤두박질을 치면서 뛰쳐나왔다.

이튿날부터 하녀는 그만두지 못해서 안달복달이다. 옷을 입은 채 목욕탕 물 속에 들어 앉아 있는 꼴을 보았는지라, 하녀는 오스카를 발광한 사람으로만 여겼던 것이다.

신화월의 마담과 괴담

오스카의 후임은 총독 임시대리 우가키(1927. 4~1927. 10)를 거쳐서 제4대 야마나시(1927. 12~1929. 8) 말엽까지 자리를 지킨 이쿠다이다. 이 사람은 신화월新花月의 경영주 다로와 실속 없는 소문만 뿌렸다.

데라우치 → 야마나시의 4대 20년 동안 조선에서 게이샤로 늙은 다로는 진고개 일대에서 제법 명기 축에 꼽히고 있었다. 이지적인 용모에 시를 지을 정도로 식자가 있었고, 손님 접대가 능란하였다. 행실이 곧다고 알려진 이 여자는 내무국장 이쿠다와 가까운 사이이면서도 한낱 소문뿐으로 이렇다 할 뒷얘기가 없었다.

하세가와 시절에도 경기도 헌병대장을 한 시오자와 대좌와 가까웠다는데, 역시 마찬가지였다. 신세를 졌기 때문에 가정적으로 출입했을 뿐, 색정의 관계는 아니라고 하였다. 이들 두어 사람 외에는 이렇다 할 소문의 상대 하나 입에 오르내린 적이 없었다.

명기로 꼽히던 여자의 행실이 이쯤 됐으니 유흥객들의 생각이 궁금하였다. 다로는 게이샤 20년에 남자를 받은 적이 있는가 없는가? 내기 삼아 화제가 이렇게 되면 모르겠다는 것이 동료 게이샤들의 대답이다. 숨겨둔 정부가 없었다고 누구나 믿고 있었다.

그런 다로는 게이샤 20년에 과연 남자를 모르고 살았는가? 1899년에 상륙한 후카미 양조장이 인천에서 명주 성학誠鶴을 생산하면서 이 땅은 양조업 또한 일인들의 독점 상태가 되고 있었다. 한말에 경성 · 부산지점을 설치한 앵정종櫻正宗 본포 산유주조山邑酒造는 1920년 무렵 자본금 5백만 원대의 주식 조직으로 변한다.

기린맥주 경성지점이 1907년에 설치되었고, 1919년 창립한 조일양조는 청주 금강학金剛鶴과 소주 금강표金剛票를 멀리 만주에까지 판매하고 있었다. 이들 양조업계에서 세도깨나 부린 사람이 삿포로(札幌) 맥주 경성지점장인 요시다이다. 이 사람은 여색에 동하지 않음을 자랑으로 삼던 사람이었다.

화류계에서도 이름깨나 팔렸던 이 사람이 다로와 가까운 사이가 되었다. 다로도 싫어하는 기색이 없으니까 살림이라도 차리지 않을까 뭇 사람이 주목했던 것인데,

"우리 인천으로 한번 놀러 갈까?"

"그러세요. 바닷바람이 제법 시원할걸요?"

여자의 승낙이 아주 시원스러웠다. 이리하여 두 사람은 노들강변을 지나 부평의 만경평야를 뒤로 하였다.

1883년에 개항한 이래 인천은 침략 세력이 들어오던 관문으로 거대한 무역항이 되어 있었다. 해관海關사무는 개항과 거의 함께 시작되었고, 1921년에는 2중 갑문의 도크 시설이 완공되었다.

1899년 설립된 이곳 미두취린소米豆取引所(현재의 증권거래소와 같은 곳)는 하루 평균 40만 석을 거래하면서 동양 3국의 쌀값을 쥐었다 폈다 하였다. 통감

이토가 야자카에서 호유한 이래 우로코·은수銀水 같은 일본 요정이 발달하면서 1902년에는 이곳 항도에도 시키시마유곽이 개설되었다.

동공원·서공원과 월미도를 오락가락할 동안 어느새 하루해가 가고 있었다.

"자고 갈까?"

"그러지요, 뭐. 오랜만의 인천인데…."

여자의 대답이 역시 시원스러웠다. 이리하여 두 사람은 바다가 보이는 언덕의 조일여관으로 숙소를 정했다. 다소곳이 따라 들어오는 다로를 갓 결혼한 신부 같다고 생각하면서, 요시다는 같은 방 같은 모기장 속에 베개를 가지런히 했던 것이다.

항구에서 기적소리가 무덥게 느껴지는 밤이었다. 흘러내린 홑이불 사이로 문득 보니까 다로의 팔다리가 풍염하였다. 그 순간 요시다는 전에 없이 가슴의 설렘을 느꼈다. 내 오늘 평생 여색에 동하지 않음을 자랑으로, 신조로 삼아 왔는데, 이 여자만은 특별하다. 손이 미끄럼쳐 가자 그 손을 뿌리치는 또 하나의 손이 있었다. 열기에 들떠서 혼신의 힘으로 여자를 덮치자 저항 또한 정비례로 강해져 가고 있었다.

이런 실랑이 끝에 어느새 창이 훤해져 가고 있었다. 유순하게 따라 들어오던 품과는 정반대인 다로의 태도를 보면서 요시다는 남자의 치욕에 몸을 떨었다. 정복을 못하면 남자의 체통이 꼴이 아니다. 그러나 다로는 요시다의 건곤일척의 최후 공세조차도 완강하게 거절한다. 그 순간 요시다는 전신에 귀기처럼 솟는 소름을 의식하면서 치를 떨었다. 무슨 곡절이 있어! 그렇지 않고서야 어떻게 감히 이럴 수가.

다음날 요시다는 본국으로 갈 때 친지에게 그날 밤을 실토하면서 덧붙였다. 결국 다로는 여장한 남자이거나, 아무튼 그런 식으로 육체의 어딘가에 치명적 중대한 결함을 가진 것이 아니겠느냐고. 하지만 이것 역시 동침했다는 경험자가 없으니 추측이요, 수수께끼일 뿐이다. 이런 수수께끼를 지닌 채 다로는 내무국장 이쿠다와의 소문의 상대로 신화월의 여주인이 됐던 것이다.

어느 은행가의 파멸

사이토 7년 7개월의 끝 무렵으로 들면서 쇼와 격동기의 그림자가 파멸을 예고하기 시작하였다. 일황 다이쇼의 사망을 전후하면서 소위 다이쇼 데모크라시 기(期)의 민권사상에 제동이 걸리고, 대신 침략파 장교들의 군軍 파시즘운동이 대두된다. 1930년대로 들자 이 기운은 사이토 시절의 허울뿐이던 문화정치를 대륙병참기지화 정책으로 바꿔 버린다.

세계 1차대전 이래의 호경기는 1930년대 세기적 공황의 문턱에 서서 어느새 비칠거리기 시작하였다. 이런 분위기 속에서, 사이토 7년 7개월의 끝 무렵은 파멸의 예고인 듯한 윤리의 말세적 타락으로 어지러이 장식이 되고 있었다.

이런 부류의 한 사건이 현 회현동 부근이던 일본 요정 백수에서 일어났다. 광산 갑부인 듯한 점잖은 육순의 손님이 들었는데, 불티나게 걸려오는 전화마다가 기막히게 경기가 좋았다.

"알았어. 한성은행 2만 원 입금이 끝났단 말이지? 그럼 조선은행에서 5천 원만 찾아서 상은商銀이야. 뭐? 거긴 잔고가 4만 원이나 된다구? 그럼 그 5천 원은 한일은행으로 돌리게."

게이샤들이 은연 중 생각이 달라질 무렵 한 통의 전화가 또 걸려왔다.

"국장께서 모레로 시간을 정하셨다고? 그럼 백화점에 가서 서둘러 물건을 준비시키게. 2천 원씩이나 들인 선물이니 각별히 조심해서 만들란다고 말이야."

화대깨나 두둑하겠다 싶어서 게이샤들의 서비스는 점점 농후해지고 있었다. 그런데 6시가 가까울 무렵이 되자 노인은 문득 낭패한 기색으로 말을 꺼냈다.

"아차! 깜박했는걸! 7시까지 3천 원을 보내겠다고 약속해 놓고 말야. 은행 시간이 넘어서 큰일 났는 걸?"

"어머? 그럼 어떻게 하시죠?"

"글쎄 말이야. 미안한 말이지만 거 임자들 힘으로 어떻게 좀 방법이 없을까? 그 대신 내일 아침 9시 정각에 은행돈을 찾으면 3천 3백 원으로 갚아 드리지!"

이튿날 새벽 게이샤들은 울고불고 아우성을 벌였다. 3백 원, 5백 원씩 추렴을 해서 거금 3천 원을 융통해 주었는데, 노인이 행방불명이 되고 말았던 것이다. 같이 잔 게이샤는 몸 잃고, 몸 판 돈 잃고, 친구 게이샤들의 푸념 원망 속에서 더더구나 사색이었다. 15일쯤 지나서 비슷한 행각 끝에 체포된 자는 별을 12개씩이나 단 위대한(?) 사기꾼이었다.

이 무렵, 서울의 개봉극장 희락관의 1등석에 어느 날 어린애 하나가 버려졌다. 양부모에게 위탁된 지 1년쯤 지나서 판명된 아이의 신원은, 이건 참 기가 막혔다. 사사키란 자가 혼자 사는 제 딸을 덮쳐서 낳게 한 아이였던 것이다. 그런데 이 사건도 다른 패륜 사건의 경우처럼 불기소처분이 되고 말았다. 해주 제일보통학교장 호리가 제자 강제 추행 문제로 물의를 빚었을 때도 지사 이오는 피해 학생의 진술이 진상이라 할 수 없다고 얼버무리듯이 말하였다.

이런 식의 말세적 패륜은 흔히 고위층에서도 범해지고 있었다. 조선은행 이사 오다는 불경기라는데, 쌀 60가마 값 1천 원으로 특제 방석 2장을 주문하는 사치를 즐겼다. 게이샤 지요카와 주자동에서 첩살림을 했는데, 오다가 죽자 친구인 조선은행 이사 모某가 이 여자를 다시 첩으로 삼았다. 철면피라고 비난깨나 받았지만 이 자는 그런 비난쯤 아랑곳없이 본국으로 전근을 갈 때 지요카를 함께 데리고 갔다.

이 은행의 총재는 미노베이다. 1916년 11월 이래 1928년 7월까지 재임하면서 사이토의 친일파 양성정책을 위해서 자금깨나 제공했던 사람이다. 마루야마 등의 주선으로 민원식 따위는 이 계열의 자금도 썼고, 최남선의 잡지 『동명』에도 미노베의 자금 원조가 있었다. 이렇게 해서 전개된 것이 사이토의 반독립 정치 모략인 1920년대의 참정론이요, 또 문화운동이었던 것이다.

미노베는 초대 선은 총재 이치하라처럼 여색이 취미는 아니었으나, 그렇다고 싫어하지도 않았다. 사이토 말기에 이 자는 회현동 소재 요정 지요모토의 게이샤 출신 업주를 정부로 들여 앉혔다. 그런데 이 여자는 그 좋은 금방석을 타고 앉았으면서도 미노베의 눈을 속여가면서 약삭빠르게 오입을 하고 다녔다. 때문에 사람들은 여자가 사람 아닌 총재 감투를 데리고 산다고 숙덕거렸다.

제일은행과 함께 침략 자본의 첨병으로 상륙했던 미쓰이 물산. 초대 출장소장 오다가키가 멋대로 흥청거리다 갈려 간 후 아사노 지점장 시대를 거쳐서, 이 무대는 다카노의 독판이었다. 이 자는 데라우치 이후 사이토 시절에 걸쳐서 화류계의 명물이던 남자인데, 정부인 마루코 쪽이 오히려 뜨겁다고 소문이 났다. 하지만 오른손 무명지까지 끊은 마루코의 사랑도 다카노가 본국으로 돌아가면서 거짓말이 되어 버린다.

잘려 나간 정절의 무명지에서 고목이 봉춘逢春한 마루코는 히로자와라는 인천 부자의 소실이 되었다. 히로자와가 죽자 몫으로 돌아온 유산 3만 원을 합친 총재산 7~8만 원으로 중의원 의원 혼다의 첩 자리를 샀다. 정치다 광산이다 하면서 본국에서 한창 흥청대더니 혼다에게도 털리고, 또 실패해서 무일푼으로 전락해 버린다. 이리하여 남자가 죽은 후에도 곱게 정절을 지켰다는 게이샤는 오다가키의 퇴물로 식산은행 두취 미시마에게로 정을 옮겨서 첩살림을 하던 화월의 하나야코 정도밖에 없었다.

이런 탁한 풍토 속에서 1927년 3월 제1차 와카스키 내각(1926. 1~1927.4)을 무너뜨린 금융대공황이 일어났다. 일황이 전국에 지불 유예령을 특명하고, 총독부가 무제한 환불을 보장한다 했으나, 불안한 심리들은 예금 환불에 혈안이 되다시피 하고 있었다.

조선의 군소 은행들은 사태가 난 환불 소동 때문에 금고가 바닥이 나고 말았다. 조선은행에서의 무제한 차입이 없는 한 은행은 파산해야 하는 것이다. 그런데 차입을 받자니 재료가 없었다. 담보 자료도 없이 차입을 받으려다 보니 추잡한 거래와 뒷 교섭이 성행하면서 은행가가 온통 탁류 속으로 잠겨 버렸다.

이 무렵의 조선은행 이사 겸 영업국장이 요시다이다. 은행가 부조리의 내막이 하나 둘 세상으로 새어 나가기 시작하면서부터 요시다에게는 잠 못 드는 밤이 많아졌다. 결정적으로 문제화 됐을 때 당해야 할 고통, 그 것을 상상하면 자다가도 소스라칠 지경이었다. 이리하여 요시다는 그 많은 번민의 밤을 마침내 자살로써 청산한다. 첫여름 햇살이 유리창 너머로 강렬하게 투사되는 사택에서 요시다의 시체는 처참하였다.

화월의 마루나가는 이렇게 죽은 요시다의 정부였다. 히로시마의 중류급 가정에서 여학교까지 다녔다는 마루나가 첫사랑이나 다름 없어서 요시다는 생전에 지치도록 마루나가를 사랑했다. 그러니까 비명에 자살을 하면서도 상당한 유산을 마루나가에게 상속하면서 애정 표시를 인색하지 않게 했던 것인데, 이 여자 마루나가도 탁류 속에서 부침한 한 오라기 검불이었다.

요시다의 유산만을 챙겨 받은 채 이 체면 저 체면 돌아보지 않고 난잡하게 놀아나 버렸던 것이다.

제 8 장

야마나시 :

화려한 독직의 시말서

꼬챙이 총독에 수수팥떡 총감

사이토는 1927년 10월에 제네바의 군축회의에서 귀국했는데, 그동안 6개월 남짓한 공백을 우카키가 대리총독으로 머물다 간다. 이해 12월, 사이토는 총독을 사임하고 추밀원 고문관이 됨으로써 공백기를 합친 임기 8년 4개월에 종지부를 찍었다.

후임자는 1927년 12월~1929년 8월까지 재임한 제4대 야마나시이다. 가나카와현 출신인 예비역 육군대장으로 다나카 군벌의 핵심인 말썽꾼이다. 이와 함께 오사카 시장이던 이케가미가 정무총감에 발탁되자 정객들은 실소를 금치 못했다.

"이거야 원, 네모난 찬합 속에 계란을 넣고 흔들어서 어린애를 어르고 달래는 꼬락서니로군?"

"누가 아니래? 수수팥떡을 꼬챙이에 꿰어서 내놓았다니까!"

이들 커플이 이쯤 빈축의 대상이 된 데는 그럴 만한 까닭이 없지 않았다. 예비역에서 총독으로 발탁된 야마나시, 이 자는 우선 체격부터가 전봇대처럼 밋밋하고 멋이 없었다.

그뿐 아니라 학의 주둥이처럼 뾰족하고 기다란 상판대기에 성질마저 뾰족하고 모가 나서, 막부 시절의 궁녀들처럼 세밀·음험·신랄하다는 평을 들었다. 머리는 수재라지만 너무 잘고 좀스러워서, 찬합 구석의 반찬 찌꺼기를 이쑤시개로 파내 먹기 알맞은 성품이라 하였다. 호오好惡의 감정을 감추지 못하며 탐욕스럽다는 것도 야마나시의 결점으로 지적되는 사항이었다.

이에 비해서 정무총감 이케가미는 둥글넓적해서 어디가 머리인지 엉덩이인지 구별조차 못할 정도인 계란 같은 체격이었다. 체격뿐 아니라 이 사람은 성격까지도 둥글둥글 4계절이 봄뿐이었다. 정무총감을 할 때 도 부하나 진정인들이 좀 까다롭게 질문을 하면, "글쎄? 자세한 건 총독이 아실 테니까." 하기가 일쑤였다. 신경에 거슬리면 국·과장 가리지 않고 호통을 질러대는 총독의 찬합처럼 네모진 꼬챙이 같은 성격, 반면에 이케가미는 체격이건 성품이건 둥글둥글 원만한 계란이었다.

이래서 정객들은 "수수팥떡을 꼬챙이에 꿰었다"고 빈정거렸다. 하지만 야마나시의 총독 발령이 이쯤 빈축의 대상이 된 것은 단순히 체격, 성품 상의 문제만은 아니었다. 다나카 군벌의 거두인 야마나시는 육군차관 및 육군대신 시절에 갖은 협잡을 범함으로써 육군에서 딱지가 붙다시피 하던 사람이었다. 이런 사를 총독에 앉힌 다나 역시 군과 정계에서 말썽꾼이었기 때문에, 그 인사 행정이 그토록 빈축의 대상이 되고 있었던 것이다.

그럼 이 자들의 말썽의 근원은 어떻게 해서 발생했는가? 가나카와현 출신인 야마나시는 야마가타 → 가쓰라 → 데라우치 → 다나카로 이어지던 육군 조슈벌에 속한 지연은 아니었다.

그러나 그는 1886년 육사 8기를 다나카와 함께 졸업함으로써 조슈벌 접근의 실마리를 잡았다. 1892년 육대를 졸업할 때도 그는 다나카와 동기였다. 이리하여 다나카의 단짝이 된 그는 다나카로부터 음양으로 비호를 받으며 조슈파 다나카 군벌의 제2인자가 됐던 것이다.

청일전쟁에 중위로 종군한 야마나시는 보병 여단장, 참모본부 총무부장, 교육총감부 본부장 등을 거쳐서 1918년 10월에는 육상 다나카의 천거로 육군차관에 취임하였다. 단짝인 육대 동기 2명이 육군성의 정상을 점령함으로써 다나카 군벌 시대가 개막된 것이다.

이후 야마나시는 다카하시 내각(1921. 11~1922. 6)과 가토 도부사부로 내각(1922. 6~1923. 9)의 육군대신을 연임하면서 그 기반을 다진다. 육상 시절에 미증유의 육군 정리사업(일부 군축)을 단행한 그는 1921년에 대장 진급, 군사참의관 등을 거쳐서 예편된 후, 총독이 되기까지의 2년 반을 정직 없이 지내고 있었다.

이 자를 총독으로 끌어낸 다나카는 야마구치현 출신이며 조슈벌 직계의 지연이다. 육사 8기와 육대를 야마나시와 함께 졸업한다. 청일전쟁에 중위로 종군, 전후에 러시아 유학을 하고 와서는 참모본부 과원을 거쳐 보병 제3연대장이 된다. 이 무렵 연대장 시절부터 다나카는 정치색을 노출시킴으로써 비난을 받았으나, 조슈벌의 총아였기 때문에 처벌 대상은 되지 않았다.

1909년 1월, 육군성 군사 과장에 보직된 다나카는 군부 정치세력의 교두보인 재향군인회를 결성시켰다. 1911년 9월 육군성 군무국장에 취임하자 조선군 2개 사단의 상설을 위해서 암약한다. 1915년에 중장으로 참모차장이 되자 대일본청년단을 조직하고 군인 신분으로 중앙 이사장이 되면서 정치색을 나타낸다.

이때 참모차장으로 시베리아 출병을 책동한 그는 출병기간 중 하라 내각(1918. 9~1921. 11)에서 육군대신을 한다. 이때 다나카는 단짝인 야마나시를 육군차관에 앉힘으로써 시베리아 금괴사건이라는 희대의 독직 사건을 공모하였다. 이리하여 다나카와 야마나시는 육군에서 딱지가 붙은 사람이 되어버렸다.

하지만 다나카는 1925년 4월 대장에서 자원 예편, 시베리아 금괴사건의 횡령금을 정치자금으로 삼아서 정우회 총재에 추대된다. 때문에 다나카의 정우회 총재는 돈으로 산 자리라는 빈축을 받았다. 1927년 4월, 금융대공황으로 와카스키 내각이 쓰러지자 다나카는 정우회 내각을 조직한다. 8개월 후의 야마나시의 총독 임명은 수상 다나카로서는 시베리아 금괴사건 공범에 대한 보답의 의미도 없지 않았다.

시베리아 금괴사건

그럼 시베리아 금괴사건이란 어떤 내용인가? 1926년 3월 5일, 검사 총장 고야마 앞으로 배임 횡령혐의의 고발장 하나가 제출되었다. 고발된 사람은 당시 정우회 총재 예비역 대장 다나카와 예비역 대장인 야마나시이다. 고발자는 육군대신 관방부官房付 2등 주계를 했던 미가메. 이 사람이 주장하는 고발의 내용은 다음과 같다.

다이쇼 9년(1920년), 고발인이 대신관방에 취임했을 당시, 주계실 금고에 8백만 엔 이상의 은행 정기예금 증서가 있었는데, 그것이 점차 공채公債로 교환되었다. 그 공채 및 이 자의 소비처는 전혀 불명이다. 또한 그 돈은 완전 비밀에 붙여진 채, 이것을 아는 자는 다나카·야마나시·스가노·마쓰키의 조슈벌 관계자뿐으로, 다른 사람에게는 절대로 알리지 않아서, 후일 차관으로 부임한 오노 조차도 그것을 알지 못했다.

시베리아 출병(1918. 8~1922. 10) 당시의 군사비 8백만 엔이 다나카·야마나시 등에 의해서 횡령된 것 같다는 내용이다. 미가메는 혐의 사실 하나를 다시 추가하였다.

시베리아 출병 당시에 제14사단은 전후 1천만 루불 상당의 금덩이를 러시아군 막사에서 노획하여 일본으로 가져왔는데, 이 금덩이도 행방불명이 되었다. 또한 다른 부대가 동일한 노획 금괴 1백만 엔 상당의 것을 모지(門司)까지 가져왔는데, 당시의 육군대신 야마나시가 어디로 운반해 갔는지, 역시 행방불명이다.

사건은 담당검사 이시다의 의문의 변사로 한층 더한 충격과 의혹을 던졌다. 정부는 이윽고 일부를 국고 수납, 일부는 러시아에게 반환했다고 발표했으나 그런 발표를 믿는 사람은 없었다. 온갖 정치적 사건이 꼬리를 물고 일어나면서 사건은 흐지부지되고 만다. 다나카와 야마나시의 정치자금의 출처가 그 돈과 금덩이일 것이라는 농후한 추측만을 남긴 채, 시베리아 금괴사건은 미궁 속으로 잠적해 버리고 만 것이었다.

이보다 먼저인 1924년 1월, 기요우라 내각(1924. 1~6) 당시에, 정우회는 탈당파 도코나미 등이 정우본당政友本黨으로 분립함으로써 내분이 격화해 가고 있었다. 정우회는 가토의 헌정회憲政會, 이누카이의 혁신구락부와 함께 '호헌 3파'를 구성하고 정우본당의 기요우라 내각을 타도했으나, 연립내각 구성에서는 수상을 호헌파에게 빼앗기고 말았다. 이 소용돌이 속에서 정우회 총재 다카하시는 정치자금 염출에 열성이 없고 무능하다 해서 당원들의 불만을 사고 있었다. 이 무렵 1925년 4월, 자원 예편한 다나카는 뒤미처 정우회 총재를 수락하면서 정치가로 전신했던 것이다.

1년 후인 1926년 3월 5일, 다나카는 금괴사건으로 부하이던 미가메에게 고발을 당한다. 그 하루 전인 3월 4일, 중의원 본회의에서 나카노 의원이 다나카·야마나시의 비행을 폭로하면서 다음과 같이 발언하였다.

시베리아 출병의 기밀비는 4천만 엔에 달했는데, 그 중에서 2천 만 엔을 다나카·야마나시·마쓰키의 3명이 횡령 착복, 3~4개의 은행에 개인명의로 예금한 후 점차 공채로 교환하였다. 정우회 총재 취임 당시의 정치성금 3백만 엔 헌납은 그 공채를 담보로 하여 고베의 금융왕 호시로부터 빌려낸 것이며, 야마나시의 의원 매수비 또한 그 횡령금의 일부이다. 시베리아에서 노획한 금괴도 행방불명인데, 역시 부정처분되었다는 의혹이 짙다.

나카노 의원은 한층 더 격앙된 어조로 다나카 일파의 부패상을 다음과 같이 통박했다.

제군(정우회)이 전 총재 다카하시를 몰아낸 것은, 다카하시가 40만 엔의 어음 지불을 거절한 때문이라고, 신문이 보도하고 있다. 돈이 없으면 총재를 쫓아낸다. 그리고는 돈 있는 총재를 데려온다. 전 총재가 돈을 장만하고 있는 도중에 정우회의 수령 제군이 다나카 대장과 서로 책동하면서 종종 평의를 거듭한 것은 만천하에 숨길 수 없는 사실로서 화제가 되고 있다. 혁신구락부가 정우회에 투합했을 때도 매수된 것이라고 보도되었다. 동교회同交會가 분열 끝에 정우회에 입당했을 때 또한 금전의 추문이 따르고 있다. 다나카 총재가 정우회에 나타난 이래, 정계의 동요에는 항상 금전 문제가 따라 다닌다. 금전과 함께 폭력배가 따라 다니는 것이다.

돈을 쓰는 것이 오늘의 정우회의 태도인 것이다. 본 의원은 제군이 그와 같이 짖어대는 꼴을 보면서, 사람이 짖어댄다고는 생각지 않는다. 개가 짖어대고 있다고 생각하는 바인 것이다.

이런 욕을 먹어가면서도 다나카는 1927년 4월 와카스키 내각을 이어서 수상 자리에 올라앉았다. 그리고는 만몽滿蒙 적극 진출을 위해 동방회의東方會議(1927. 6) 등을 소집하면서 황도皇道 · 팽창정책을 추구한다.

제1차 산동 출병(1927. 5), 3 · 15 공산당 대탄압(1928. 3), 제남 출병(1928. 5), 사형 추가의 치안유지법 개정(1928. 5), 내무성 특별고등과며 헌병대 사상계 등의 특별고등경찰기구 확장(1928. 7)과, 4 · 16 공산당 대탄압(1929. 4) 등이 다나카 수상 당시의 주요 정책이다. 사이토 사임 당시에 총독 후임으로는 우가키에게 중망衆望이 집중하고 있었다. 야마나시는 육군과 정계에서 딱지 붙은 사람으로, 중론이 이를 배척했던 것이다.

그러나 다나카는 뭇 반대를 배격하면서 육대 동기이자 금괴사건의 공범인 야마나시를 기용하였다. 다나카는 야마나시가 성공할 수 있도록 정무총감으로는 자신이 직접 오사카 시장을 지낸 이케가미를 고르고 엄선했는데, 그는 70세의 둥글넓적한 노인이었다.

"꼬챙이에 꿴 계란"인 이 노인이 임기의 절반을 채울 무렵 늙어 죽음으로써 야마나시는 마침내 말썽을 일으킨다. 이 사건으로 야마나시는 형사피고인의 처지가 되었다. 이 사건이 바로 '쇼와 3대 의옥疑獄 사건'의 하나로 꼽힌 소위 조선의옥 사건이다.

치마가 무서운 야마나시

야마나시가 부임하던 날, 12월의 바람은 유별나게 차고 매웠다. 염춘교 다리 너머로 전선줄을 울리면서 치닫는 매서운 바람, 바람 속에 선 신임 야마나시의 체격·표정도 전봇대처럼, 바람처럼 뾰족하고 날카로웠다.

이 삭막한 부임행렬은 야마나시가 아내도 가족도 식모도 없이 홀몸으로 부임했기 때문에 한결 더 쓸쓸해 보였다. 그 쓸쓸한 전봇대(?) 꼭대기에서 12월의 뾰족한 바람이 방금 막 윙윙 소리라도 지를 것 같은 분위기, 표정…. 눈치를 보듯이 영접 나온 이쿠다가 그에게 넌지시 말을 붙였다.

"먼 길에 수고하셨습니다. 한데 부인께서는….."

"부인? 내 처 말인가?"

"네! 안 보이시는데, 언제 차로 오시는지요?"

그 순간 야마나시의 엄숙한 표정이 묘하게 일그러졌다.

"쑥이야! 국장도 생각보다는 쑥이로군?"

"네에?"

"누가 이런 외지에까지 여편네를 달고 다닌다지?"

"하하, 그러시다면….."

"그러시다면이 아닐세. 여편네란 것은 본국에서나 여편네지 이런 외지에까지 달고 다닐 물건은 못 돼. 알았는가?"

"네, 알았습니다."

이쿠다는 내심 생각하였다. 이 양반 홀아비 노릇을 할 작정이로군!

사이토는 심지어 폭탄이 터지는 자리에도 아내를 그림자처럼 달고 다녔는데, 이건 또 묘한 괴짜가 왔어. 역대에 홀아비라곤 없었던 총독 관사가 이제 좀 묘한 꼴이 되겠군. 그나저나 외지에까지 달고 다닐 물건은 아니라는 그 말 한마디는 이모저모 명언이라고 생각하면서, 이쿠다는 삼엄한 경계 속으로 발을 옮겼다.

이리하여 야마나시의 관저 생활이 시작되었다. 드넓은 총독 관저에 사람이라곤 야마나시 이외에 요리사, 심부름꾼, 호위경관 뿐…. 아내는 당초부터 오지 않았고, 기타 여자라고는 식모조차를 안 두었으니 분위기가 밋밋하고 썰렁할밖에. 그것이 야마나시의 밋밋하고 썰렁한 체격과 어울리면서 관사는 일 년 내내 겨울이었다. 그 겨울이 더러는 야마나시의 신경질적 뾰족한 호통 때문에 새파랗게 움츠려 들곤 했던 것이다.

왕년에 이토 시절은 말할 것 없고, 전임인 사이토 시절만 해도 관사에는 백화百花가 요란하였다. 애처가로 알려진 사이토인지라, 대소 관저의 모임은 물론 정무출장, 한강의 뱃놀이, 인천의 별장으로 갈 때, 심지어는 강우규 의사의 폭탄이 터지는 자리에까지도 아내 하루코를 달고 다녔다. 그런데 사이토의 아내가 또 발이 넓은 사람이었다. 당연한 결과로 관저에는 여자 내객이 끊일 새가 없어서 염소艶笑 교성嬌聲이 진동하였다.

그런데 야마나시의 밋밋하고 썰렁한 관저라니! 총독부가 일찍 파해도 야마나시에게는 특별히 가고 싶은 곳이 없었다. 쳐다볼 상대도 없이 혼자서 저녁을 먹고, 그 기다란 그림자를 동반한 채 산책을 끝내면, 시간은 아직도 초저녁 6~7시이다. 호젓하지만 말동무할 사람도 하나 없다. 소파나 쿠션에 몸을 던진 채 신문 잡지를 들추는 꼴이 곁에서 보기에도 딱할 정도로 역대 총독에 비해서 불쌍하고 쓸쓸해 보였다.

그러자 어느 틈엔가 참새들이 소문을 조잘거렸다. 엄처시하에 짓눌려서 치마 두른 절구통만 보아도 진저리를 치는 사람이 야마나시라고. 소문 하나 그럴싸한 것이, 야마나시의 처가는 일본 육군에서 굴지의 명문인 군인 가정이다. 야마나시가 중위이던 시절에 대좌로 제1군(청일전쟁 출병군) 참모부장을 했던 장인 다무라는, 군과 정계의 최고 실권자 야마가타 앞에서도 책상다리를 한 채 소신을 떠들어댔다는 배짱의 사나이였다. 유능하고 과단성 있는 장교였다는 다무라가 중장·참모본부 차장으로 러일 간의 개전 4개월을 앞두고 과로로 사망하자, 수상 가쓰라는 우중을 무릅쓰고 가서 막 죽은 시신을 어루만지면서, "억울하다! 애석하다"고 했다고 한다.

사람들은 이 다무라를 16세기의 호걸 다케다 신겐에 빗대서 '이마 신겐(현세의 신겐)'이라고 불렀다. 에치고의 명장 우에스기와 더불어 패권을 다툰 다케다는 중부 일본을 통일한 후 도쿠가와와 천하를 다투다가 사망했다. 이러한 신겐과 비교된 장인 다무라에게는 두 명의 군인 동생이 있었다. 훗날 중장이 된 주노스케와 모리에로, 야마나시에게는, 처삼촌이었다.

야마나시의 처 로쿠코는 이러한 가정의 출신이었다. 아버지와 삼촌들이 으리으리한 장성이니까 야마나시쯤은 새까만 졸병으로밖에 안 보였는지도 모른다. 불쌍하게도 야마나시는 걸레짝 양말짝처럼 엄처 로쿠코의 발밑에 깔리고 밟혀서…. 아무튼 그 소문난 여자는 서방 야마나시가 참모차장·육군차관·육군대신을 할 때도 여보건 나리건 주인이건을 바친 적이 없다고 했다.

"우치노 한조(半造)가네?"

"우리 집 한조(半造)가 이러고 저랬다"는 것이다. 손님과 막료 앞에서도 예사로 이 지경이니 야마나시 육군대신도 이 여자에게는 '우리집 바둑이'와 크게 차이가 없었던 모양이다.

이런 소문을 뒷받침하듯이, 비서관 에미쓰에게서 한 이야기가 새어 나왔다. 비서관 발령을 받고 인사를 가던 날이다. 선객이 가기를 기다리자니 아래층 응접실이 심심하였다. 난롯가에 발을 길게 걸치고 앉아서 신문을 뒤적이고 있는데, 별안간 문이 열렸다. 성미가 괄괄하기로 정평이나 있던 로쿠코, 야마나시의 처가 들어섰던 것이다. 후닥닥 일어나서 절을 하는데, 로쿠코는 벌써 눈매가 쌜쭉해졌다. 아래 위를 한참 노리고 훑어보더니 아니나 다를까, 칼칼한 음성이 떨어지는데, "에미쓰 군! 방금 그 앉음새가 무슨 꼴이지?"이다.

"네…."

"네가 아니에요! 군자는 신독愼獨이란 말도 못 들었나요?" 한심하군요. 그래 가지고 어떻게 비서관 근무를 할 셈이에요?

자칫 발령이 취소될 판이라, 손이 발이 되도록 빌었다고 에미쓰는 말하고 있었다.

"그러나 저러나 매사 그런 식으로 닦아댄다면 우리 대장도 몸에 살붙을 새가 없을 거야. 그러니까 홀아비 생활이 궁상은 맞지만, 총독에겐 오히려 편안하고 느긋할지도 모르지." 에미쓰의 말이다.

안락의자에 깊숙이 파묻힌 야마나시의 늙은 얼굴이 때로는 평화스러워 보일 때도 있다고 비서와 심부름꾼들은 수군거렸다.

어느 무희의 70 − 25=0

하지만 정무총감 이케가미는 또 사정이 달랐다. 이 사람은 '찬합 속의 계란'이요 '꼬챙이에 꿰어진 수수팥떡'이니까, 매사가 야마나시와는 대조적이다. 홀아비 총독의 관저가 겨울이라면 이 사람의 관저는 봄…. 하지만 총감 관저라 해서 이토 시절처럼 게이샤들이 별로 들끓어대는 기색은 보이지 않았다.

나이 탓이겠지? 70이나 된 노인이니까 점잖아질 법도 한 일이다. 이리하여 야마나시처럼 홀몸으로 부임해 온 이케가미는 관저 생활 15개월이 분명히 품행방정으로 통하고 있었다.

이런 이케가미에게, 도저히 남에게 알릴 수 없는 비밀 하나가 있었다. 70 − 25=0이라는, 언젠가의 호스티스 영화의 제목 같은 비밀 하나가…. 총감 관저를 아래쪽으로 곧장 내려가서 현 충무로 4가를 채 못 가 오른편 언덕, 그곳에 70-25=0의 수수께끼가 숨어 있었지만, 이케가미가 생존해 있을 동안은 정말 쥐도 새도 모르는 비밀이었다.

이 비밀이 세상에 새어난 것은 1929년 4월 4일(도쿄 출장 중이던 이케가미가 객창에서 병사한 날)부터 따져서도 얼마가 지나서의 일이었다.

이 비밀의 과거를 들추어 보면 오사카 '기타노신지'라는 화류장에서 일류 무희로 이름을 떨치던 한 아가씨가 나타난다. 저물어 가는 창가에 서서 누군가를 하염없이 기다리곤 하던 그 이름도 성도 모르고 지내던 아가씨가 총감의 애첩이었다고 알려지자 이웃들은 혀를 둘렀다. 70세 늙은이가 무슨 수로 25세 처녀를 거느렸을까? 총감 생전에 그 비슷한 눈치 한번 보이지 않았던 용의주도한 보안조치까지 화제가 되면서 일대 센세이션이 일어났던 것이다.

이 두 사람은 그렇다고 하루나 이틀 전에 맺어진 사이도 아니었다. 오사카 시장을 하던 어느 날 저녁, 그러니까 처녀가 갓 스물을 넘었을까 말까 한 무렵이었다. 꺾어버린 봉오리 꽃에 인연의 줄이 엉켜서, 이후 처녀는 이케가미를 다시 젊어지게 하는 운명을 짊어지게 되었다. 처녀에게는 사키코라는 어엿한 이름이 있었으나, 이케가미는 그 이름을 부르지 못했다. 여보나 당신 소리도 나오지 않았다. 70-25의 수식이 스스로 생각해도 염치가 없었던지 항상 '아가'라고 불렀던 것이다.

하지만 사키코는 꽃은 봉오리지만 겪어야 하는 비바람이 너무 아팠다. 도쿄 출장 중에 돌연히 병사한 이케가미라, '아가'에게 남겨준 것이 추억의 하늘밖에 없었던 것이다. 이케가미를 기다리면서 하던 동작으로 저물어 가는 창가에 서면, 그 먼 추억의 하늘에 뜬구름 한 조각이 가고 있었다. 그 구름 한 조각처럼 옛날의 무기舞妓로 되돌아 가야 하는 '아가'…. 이케가미의 아내로 귀염을 받던 얼마 동안이 이 여자에게도 인생의 한 절정이었다.

그런데 야마나시는 이런 숨겨둔 꽃의 즐거움조차 몰랐다. 심부름꾼과 호위경관뿐인 관저. 혼자 자는 침실의 냉기 때문에 야마나시는 어김없이 새벽 4시에 눈을 떴다. 그런데 이 자는 평생을 군대에서 뼈가 굵은 사람이다. 나팔소리로 자리를 차던 습관이 몸에 배서, 눈이 떠진 이상은 자리에서 꾸물대지 못하는 성미인 것이다. 이리하여 무료한 새벽시간을 우리에 갇힌 황새나 두루미처럼 기다란 다리로 서성대는데….

관사는 아직도 한밤중이다. 코 고는 소리가 요란하고, 심부름꾼이건 호위 순경이건 떠메어 간대도 모를 지경들이다. 그러니까 야마나시는 새벽마다 조금씩 뿔이 돋친다.

"못 쓰겠어! 젊은 녀석들이 저렇게들 게을러서야…."

옷을 갈아입고 산책을 나서는 시간이 새벽 5시, 그제야 경호원들이 허둥지둥 달려오니까 야마나시는 또 얼굴이 찌푸려진다.

호위 순경뿐 아니라 비서관 에미쓰도 이건 영 할 짓이 아니었다. 조반을 끝내고 신문 한 장을 다 훑어도 야마나시의 시계는 아직 오전 7시이다. 무료하지만, 그렇다고 총독이 출근시간 2시간 전부터 등청할 수도 없다. 그러니 우리 속의 황새처럼 기다란 다리로나 서성댈밖에. 술추렴으로 밤을 새운 에미쓰가 띵한 대가리로 허둥지둥 자동차를 대령시키는 것이 오전 8시 무렵, 그때쯤 야마나시의 뿔은 자랄 대로 자랐으니까 허구한 날 받치고 찔리고 영 할 짓이 아닌 것이다. 그런데 정작 시집살이는 총독부 국·과장들의 차지였다. 총독이 꼭두새벽에 등청이니까 옛날처럼 '고등관 출근'으로 늑장을 부릴 수는 없었다. 걸핏하면 연 이틀 조반까지 걸러가면서 허둥대는데….

저녁 나절의 심심한 시간을 위해서 야마나시는 보다만 서류들을 관사로 가지고 갔다. 파적破寂 삼아 들여다보는 것은 좋은데, 그러자니 미심쩍은 곳도 생기게 마련이라 일이 딱했다. 황새 주둥이처럼 뾰족한 성미가 탈을 부려서 이럴 때 그는 밤중 9시건 10시건 국장에 호출전화 를 놓는다. 그런데 조선총독부의 국장들 쳐놓고 그런 시간에 한가하게 관사에 처박혀 있을 인물은 없었다. 흔해빠진 게 청탁이라 허구한 날 요릿집으로 불려다니다 보니 한 번에 총독의 호출 전화에 대령할 수가 없었던 것이다.

"미친개처럼 어디를 그렇게 쏘다닌다지?"

뿔이 난 눈치라, 전화를 건 심부름꾼이 고개를 못 들고 쩔쩔맨다.

"네, 저어⋯. 국장께서는 오늘밤 연회라 좀 늦으시겠답니다."

"연회? 국장은 어젯밤에도 연회로 집을 비우지 않았나?"

"⋯⋯."

"안 되겠어! 관기官氣가 영 엉망진창이란 말야!"

야마나시는 당직 비서를 부르게 한다. 한밤중 열 시에 무슨 일인가 해서 허둥지둥 비서가 대령을 하면, " 내일 아침의 훈시를 작성하게! 허례허식을 전폐하고, 부득이한 경우 이외의 연회 일체를 금지시키란 말이야. 국장이란 것들이 툭하면 이 핑계 저 핑계로 술들만 마셔 대다니? 강기진숙綱紀振肅 · 공명정대 · 근엄청렴을 훈시해야겠어!"

밤 새워 쓴 비서의 훈시문이 이튿날 아침 요정 출입 금지령을 시달한다. 얼마가 지나가 또 골프 금지령이 내렸다. 이리하여 아침을 굶고 출근하는 것쯤 아무것도 아니게 되고 말았다. 야마나시의 뾰족한 성미에 들들 볶여서 국장들은 숫제 사표를 쓸까 망설이게까지 됐던 것이다.

음모와 미인계

견디다 못해서 음모가 진행되었다. 그 음모의 주역은 아침 나절 늦잠이라곤 잘 수가 없게 된 비서관 에미쓰였다. 정우회의 유력한 추천으로 고급 촉탁이 되어온 히다가 이 음모에 한몫을 거들었다. 이 자들이 어느 날 머리를 맞대고 앉아서 공론인데, 고생이 좀 더 심한 에미쓰가 먼저 서두를 꺼내 놓았다.

"거 참, 아무래도 비정상이야. 영감에게 요새 히스테리 증세가 있는게 아닐까? 허구한 날 이맛살 펴는 날이 없으니….."

"맞았어!"

고급 촉탁인 히다가 맞장구를 친다. 이 고급 촉탁이라는 직함은 관용적인 호칭일 뿐, 실은 야마나시의 전용 비서인 것이다.

"아무튼 그렇게 홀아비와 총각들만 거느리고 절간의 중처럼 하고 있으니…. 목석이 아닌 다음에야 히스테리쯤 걸릴 법도 하겠지?"

"자네도 그렇게 생각하나? 그러고 보니 영감은 히스테리가 틀림없어! 덕분에 죽어나느니 우리 뿐인데, 어떻게 고치느냐 그게 문제로구먼?"

"왜? 또 무슨 일이 있었나?"

"무슨 일이 아니라, 허구한 날이 전전긍긍이거든. 어떻게든 영감의 병을 고쳐야 우리가 좀 살겠는데, 방법이 문제로다 이 말씀이야."

"알아듣겠군. 방법이라면, 그야 뭐 없는 것도 아니겠지만…."

히다는 생각하는 표정을 짓는다. 이윽고 교활 음험한 웃음을 지으면서,

"미인계를 써보면 어때? 햇병아리 같은 걸 하나 구해서 영감의 진지에 투입한다. 그럼 환경이 좀 부드러워질 게 아닌가?" 한다.

"생각은 좋지만…."

에미쓰는 염려스러운 표정이 된다.

"영감이 말을 들을까? 그 꼬챙이 같은 성미에 섣불리 말을 꺼냈다 코만 다치면?"

"그 점은 염려 말게나!"

히다는 자신 있다는 듯이 가슴까지 두드려 보인다. 생각이건 하는 짓이건 엉뚱해서 더러는 말썽도 일으키는 사람이 히다이다. 이 자는 그 많은 환송객의 눈을 속인 채 정부 우다코를 감쪽같이 야마나시 일행의 부임열차 속에 동승시켜서 데리고 올 정도로 수단이 기가 막힌 작자이다.

그래서 에미쓰는 다시 물었다.

"자네가 염려 말라니 안심이긴 하지만…. 무슨 좋은 계교가 있나?"

"오이가 있잖아? 미친 놈 같아도 이런 일엔 제법 쓸 만하거든."

야마나시가 총독으로 착임해 온 지 한 달쯤 지난 어느 날, 뒤쫓아 오듯이 해서 서울에 나타난 자가 오이라는 현직 변호사였다. 야마나시와는 도쿄 시절부터 특별한 관계로 지냈다지만, 에미쓰도 히다도 그 자세한 내막까지는 모른다. 허물없이 관저 출입을 하는 꼴로 보아서, 친구 이상의 특별한 관계라고 짐작하고 있을 뿐인 것이다.

관저 출입뿐 아니라, 오이는 요정에서도 툭하면 전화로 총독을 불러 내서 대령시키곤 하였다. 이 자는 비서·경호원들에게도 예사로 '하게'를 했다. 이런 부류가 총독의 위세를 빌어 한몫 챙길 작정으로 건너온 작자들이라는 것을 히다며 에미쓰는 경험에 비추어서 잘 알고 있다. 친근했던 탓인지, 혹은 그들만이 아는 무슨 약점 때문인지, 야마나시는 그 뾰족한 성미에도 불구하고 오이의 거의 방약무인한 태도조차 무제한으로 관용했던 것이다.

"맞았어! 그 작자라면 그쯤 일이야 식은 죽 먹기로 해치울 걸세."

에미쓰가 장담을 했으나, 이들의 미인계의 음모는 이윽고 용두사미가 되어 버렸다. 어디로 어떻게 새어 나갔는지 야마나시의 엄처가 기밀을 탐지하고 말았던 것이다. 이리하여 에미쓰는 목이 달아나기 직전에 궁색한 발뺌으로 간신히 로쿠코(야마나시의 처)의 시샘을 가라앉힌다. 그리고는 히다며 오이와 더불어 온갖 음모를 열심히 진행시켜 갔던 것이다.

충남 도청이 공주에서 대전으로 옮겨진 것도 이러한 음모의 결과이다. 이 음모 1막극을 위해서 에미쓰와 히다는 그날 밤 이권 관계자 하토야마 등에 의해서 요정 화월에 초대되었다.

이 자리에서 히다는 묘하게 인상적인 한 게이샤를 발견하면서 가슴이 울렁거렸다. 마메야코 라고 하는 그 여자는, 미인은 아니었다. 매력 있는 여자라는 그런 종류의 타입도 아니었다. 평범할 뿐 이렇다 할 특징도 없는데, 왜 이토록 마음을 들뜨게 하는 것일까? 이런 생각이 드는 순간 히다는 문득 무슨 숙명적인 인연 같은 것을 느끼면서, 전신의 신경이 그녀에게로 기우는 것을 의식했다.

그런데 이런 일은 히다로서는 최소한 과거에 없던 일이었다. 총독부 고관들 쳐놓고 누가 방탕을 안 했으랴만, 히다만큼은 적어도 특별 취급을 받아야 할 충분한 조건을 갖고 있었다. 밤을 새워 술은 퍼마실 망정 게이샤만큼은 절대로 건드리는 법이 없었다. 품행 방정이 아니라 숨겨둔 정부 우다코가 있기 때문이었다. 총독 부임 열차에 감쪽같이 태워서 동행해 올 정도로 심신을 기울여 사랑한 우다코. 이 여자를 위해서 남산 초입 소복 호텔에 방을 잡은 히다는 비록 고주망태가 될 망정 잠은 꼭 그곳에서 자곤 하였다.

그런데 그 밤은 기다리다 지쳤을 우다코의 모습도 먼 산의 아지랑이였다. 눈에 보이는 것은 오직 마메야코의 까닭 없이 인상적인 매력뿐. 눈치를 챘는지 하토야마가 슬쩍 옆으로 옮겨 오더니 귀에다 속삭였다.

"견우직녀가 이제야 상봉하는 정경이군요? 마음에 드시나본데, 뭣하면 제가 오작교를 놓아 드릴까요?"

부탁한다고 히다는 말하지 않았다. 하지만 하토야마는 이 일만은 어쨌든 끝장을 내야 한다고 생각하였다. 도청만 대전으로 끌어오면 일대가 금싸라기 땅으로 변하면서 우리는 천만장자가 되는 것이다. 이 일에 마지막 쐐기를 치기 위해서, 그날 밤 하토야마·마쓰하라 기타 이권 관계자들이 긴네준 운동비 명목의 뇌물만 쌀 1천 7백 가마 값인 무려 2만 5천 원이었다. 이런 막후교섭에 미인계까지가 곁들여지면 그야말로 금상첨화렸다?

마메야코에게 장래를 약속한 사람이 있었다는 사정쯤 아무렇게 된대도 상관없었다. 요릿집 주인을 구워삶아서, '나카이 가시라(우두머리 기생)'인 다미노스케까지 동원을 해서, 하토야마는 필사적으로 여자를 설득하고 얼러댔다. 수백 금의 황금을 뿌려 가면서. 수세에 몰린 여자가 마침내 승낙을 하자 그 밤의 막후교섭의 쐐기를 박기 위해서 상납을 하고 만 것이었다.

이 여자를 통해서 히다는 새로운 세계를 발견한 느낌이었다. 이 여자의 매력의 정체는 얼굴도 맵시도 아닌, 지치도록 *끈끈한 밤*의 세계의 기교였다. 이리하여 히다는 향락의 진수를 비로소 깨달았다고 생각하면서, 우다코 따위는 까맣게 잊어버린 채 질풍신뢰처럼 마메야코에게로 몰두해 갔다.

그런데 그 여자가 조선의옥朝鮮疑獄 사건의 도화선이 될 줄이야! 이 여자와의 끈끈한 밤에서 헤어나던 그날, 그때 히다는 이미 총독의 비서도 고급 촉탁도 아니었다. 3개월의 징역형을 받은 형사범에 불과했던 것이다.

간부와 비서의 겸업

비서관 에미쓰도 어느 하루 요정 출입을 거르는 날이 없었다. 하기야 이토 이래로 탐학貪虐의 유습은 뿌리 깊어서, 국장은 고사하고 과장쯤만 되어도 밤에 보름은 집에서 저녁을 못 먹었다는 식민지이다.

총독의 비서를 버려둘 턱이 없으니, 부임한 그날로부터 어중이떠중이들의 초대. 이리하여 13명 지사들의 이름조차 외우기 전에 게이샤들의 이름부터 먼저 알아 버리던 그들이었다.

이리하여 에미쓰에게도 어느새 정부가 생겨 버렸다. 상대방 여자는 조선철도주식회사의 공무과장의 애인이라는 1류급 미다카라는 게이샤이다. 이 조선철도주식회사는 1916년 조선경편朝鮮輕便 철도주식회사로서 창립된 후, 대구 → 하동선, 청주 → 조치원선 기타를 운영하던 조선 최대의 사설 철도회사이다. 3.1운동 전후로부터 침략 자본들의 사설 철도 투자가 격증하면서, 금강산전기철도 · 조선삼림철도 · 양강척림철도 기타 사철회사가 격증하자, 총독부는 그 중 5사를 조선철도에 합병시켜 버린다. 이렇게 해서 출발한 조선철도주식회사는 야마나시 무렵에 총 270마일을 영업하고 있었다.

미다카는 이 회사의 기사장의 오래전부터의 애인이었다. 에미쓰가 끼어들면서 3각 관계가 벌어졌는데, 소문이 먼저 떠들썩하게 나버리고 말았다. 일촉즉발로 결투라도 불사할 단계가 되자 계집은 헌신짝처럼 에미쓰를 차고 옛 애인에게 정절을 맹세했다. 에미쓰는 속절없이 끝난 밀회로 닭 쫓던 개 울타리 쳐다보는 신세가 되고 말았던 것이다.

이 울타리에 다미와카라는 닭인지 게이샤인지가 올라앉았다. 그러나 이 사랑도 오래 가지는 않았다. 에미쓰의 지위와 나이에 넋을 빼앗긴 라이벌 하나가 생겼기 때문이었다. 돔보라고 하던 그 라이벌은 미다카건 다미와카건 경쟁이 안 되는 상대였다. 과거야 어떻든 현재는 좌우간 게이샤가 아니요, 생김새 또한 다미와카 따위와 댈 바가 아니었다. 모모한 부자의 소실이 되어 있던 돔보는 물보다 흔하게 돈을 쓸 수 있는 사람이었다.

하지만 부잣집 첩살이도 생각보다는 따분하였다. 어쩌다 들르는 영감만 바라고 살자니 우선은 하루 해가 지루하였다. 조르고 보채서 친구인 마담을 돕는다는 핑계로 요릿집에 드나들다가 이 여자는 에미쓰와 눈이 맞았다. 이리하여 비서와 간부를 겸업하게 된 에미쓰. 미다카와 실패한 경험도 있어서 간부는 좀처럼 소문이날 짓은 하지 않았다. 남이 알세라 조심에 조심을 거듭했기 때문에, 두 사람은 꽤나 오래도록 불륜의 늪 속에서 애욕을 불태울 수 있었다.

그런데 돔보가 임신을 했다. 남의 소실인 여자가 임신을 했기로서니 예사겠지만, 속사정이 그렇지 못해서 걱정이었다. 돔보의 원 임자인 부자는 돔보뿐 아니라 그 어떤 여자도 임시킬 수 없는 사람이었다.

본처가 이미 낳아 버린 두 자식 외에는 다시 또 무서운 불구를 유전시키고 싶지 않아서 수술까지 받은 사람이었다. 이래 몇 해를 두고 본처도,

소실인 돔보에게서도 임신 비슷한 징후조차가 없었으니 수술의 결과는 성공적이 아닌가? 그러니까 돔보는 본처나 마찬가지로 신체 어느 부분의 불구자를 낳음으로써만 정절이 증명될 수 있는 처지가 된 것이다.

이리하여 돔보에게는 괴로운 나날이 시작되었다. 뱃속에 든 것이 불구가 아니라는 사실을 돔보는 너무나 잘 알았다. 그런데 그것이 무서운 일이었다. 몇 달 후 불구자가 아닌 멀쩡한 아기가 태어났을 때 무슨 낯으로 남편을 대하나? 죄 많은 년인데 제발 벼락이라도 쳐서 본처처럼 불구인 아기가 나와 주었으면…. 하지만 아이의 아버지 에미쓰의 사대육신이 멀쩡하니 그 또한 바라지 못할 일이다. 이리하여 돔보는 고민 끝에 핼쑥해진 얼굴로 동료 게이샤에게 푸념하였다.

"차라리 지금 어디 먼 곳으로 도망이나 쳐 버릴까 봐…."

그런데 행인지 불행인지 그 씨는 임신 몇 개월 만에 저절로 유산이 되고 말았다. 돔보는 태연자약한 표정으로, 그 좋은 금방석에서, 앙큼하게 첩살이를 계속할 수 있었던 것이다.

하지만 그때는 에미쓰도 총독의 비서가 아니었다. 조선의옥 사건으로 서리를 맞고 본국으로 간 에미쓰는 제 씨가 그렇게 잉태되었던 것도, 또 어둠 속에서 사라져 버렸던 것도, 알 겨를조차 없었다.

어느 화려한 독직

그 무렵 오이의 사무실에는 별의별 어중이떠중이들이 모여 들어서 마치 장바닥과 다름없었다. 이들은 모두가 오이의 수족처럼 움직이는 몽유병자들. 야마나시와의 특별한 인연을 미끼로 해서 한몫 잡자는 작자들이라, 사무실부터를 호사스럽게 꾸며야 한다. 호피까지 깔아서 으리으리한 오이의 응접실에서는 그들 졸개가 물고 들어온 금광 청탁, 수리조합 문제며, 또 무슨 불하·청탁운동이 날개가 돋쳐서 흥정되고 있었다.

황해도 안악군 서하면장 원효섭이란 자도 그네들 졸개 중의 누군가가 물고 들어온 사람이었다. 3만 원을 낼 터이니 군수를 시켜 달라는 사람인데, 식도원으로 명월관으로 한창 부산하게 쏘다닌 끝에 마침내 총독부로 출두 통지를 받게 되었다.

그날, 군수 임명장을 건네주고 나자 총독 비서 기타 관리를 대표해서, 총무과장 나카무라가 말했다.

"영감도 이제 군수가 됐으니 각하께 재삼 충성해야 하오. 각하의 특별하신 배려로 된 군수니까…."

"예, 감사합니다."

하더니 이 신임 군수가 우물쭈물한다.

"왜 그러시오?"

"네, 저어…. 약속대로 뒷전 2만 원을 가져 왔는데, 어떻게 할까요?"

"……?"

"지금 드릴까요? 아니면 이따가 각하께 직접 드릴까요?"

비서도, 총무과장도 얼굴이 핼쑥해졌다. 이게 무슨 날벼락 같은 소린지 조사를 해보니 원효섭은 3만 원에 군수를 사기로 했던 사람이다.

계약금 1만 원은 오이가 받아서 벌써 챙겨 넣었고, 나머지 2만 원은 '임명장을 받고 나서' 내기로 되어 있었던 것이다. 이런 촌닭 같은 면장에게도 군수를 시켜 줄 만큼 오이의 협잡은 능란했던 것이다.

고급 촉탁 히다며, 그와 연줄을 대고 있는 이권 브로커 마쓰하라, 또 비서관 에미쓰며, 이와 잘 통하는 정상배 현직 변호사 오이…. 야마나시를 허수아비처럼 앉혀 놓고서 이들의 장난은 한이 없었다. 안동현 이륭양행 지배인 김문규로부터 평북 의주군 옥상면 광평리 및 고령면 소재 총독부 보류 금광의 광업권 허가를 청탁받은 에미쓰는 교제비 2만 원을 요구한 후, 우선 수표 2천 5백 원을 받아 넣었다.

또한 아다치·가토 두 사람이 평북 용천군 황초평 섬 및 부근 섬 일대의 갈대 채취를 목적으로 차지권을 청원하자 교제비도 아닌 숫제 보수금을 요구한다. 이 지불을 담보하는 보증금 조로 이 패들은 조선연초매팔회사 외 7종의 주식 4만 8백 24원 40전 상당을 수령까지 했다. 황해도 갑부 김홍량에게서도 이들은 재령강 수축 공사로 인해서 생길 폐하천 토지를 불하시켜 주겠다는 명목으로 착수금 5천 원을 뜯어내었다. 전북 김제군·부안군 소재 국유 미간지 49필 도합 27만 9천 82평을 불하해 달라는 청탁인 최석호로부터는 착수금 5천 원과 불하대금 지불보증 명목인 5천 원, 도합 1만 원을 챙겨 넣는다. 원산 사람 정호영이 국유 미간지인 남대지南大池 불하를 청원하자 운동자금 1만 원을 요구하며 우선 3천 원을 수령하였다. 또한 충남 도청을 대전으로 이전하면서 이권관계자들로부터 주식과 미녀를 제공받았고, 수 차에 걸쳐서 추산 10만 원 이상의 뇌물을 수령했던 것이다.

야마나시 20개월의 재임기간 중 평균 곡가는 1928년도에 도매 15원이었다. 뇌물 1만 원이면 쌀이 6백 70가마, 현시세 5천만 원 이상이다. 이 엄청난 부정은 빙산의 일각조차도 되지 않았다. 이토 이래로 썩고 문드러져서 곪아터질 지경이 된 총독부라, 국·과장에서 말단 수위에 이르기까지, 뇌물과 사기 협잡은 도처에서 성행을 했던 것이다.

1927년 5월, 대리총독 우가키 시절에, 강화서원이 양민 5백여 명을 협박하여 재물을 편취한 일이 있었다. 신의주에서는 재무과 직원이 70명의 납세를 횡령했고, 의주군에서는 군청 직원이 공금을 횡령 도주하였다. 그러니까 뇌물 5만 원을 받아먹다가 쇠고랑을 찬 총독 야마나시는 그저 재수가 없었던 것이다. 다나카 내각을 쓰러뜨린 정치싸움만 아니었던들 야마나시의 부정은 다른 모든 총독부의 부정처럼 표면화조차도 되지 않았을 것이 분명하였다.

잠자리 침략의 공식

이런 부정을 오이는 숫제 공개적으로 범하고 다녔다. 이 자는 음모를 꾸미되, 돈은 결코 숨어서 먹지 않았다. 여봐란 듯이 드러내 놓고 흥정을 벌이는 그의 솜씨는 남이 보기에도 뻔뻔스러울 정도였다.

자택에서는 히다의 정부 우다코보다 못하지 않은 여자가 첩으로 분명히 앉아 있었다. 하지만 오이는 이 여자와 밤을 나누는 경우가 별로 없었다. 요정에서 음모를 꾸미고 이권운동을 하면 돈 하나 궁한 줄 모르고 잘 굴러 들어온다. 아깝지 않은 그 돈을 물처럼 뿌리고 다니면서, 오이는 장안의 반반한 게이샤들 쳐놓고 손을 안 댄 사람이 없는 것으로 소문이 돌았다.

이런 오이에게 한 가지 고약한 습성이 있었다. 윙크를 해오거나, 저쪽에서 몸이 달아하는 여자는 거들떠보지도 않는 버릇. 오르지 못할 나무일수록 이 자의 호기심의 대상인 것이다. 소가 닭 쳐다보듯이 하다가도 정부나 단골이 있다고만 하면 별안간에 열이 올라서 덤벼든다.

이럴 때 오이의 정열은 상대방 정부나 단골의 지위·금력이 크면 클수록 정비례해서 고조된다. 그리고 백이면 백 틀림없이 함락될 때까지 끈질

기게 쫓아다녀서 기어이 목적을 달성하고 마는 것이다.

히다의 정부 우다코, 이 여자는 얼굴보다도 임자인 히다의 직함이 총독 비서이기 때문에 오이에게 한결 탐스러웠다. 총독 부임 열차에 감쪽같이 태워서 데려왔다는 그 기막힌 금슬도 오이의 전투 의욕을 적잖이 자극하는 재료였다. 이리하여 오이는 선동 → 분열 → 포섭 → 지배권 확립의 침략 공식을 실천에 옮긴다. 구식 군대의 반정부 궐기를 선동함으로써 야기된 내란 상태(壬午軍亂)를 핑계로 군대를 증파하고, 지배권을 확립해 버리던 침략 공식은, 남의 여자를 침략하는 데서도 고스란히 응용되는 수법이었다.

오이는 히다와 마메야코의 관계를 과장 선전함으로써 우다코의 대정부(?) 불만을 선동하였다. 분한 생각에 치를 떨면서 보란 듯이 놀아나 주어야겠다고 생각한 것은 우다코의 반정부적(?) 폭동심리이다. 이리하여 마침내 히다의 얼굴에 손톱자국이 늘어가는 내란 상태가 조성되고 만다. 오이는 이 모든 기회를 십분 선용해서, 위로와 선물이라는 애정 표시로 친일화 정책을 조심스럽게 당기기 시작한다. 우다코라는, 히다가 종주권을 행사하기 때문에 더욱 먹음직스러워 보이는 고기를 얽어 넣을 그물을…. 이리하여 우다코는 마침내 오이를 잠자리까지 받아들임으로써 강토를 짓밟히고 마는 것이다.

그뿐 아니라 오이는 에미쓰의 세력권에도 용하게 침략을 하고 있었다. 미다카와의 밀회가 끝난 다음 에미쓰가 잠시 닻을 내렸던 다미와카라는 항구에. 식산국장 이마무라의 정부인 오시메도 침략을 당해서 흠집이 나 버리고 말았다. 닭 쫓던 개 울타리 쳐다보는 꼴이 된 이마무라가 오이의 면전에서 가래침을 뱉었으나, 실은 이런 재미 때문에 남의 계집을 침탈하는 오이이다. 너털웃음 하나로 승리를 자축하면서 그는 또 새로운 상대를 향해서 침략의 발톱을 가는 것이었다.

그 새로운 상대는 히다가 아끼고 위하는 정부 마메야코였다. 함께 음모를 꾸미고 이권운동을 하는 동지적인 관계도 오이의 침략 근성 앞에서는 아무 소용이 없었다. 비서관 나리의 계집인들 별 수가 있겠느냐는 것을 확인하려는 뻔뻔스러운 애욕의 허영! 그러나 이런 경우야말로 오이가 사는 보람을 느끼는 시간이다. 남의 계집을 빼앗았다는, 그러니까 내가 그 놈보다 잘났다는 자만심 하나를 얻기 위해서 오이는 날카로운 발톱을 감춘 소리개처럼 마메야코의 주변을 선회하기 시작했던 것이다.

이 싸움에서 히다는 여러 조건들이 불리하였다. 총독의 비서라 자유직업인 변호사 오이에 비해서 마음대로 시간을 낼 수 없었다. 여자를 다루는 솜씨도 오입쟁이로 산전수전을 겪은 오이에 비해서 한 등급이 떨어졌다. 이런 강점을 십분 활용해서, 오이는 히다가 올 만한 밤이면 한사코 마메야코를 잡아둔 채 놓아 주지 않았다. 여가를 훔쳐서 찾아온 히다는 번번이 허탕을 치게 됐다. 이는 괴뢰 만주국을 청국에서 떼어 내던 분할지배의 침략 공식이다. 히다로서는 이런 오이의 수법이 생각할수록 분통이 터지는 것이었다. 게이샤를 독점한다는 것이 자기 외의 다른 손을 못 받게 한다는 것이, 사실상 불가능하다는 것쯤 히다도 충분히 알고 있었다.

하지만 오이의 좌석에만은 한사코 들여보내기 싫었다. 뱃속 검은 녀석이 목적을 달성하고 나서 띄울, 사람을 깔보는 그 야릇한 미소. 우다코의 경우를 합쳐서 두 번씩이나 그런 미소를 보고 싶지가 않았다. 이리하여 히다는 궁지로 몰리고 쫓기다 마침내 기회를 포착하면서 반격을 시도하게 됐던 것이다.

12월 들어 대목을 바라볼 무렵이었다. 이때쯤 게이샤들은 연말의 지출 때문에 걱정이 태산 같기 마련이다. 이잣돈, 외상값에다 인사치레, 고향 집에 보낼 송금, 또 한두 벌 설빔이라도 장만하자면, 여간한 화대로는 예산도 닿지 않는다. 그러니까 그들은 별 수 없이 한두 명의 단골에게 신세를 진다. 이때 신세와 정표의 후박厚薄에 따라서 게이샤들의 정의 판도가 바뀌기도 예사였다.

히다는 이때 마메야코의 친구 게이샤 하나를 들러리 삼아 징발하였다. 후하게 선심까지 쓴 것은, 네가 그렇게 오이에게만 호의를 베풀면 나도 다 생각이 있다는, 일종의 협박이자 시위였다. 이 시위 앞에서, 연말 지출이 급한 마메야코라 틀림없이 항복을 할 줄 알았다. 그런데 결과가 빗나갔다. 묘하게 틀어진 연말 예산을 오이의 주머니에 의지하면서, 마메야코는 미련 없이 히다에게서 멀어져 갔다. 떨어져만 간 것이 아니라 이 여자의 앵돌아진 혀끝에서 히다의 음모는 하나 둘 세상에 새어 나갔다. 당황한 히다가 부랴부랴 수습책을 강구했지만 처참한 종말은 이미 시작이 되고 있었다. 하늘같이 믿었던 다나카의 정우회 내각이 무너지면서, 민정당 총재 하마구치가 권좌에 올랐던 것이다.(1929. 7. 2)

이 정권 교체는 관동군이 장작림을 폭살(1928. 6. 4)시킨 뒤처리가 원만하지 못했던 데 대한 인책이다. 이 무렵 다나카의 소위 만몽滿蒙 적극 정책은 대륙의 배일 기세만을 조장하는 것이라 하여 정당에서 사면초가의 비난을 받고 있었다. 그리고 이와 관련해서 히다 등의 음모도 정치문제로 비화하였으며, 밑바닥으로 굴러 떨어져 도쿄검사국에서 이윽고 형사피고인 신세가 됐던 것이다.

조선의옥 사건

조선의옥 사건은 쇼와 3대 의옥사건 중 하나로 꼽혔다. 총독과 총독 비서를 형사 피고인이 되도록 만든 이 사건은 부산의 미두취린소 설립허가를 둘러싼 뇌물 수수에 따른 것이었다. 이 미두취린소란 것은 일제의 무한 수탈의 한 단면이었다. 1889년 9월, 함경감사 조병식이 방곡령防穀令을 폄으로써 곡물의 대일 반출이 어렵게 되자 일상들은 곡물 염가 반출의 무대를 원산에서 인천으로 옮겼다. 일인 가라이란 자가 1896년 3월에 설립한 인천 미두취린소가 곧 그것인 것이다.

미곡의 표준가격 형성 등을 설립 이유로 삼았던 인천 미두취린소는 초기에 쌀·콩·방적사·석유·면포·명태·무명을 거래했으나, 이윽고 쌀을 중심으로 바뀐다. 이것이 설립되자 일인들은 곡물 거래의 총본산인 오사카 도지마 취린소의 시세에 조선의 쌀값을 맞춰 가면서 시세 조작을 비롯한 무자비한 수탈을 시작하였다.

이렇게 시작된 미두취린소의 거래는 3개월을 기한으로 하는 정기거래가 중심이므로, 이곳에 상장되는 쌀은 정기미 또는 생략해서 기미期米라고 불렀다. 이것은 현물 없이도 거래를 할 수 있는 선물매매요 청산거래로서, 지금의 증권거래와 비슷한 형식으로 운영된다. 기한 내에 증거금과 수수료만 내고 매매하면 되기 때문에, 현금이나 현물이 없어도 시세 변동으로 인한 막대한 이익을 노릴 수 있었다. 이리하여 무한수탈의 수단으로 시작된 기미는 투기·도박으로 화하면서, 어설프게 덤벼든 조선인에게 흥망성쇠의 숱한 희비극을 강요하였다.

이곳의 거래는 쌀 1백 섬인 한 '다마(玉)'를 단위로 해서 증거금(20~1백 원)과 수수료만으로 이루어졌다. 매매 기한은 3종인데 '도키리(當限)'가 그 달 동안, '나카모노(中限)'는 다음 달, '사키모노(先限)'는 그 다음달까지 현물을 수도受渡한다. '다마(기본 단위인 쌀1백 섬)'를 사면 증권처럼 통장에 기입이 되는데, 오르면 먹고 내리면 밑지는 판이라, 매매 쌍방이 심각하다. 일요일을 제외하고 날마다 전장(오전장)·후장(오후장)으로 갈려서 장이 서면 투기꾼들이 모여서 손가락으로 시세를 부르면서 '야로(판다)'. '가오(산다)'를 외쳐 대곤했다.

이런 미두취린소를 무대로 해서 대개가 일인인 중매인들은 온갖 협잡을 자행하였다. 시세 조작, 담합, 거래에 붙이지 않고 공매매로 이익을 따먹기, 기타 온갖 사술과 부정행위인 것이다. 침략 자본의 활로 역할을 했던 미두취린소는 이리하여 1920년대로 들면서는 13도 전역을 투기장화 시켰다. 총독부마저 그 해독을 보다 못해서 경제적 후진성과·사행심 조장 등을 이유로 군산·부산 등 각처의 취린소 설립허가를 거절할 정도였다.

야마나시 시절에는 도쿄 가와자키 상사의 사장 가와자키란 자가 부산 미두취린소의 설립을 계획하였다. 이 권유는 광산업자 고토와 출판업자 나미가 자신 있게 나섰으나, 이때만 해도 가와자키는 좀처럼 결심이 서지 않았다. 유리한 사업이지만 허가가 날까? 가와자키가 망설이는 눈치를 보이자 고토와 나미는 오이를 포섭한 후, 총독비서 히다를 움직이기로 작전 계획을 세웠다.

이리하여 교토의 지모도라는 요릿집에서 1차 회합이 이루어졌다. 히다로부터 '허가를 얻어 주마'를 확약을 받자 고토·나미는 가와자키를 방문하고 신청서 제출을 종용하였다. 그래도 망설이자 일당은 가와자키를 안내해서 히다의 본가를 방문하였다. 히다로부터 직접 언질을 받은 가와자키는 총독 비서의 그 언질을 신임하면서 신청서를 제출하게 됐던 것이다.

이쯤 꿍꿍이를 진행시킨 후, 히다는 야마나시를 만나서 조건부로 홍정을 걸었다. 정치자금 5만 원을 내겠다는 사람이 있으니 부산에다 미두취린소를 허가해 주라고…. 어렵지 않게 총독이 승낙하자 히다는 고토·나미를 통해서 가와자키에게 정치자금 명목인 뇌물 공여를 종용했다. 가와자키가 망설이자 히다는 벌려진 일의 뒷수습이 난감해졌다. 허가서를 받아준다는 각서를 쓰고, 야마나시로 하여금 가와자키를 방문하게 하는 등 악전고투 끝에, 마침내 5만 원을 우려내고야 만다.

이리하여 신문지에 싼 돈뭉치를 야마나시는 분명히 받아 챙겼다. 그 자신이 지정한 장소 총독 사저의 응접실에서. 이 무렵의 평균 곡가 15원으로 환산해서 5만 원이면 쌀이 3천 3백 가마. 명목은 정치자금이었으나, 가와자키는 그 돈을 미두취린소 허가와 맞바꾸는 조건으로 제공하였다. 때문에 그것은 뇌물 공여이며, 사정을 알고 받은 야마나시의 행위는 의심할 것 없이 뇌물수수가 되는 것이다.

그해 1922년 여름에 사건이 노출되면서 야마나시는 8월 17일자로 총독을 사임하였다. 도쿄검사국에 소환된 그는 검사의 인정심문에 대해서

'무직'이라고 답변한다. 동년 11월 28일자로 기소된 야마나시는 1 · 2심에서 뇌물수수 혐의 사실이 없다는 이유로 무죄 방면된다. 함께 기소된 가와자키는 뇌물공여죄로 징역 5개월에 집행유예 2년, 히다는 뇌물방조죄로 3개월 징역형을 받았다. 공범만 있고 정범이 없는 묘한 판결이 난 것이다. 사람은 없고 그림자는 있다는 식의 이런 법리적 비리가 이토 이래의 그 많은 오직을 가능하게 하였다.

이리하여 야먀나시의 총독생활 20개월은 추하고 시시하게 끝나 버린다. 시베리아 금괴를 꿀꺽했던 이 독직의 명수는 독직을 하기 위해서 조선을 다녀간 셈이나 다름없었다.

탁류속에 가라앉는 어느 물거품

낙엽이라 하기에는 철이 일렀다. 하지만 계절은 어느새 가을, 입추를 지나 말복·처서 무렵에 총독을 사임한 야마나시가 검사국과 재판소를 왕래할 동안 초가을이 중추에서 만추로 여물어 갔다. 그 가을은 결실의 계절, 또 조락凋落의 가을….

하지만 결실이건 조락이건 야마나시에게는 절망과 괴로움의 가을이었다. 20개월의 총독 생활이, 그보다도 43년의 군인생활이, 이렇게 쇠고랑을 차는 것으로 결실을 보다니. 떨어져 구르기 시작한 잎사귀에서 야마나시는 그 자신의 조락을 보면서 더러는 몸부림이라도 치고 싶은 심정이었다.

그때 쯤 식민지의 탁류 속에서 사람들은 야마나시와 히다라는 물거품에 대해 별로 이야기하는 일은 없었다. 측근이었던 사람들이 어쩌다 합석을 해도 그 물거품들보다는 그들의 아내나 정부에 대한 화제가 만발했다. 이럴 때 으레 악역으로 등장하는 것이 야마나시의 처 로쿠코였다.

"내 주장으로 악명을 떨치더니 결국은 '우리 집 한조半助'까지 잡아먹더군! 도청 이전 때 대전토지회사가 낸 1만 4천 원에서 1만 원이 그 여자에게로 갔다지 뭐야! 그러니까 비서가 송금해 준 총액이 얼만지 알게 뭐야?"

사람들은 로쿠코의 지나친 탐욕이 야마나시의 파멸을 재촉했던 것이라고 비난하였다.

이 무렵이 좀 지나자 마메야코는 어느새 게이샤가 아니었다. 화려한 애정행로 끝에 히다 일파를 멸망하게 한, 조선의옥 사건의 도화선에 불을 댕긴 계집이지만, 사노라면 도처에 청산은 있게 마련이다. 어느 부자의 소실로 둔갑한 이 여자는 제법 의젓하게 머리를 올리고 오사카에서 신혼의 단꿈을 꾸고 있었다. 그 창변을 구름은 멀찌감치 돌아서 피해 가고 있었다. 새 소리만이 조용한 행복을 시새울 뿐, 히다도 오이도 마메야코에게는 먼 하늘을 떠가는 구름이었다.

우다코는 끈 떨어진 뒤웅박 신세로 전락하였다. 총독 부임열차를 타고 조선에 왔던, 왕년의 총독 비서의 정부. 하지만 히다가 쇠고랑을 차면서 우다코는 소복 호텔에서도 방세 때문에 쫓겨나고 말았다. 화월 옆골목으로 방 하나를 얻어서 이사했는데, 낮이건 밤이건 어중이 떠중이들의 발길이 끊어지지 않았다. 썩어도 준치라, 총독 비서의 정부였다는 이력의 찌꺼기를 바라고 꼬여드는 쉬파리 떼들이었다.

이런 얼마가 지나서 우다코의 종적이 감쪽같이 사라진다. 비슷한 무렵의 야마다라는 자칭 잡지사 기자도 행방불명이 되었다. 이 남자는 기한을 채운 게이샤나 왜갈보, 또는 돈푼 있는 과부 등속을 그때그때 임시 아내로 삼아서, 여자 덕으로 편하고 심심하지 않게 세상을 살아가는 사람이었다. 우다코의 셋방을 드나들면서 꽤나 곰살맞게 굴더라는 소문이었건만.

해가 바뀌면서 1930년, 세기말적 대공황이 전국을 휩쓸면서 하마구치 내각(1929. 7~1931. 4)의 긴축정책이 본궤도에 들던 무렵이다. 서울 어느 골목에서 하염없이 낙조를 바라보고 서 있는 한 여자가 있었다. 게이샤 출신의, 한때는 꽤 고왔음직한 맵시가 수심과 병고로 인해 보잘 것 없이 된 여자였다. 그녀는 바로 돌아오지 않는 사람을 생각하다 지친 우다코였다. 쓴 물 단 물 다 털어 먹은 야마다가 종적을 감추자, 오갈 데 없어진 탁류 속에 가라앉는 또 하나의 물거품이 된 것이다.

제 9 장

사이토 :

에로·그로·넌센스의 시대

진고개에 밤꽃은 지고

　야마나시를 대신한 것은 제5대 사이토의 재임이었다. 이러한 인사발령은 다나카의 만몽 적극정책의 실패로 더욱 고조된 대륙의 반일 풍토에 대처해서, 만철 총재는 물론 조선총독까지도 관록 있는 거물을 앉혀야겠다고 생각한, 내각의 특별 배려에서 이루어졌다. 이리하여 사이토는 추밀원 고문관으로 조선을 떠난 지 1년 8개월 만에 다시 권부의 주역으로 등장한다. 1929년 8월~1931년 6월에 걸친 22개월의 사이토 재임 시절의 막이 열리는 것이었다.

　이 22개월은, 1919년 8월~1927년 12월에 걸친 사이토 초임 시절에 비교할 때, 여러 점에서 대조적인 양상을 보여 주고 있었다. 우선 첫째, 1차 임기 중 사이토는 소위 '회유의 명수'로 문화정치를 표방하면서, 무단통치 이상의 책략과 술수로 지배정책을 다져 나갔다.

　민원식 · 선우순 · 최린 · 이광수 기타를 이용한 참정론 · 일선융화론 · 자치론 · 민족개조론으로 민족진영의 사분오열을 꾀했고, 아베 · 오가키 등의 참모 · 어용학자를 동원한 독립불능론 · 총독 선정설 따위로 독립의 지를 거세하려 하였다.

그러나 72세의 새 총독에게는 왕년의 그런 기개나 적극성이 없었다. 이른바 '시정 20주년 기념 박람회(1929. 9)'로 정책을 선전한 정도가 재임기간 중의 거의 유일한 치적이었다.

둘째, 식민지 관료들의 기풍도 왕년에 비해서는 현저하게 면모가 달라져 가고 있었다. 외지 근무의 자유를 만끽하면서 멋대로 놀아나던 왕년에 비해서 크게 점잖아졌던 것인데, 이러한 변모는 사실 100% 타의에 의한 것이었다.

이토·소네 시절의 한일 교통은 배로 1개월 이상이 걸렸고, 따라서 식민지 관료들은 대개가 독신으로 건너왔다. 하지만 사이토 재임기로 들면서 관부연락선은 불과 몇 시간으로 내왕했고, 때문에 대개가 남편과 함께 아내가 조선으로 건너오곤 하였기 때문이다. 게다가 이토 시절에 비해서 10여 배 이상으로 불어난 거류지의 일본인 인구들…. 이들의 눈초리와 또 아내의 속박 때문에 식민지 관료들은 옛날처럼 자유롭게 놀아날 수가 없게 되었던 것이다.

이러한 사정은 관리들의 주머니 속이 가난해졌다는 이유 때문에 한결 악화되는 경향이었다. 조선을 통째로 삼킨 이토·데라우치 시절은 도처에 굴러다닌 것이 이권이요 부정 수입원이었다. 하지만 그 사이 20년 동안 동척의 땅은 어지간히 분배되었고, 역둔토 기타 관유지도 불하할 만큼 불하하였다. 남은 것은 세금으로 농간을 부리는 정도인데, 2~3명 기생첩을 거느리기에 그것은 너무나 부족한 액수였다.

당연한 결과로 관리들은 오다 가다 공식 연회에서나 기생 문안을 받아보면서 감지덕지해야 됐던 것인데…. 관료들의 씀씀이가 째째해진 것에 비례해서 게이샤들도 어느새 약아질 만큼 약아져 버리고 말았다. 사이토

1차 임기 무렵까지만 해도 게이샤들은 대관들 상대로 죽네 사네 정열과 순정을 불태우는 광경이 허다하였다. 하지만 그런 어느 선배 게이샤가 고관과의 정분을 길게 유지했는가? 본국으로 가버리면 그뿐, 뒤웅박 신세로 버림을 받곤 하던 꼴을 싫도록 목격한 후배 게이샤들이라, 식민지 관료들이 아무리 사탕 발림을 해도 좀처럼 속으려 들지 않았다.

이리하여 사이토 재임기로 들면서 밤의 일제 침략사는 조락凋落의 가을로 접어들고 있었다. 이토 시절, 진고개 일대에 밤의 꽃들이 만발하기 시작했으니 계절에 비유한다면 봄이다. 이때 식민지 관료들은 분 냄새 짙은 꽃그늘에 들뜰 대로 들떠서 흥청거렸다. 소네의 무르익은 만춘이 가면 데라우치 무렵이 초여름일까? 녹음방초 승화시綠陰芳草 勝花時란 말과도 같이, 꽃보다 탐스러운 게이샤들의 녹음 속에서 침략자들은 태평성세를 구가하였다.

이럴 무렵, 먹구름 천둥 번개와 함께 소나기 한 주름 쏟아진 것이 하세가와 시절의 만세 열풍이다. 녹음 속의 탕아들이 별안간의 소나기에 후줄근히 젖어서 풍비박산이 되고 나면, 비 맞아 더욱 푸르러만 가던 사이토 초임기의 여름…. 그리고 나면 제4대 야마나시 무렵이 7~8월 장마철에 해당한다. 구질구질하고 곰팡내 나던 그 시절 우기의 유흥을 위해서, 총독부의 탕아들은 진고개의 감탕밭 속에서 온통 흙탕구리가 되곤 하였다. 그 끝에 조선의옥 사건으로 추악한 결실까지 끝나 버리고…. 그러니까 사이토 재임 시절은 낙엽 지는 가을이다.

1928년 6월 관동군의 장작림 폭살로 시작된 북녘의 매운바람이 1931년 9월 18일, 만주사변의 한파로 서서히 위세를 더해가고 있었다. 군파시즘의 광풍이 3 · 15사건(1928. 3. 15), 4 · 16사건(1929. 4. 16)으로 일본 공산당을 박멸하면서, 3월 사건의 쿠데타 음모로 황도주의 파시즘 체제의 확립을 획책하곤 하였다. 이런 한파와 광풍 속에서, 이토가 심은 밤의 꽃나무는 마침내 낙엽의 계절로 접어들기 시작하고 있었던 것이다.

이 조락을 재촉한 것이 하마구치 내각 시절의 세기적 공황이었다. 미국 주식시장에서 시작된 그 공황은 곧 전 세계를 휩쓸면서, 청일·러일·세계 1차대전으로 살이 찐 일본 경제를 총체적 파탄의 상태로 몰아넣었다.

자고 나면 떨어지고 폭락하는 곡가의 급격한 변동 속에서 실업자는 늘고, 파산자는 속출하고…. 부자도 가난뱅이도 없었다. 모두가 한결 같이 굶어 죽을 지경이 된 세기적 공황을 타개하려고 하마구치는 금의 수출 금지까지 풀었으나, 사태를 호전시키지는 못했다.

이리하여 사람들은 허무의 늪 속으로 빠져 들었다. 절망을 잊기 위해서 사람들은 세상사를 냉소하면서 말초적 자극을 찾곤 하였다. 이렇게 해서 탄생한 것이 '에로·그로·넌센스'라는 그 시대의 유행어이다. 도색결사桃色結社·엽기사건이 꼬리를 물면서 만주사변 전야의 사이토 재임기가 진행돼 갔던 것이다.

총독부의 탕아들

사이토 재임시절은 총독부의 탕아들에게도 크게 불편한 세월이었다. 조선의옥 사건으로 꽁무니가 켕기는 데다 불경기가 겹쳤고, 아내의 감시와 속박도 만만하지 않았다. 게다가 게이샤들까지가 옛날 같지 않아서 까질 대로 까져 버렸다. 놀아나기 불편한 조건들만 이렇게 골고루 갖춰졌지만 그자들이라고 뭐 뾰족한 방도가 있을 턱은 없었다.

그러니까 총독부의 탕아라지만 이제는 몸이 달아서 요정 출입을 하는 자도 별로 없었다. 불경기라는 탓도 있지만, 밤의 세계 자체가 몸이 달아 할 만큼 매력 있는 세상이 아니게끔 어느새 변모해 버리고 만 탓이었다. 이토·소네 시절의 요화妖花들은 늙어서 꼬부라졌고, 데라우치·하세가와 시절의 명기名妓도 한물이 갔다.

게이샤들의 판도가 사이토 1차 임기 이래의 신래종新來種으로 바뀌었는데, 이들은 이토 이래의 재래종에 비해서 수더분한 맛이 없었다. 여학교쯤 다니다 비뚤어진 탓이겠지만, 이들 신래종인 게이샤들은 자유니 인권이니 하는 들은 풍월들이 있어서 여간 콧대들이 세지 않았다.

그러니까 아사리가 경무국장을 하던 무렵 어느 날이다. 귀한 손님을 요정에 초대했는데, 그날따라 게이샤가 몇 사람 들지 않았다. 아사리는 얼마간 면구스러워져서 귀한 손님에게 인사치레로 말했다.

"보시다시피 지금은 뭐 별로 신통한 게이샤도 없습니다. 하지만 곧 굉장한 미인께서 왕림일 테니 천천히 즐기십시다."

데라우치 시절만 해도 게이샤들은 "어머, 제가 그렇게 호박인가요?" 하면서 아양들을 떨었을 것이다. 하지만 콧대만 높던 신래종 게이샤들이라 그만한 여유가 있을 턱이 없었다. 표정들이 샐쭉하더니 수군수군 하면서 한 사람 두 사람씩 자리를 떴다. 이리하여 마침내는 그 요정의 모든 게이샤가 그 방에 입실을 거부하는 소동이 일어났던 것이다.

한마디 실언이 아사리의 얼굴에 불화로를 엎었지만 또한 그만큼, 경무국장 상대로 보이콧을 불사할 정도로, 콧대 세고 다루기 어려워진 것이 그 무렵의 신래종 게이샤들이었다. 그러니까 이마무라 같은 작자도 더 이상 행패가 불가능하였다. 식산국장에서 내무국장으로 옮겨 앉은 이마무라의 술버릇은 총독부 안에서도 정평이 나 있는 것이었다. 술사발 뒤집어 씌우기는 예사요, 술상을 걷어차는 정도도 보통이었다. 어느 게이샤가 털끝만큼이라도 비위를 거슬렀다 하면, 이마무라는 발끈 머리끝까지 성을 내면서 계집의 널미를 낚아채 벽장 속에 쑤셔 처넣고서 온 요정이 떠나갈 듯이 호통을 질러대는 것이었다.

이 자는 유쾌한 연석에서도 골칫덩이였다. 한잔 술에 거나해서 심기가 유쾌해지면 게이샤를 엎어놓고 말처럼 타고 앉았다. 그러니까 여자들은 진절머리를 내면서, 술기운이 좀 올랐다 싶으면 하나 둘씩 꽁무니를 뺀다. 불러도 호통을 쳐도 영 귀먹은 소식이라, 이마무라는 더욱 사나워져서 기둥뿌리를 뽑을 듯이 야료를 부리곤 하였다.

이럴 때 그를 말릴 사람은 20년째 단골이라는 미쓰기쿠 한 여자뿐이었다. 하지만 그 즈음에 들면서 그런 주사를 용납할 만큼 너그러운 게이샤라곤 없었다. 요정의 터줏대감 격인 경무국장을 상대로도 보이콧을 불사하는데, 내무국장쯤이야 냉소의 대상이나 안 되면 다행이었다.

이리하여 요정에서는 게이샤 상대로 존댓말을 바치는 마쓰데라 따위가 인기를 누리곤 하였다. 1923년 이후 사이토 재임 초기에 걸쳐서 법무국장을 지낸 마쓰데라는 햇병아리 같은 게이샤에게도 존댓말을 바치는 바람에, 요정가에서는 '스님'이란 별명으로 통했다.

하지만 총독부의 탕아들은 시간당 1원 50전의 비싼 화대를 물어가면서 그런 저자세가 아니꼬웠다. 그리하여 보다 경제적이고 마음 편한 카페 쪽으로 발길을 돌림으로써, 밤의 세계의 세력 판도가 크게 변모하기 시작했던 것이다.

칸막이 밀실 카페의 등장

'카페 후지'는 총독부 토지개량 과장 나카무라가 단골이었다. 여급들에게서 이 자는 '새색시'란 별명으로 불려지면서 꽤나 인기를 독점하였다.

카페 후지는 1914년에 우메히하가 남대문로 3가에서 개업하였다. 시대의 총아로 등장한 축음기의 달콤한 선율과 5색 네온의 조명 밑에서, 카페의 분위기는 요정에 비해서 다분히 에로틱하고 향락적이었다. 그뿐 아니라 팁 1원 정도로 몇 시간을 소곤댈 수 있으니 요정보다 한결 경제적이다. 이리하여 1920년대 후반기로 들면서 번성하기 시작한 바·카페가 사이토 재임기로 들면서는 어느새 전성기를 구가하고 있었던 것이다. 그 중 이름 있는 몇 업체를 들면 1921년 개업인 카페 은송정(미즈나미가 을지로 2가에서 경영), 이사이가 경영한 카페 엔젤(종로 2가에 있었는데, 1·2층이 홀, 3층은 150명을 수용하는 대연회장으로, 조선식 취향인 만큼 조선인도 꽤 출입), 묵정동 길목에서 히사즈미가 경영하던 피죤(여급이 20명 안팎이었으나, 공창가와 가까운 탓인지, 100% 에로 서비스로 이름이 높았음), 충무로 4가에서 필동 쪽으로 근접한 카페 은좌(남산 일대를 벽화처럼 두르고 있는 전망 때문에 관료패들이 애용하던 업소) 등이 있었다.

또 퇴물기생 시즈에가 차린 을지로 2가의 국수는 은행원·회사원이 단골이었다. 관철동의 카페 왕관은 이 부류 20여 개의 일류 업체 중에서 유일한 조선인 경영으로, 최익이 1931년에 개업하였다. 인쇄업자 우에키가 제 처를 마담으로 내세워서 경영한 충무로 3가의 카페 백접白蝶, 기타 충무로 1가의 은수, 현 영락교회 근처에 있던 카페 바론, 충무로 2가의 본정 바 같은 것들이 이 시대의 유수한 업체들이다. 하마구치 시절로 들면서 불경기의 바람이 드세어지자, 이들 유흥업체는 경쟁적으로 특수 서비스의 개발에 역점을 두기 시작하였다.

우메히하의 카페 후지는 이 무렵 들면서 메뉴를 근본적으로 혁신하였다. 술보다 안주에 역점을 둔 이 집의 메뉴는 어느 요정보다도 걸걸해서 웬만한 대식가라도 시장기가 가셔질 정도였다. '신마치' 공창가 부근인 '피죤'에서는 종래의 명물이던 에로 서비스에 더욱 역점을 두기 시작한다. 본정 바 같은 곳은 아래층을 홀, 2층은 1980년대에도 말썽인 칸막이 밀실로 개조해서 농염한 서비스로 고객 유치 작전을 펴곤 하였다.

1934년 겨울, 모종의 정보에 의해서 행동을 개시한 본정서는 세칭 '혼비루'로 통하던 그곳 본정 바를 습격한 채 한동안 어안이 벙벙하였다. 2층 밀실마다 쏟아져 나오는 남녀, 그들의 매무새가 말이 아니었던 것이다. 유한마담과 여학생 퇴물, 간호원을 비롯해서 회사원·은행원과 관리 족속들…. 주인 야스다미의 소개로 접선해서 백주 대낮부터 정염을 불태우고 있던 생면부지의 비밀 도색 결사들이었던 것이다.

이 비슷한 조직은 그 이웃 구리다의 적선상회에서도 발각되었다. 온갖 해괴망측한 그림들이 걸려져 있는 도색의 밀실에서 성도 이름도 모르고 놀아나던 그 무리들…. 비밀유지를 위해서 그들은 서로 가명으로 행세하면서, 영업주 겸 소개자인 야스다미에게 일정한 소개료까지 바치고 있었다.

　이런 에로 결사는 사이토 재임기에 번성하기 시작해서 1930년대 전반기까지 독버섯처럼 창궐하고 있었다.

철도 관사의 엽기 사건

사이토로부터 우가키 무렵까지를 '에로 · 그로 · 넌센스의 시대'라 하였다. 본정 바 같은 도색결사 종류가 창궐하던 세태의 일각에서는 엽기적인 범죄사건이 꼬리를 물면서 발생하였다. 항도 부산을 잔인한 화제로 사로잡은 '부산 마리아 사건'도 그런 그로테스크한 사건의 하나다.

이 사건의 무대는 부산 초량동 철도 관사촌인 일본인 부락이다. 운수소장 오바시의 관사에서 매무새 어지러운 반벌거숭이 여인의 교살 시체가 발견되었다. 한여름 작열하는 광선에 드러난 피살자의 얼굴은 고통에 이지러졌으나, 드물게 볼 만큼 요염한 얼굴이었다. 숱 많은 머리칼이 목을 조른 허리띠를 덮어서 처염한데, 점점 뿌려진 피는 특히 하반신 부위를 질퍽하게 물들여 놓고 있었다. 피살자의, 하필이면 국부에서 흘러나온 피였다. 예리한 흉기가 그부분을 날카롭게 파괴해서 잔인하기 이를 데 없는 상처였다. 치정살인임을 직감하게 하는 광경이지만, 너무나 변태적인 광경이라, 검시관들마저 고개를 흔들면서 눈을 돌렸다.

피살자는 당년 20세의 변흥련, 오바시 집의 식모였다. 통칭 마리아로 불려진 그녀는 철도관사 일대에서도 소문난 미녀로 꼽히고 있었다. 충남

천원군 빈농의 딸인 마리아는 18세에 동네 청년 유 모에게로 출가했으나, 미처 1년이 못 가서 파탄이 왔다. 19세 이혼녀로 친정살이를 할 때도 처녀 시절 못잖게 뭇 남성들이 접근을 시도했다.

빗발치는 재혼 이야기를 뿌리치면서 마리아는 경제적 자립을 생각하였다. 철도국 직원이던 오라비의 소개로 당시 서울철도국 직원이던 오바시의 집에 식모로 들어갔다가, 오바시가 전근하면서 함께 부산으로 이사한 것이 약 4개월 전이었다.

이 동안에도 마리아에게는 접근을 시도하는 많은 남성들이 있었다. 서울생활 무렵에는 히로다라는 일인이 특히 열정적으로 접근을 시도했고, 피살 전날 밤에도 어느 중국인이 마리아의 창문을 기웃거리더라는 소문이었다. 게다가 전 남편과의 애정의 갈등, 또 소문이 특별한 관계라고 전하던 어느 조선인 청년…. 20세 미모의 여인을 둘러싼 이런 소문이라, 수사관들은 그녀의 주변의 어느 남성이 애정의 갈등 끝에 범한 소행이라고 심증을 굳혀 가고 있었던 것이다.

검시의 결과는 질식사였다. 피살된 시각은 오후 10시 30분 이후 새벽…. 그러니까 범인은 한밤에 철도 관사에 침입해서 어떤 물리적인 힘으로 피살자를 질식시킨 후, 허리띠로 목을 졸랐다는 추정이다. 국부의 자상은 범행한 직후, 피살자가 이미 질식사한 다음에 가해진 것이라는 계산이 된다. 침입한 경로는 검사의 면밀한 검증에 의해서 뒤 창문을 넘어 들어온 것으로 추리되었다.

목에 감긴 허리띠는 오바시의 아내 히사코가 일본 옷을 입을 때 쓰는 것이었다. 그날 밤 집주인 오바시가 마산으로 출장을 갔기 때문에, 관사에는 히사코와 마리아뿐이었다. 그러나 히사코는 그날 밤 아무런 수상한 기척을 눈치 채지 못했다고 하였다.

아홉 시 지나서 마리아가 잠자리에 든 후, 화장실에 다녀오려니까, 마리아의 방에서 전등불이 두어 번 껌벅거렸다. 일찍 자라는 말을 남긴 채 제 방으로 가서 히사코는 그후 수상한 기척을 듣지 못했다고 하였다.

이리하여 수사는 사건 발생 1주일이 넘도록 오리무중에서 방황하였다. 마리아 주변의 남성에게서는 이렇다할 아무런 용의점이 발견되지 않았다. 그럼 집주인 오바시? 마산에 출장 중이었으니 알리바이가 너무나 뚜렷하다. 그럼 오바시의 아내 히사코? 범행이 여자의 소행으로서는 너무나 악착스럽고 잔인할 뿐더러, 히사코는 관사촌 일대에서도 얌전하기로 정평이 나 있는 여자였다. 그럼 범인은 대체 누구인가? 수사가 벽에 부딪쳐서 갈팡질팡 할 무렵 투서 한 장이 수사관 앞으로 날아들었다.

> 사건 발생 15일 전에 히사코는 동래온천 나루토라는 요정에서 어느 젊은 철도국 직원과 함께 게이샤를 불러서 호유豪遊하였다.

이러한 내용과 함께 투서는 로이드 안경을 쓴 젊은 남자가 히사코의 관사에 자주 출입한 사실을 지적하고 있었다.

그럼 마리아를 둘러싼 치정 관계가 아니라 히사코의 남자관계를 은폐하기 위한 범행? 이리하여 수사의 방향은 히사코의 주변을 더듬기 시작했다. 본적지며 전 거주지를 조회한 결과 얌전한 가정주부 히사코가 내연의 처라는 사실이 판명되었다. 로이드 안경을 쓴 청년이 히사코의 정부로 신원을 드러냈는데, 부산철도국 공제조합 직원인 이노우에였다. 히사코보다 2세 연하인 이 남자는 여자 관계가 복잡해서, 히사코 외에도 10여

명의 여자가 주변을 맴돌고 있었다.

그해 6월의 무더운 어느 여름 날. 알고 보니 이노우에는 어느새 마리아를 농락하고 있다. 그런 일이 있은 후 어느 날, 히사코의 방에서 히사코와 불륜을 즐기려는데 마리아가 문득 문을 열고 들어섰다. 마리아의 입을 통해서 그 장면이 남편에게로 전달되면 모든 것이 파멸이다. 한편 이노우에는 이노우에대로 마리아에게 닥달을 당할 생각을 하니 기가 막혔다. 이리하여 불의의 남녀는 불륜 현장을 목격한 마리아를 죽여 없애기로 합의를 본 것이었다.

오바시의 출장은 그들의 범행을 위해서 천재일우의 호기였다. 알리바이의 조작을 위해서 그날 밤 극장 구경을 간 이노우에는 극장이 파하자 귀가해서 아내와 잠자리에 들었다. 아내가 잠들기를 기다려 오바시의 집으로 빠져나간 이노우에는 히사코의 허리띠로 마리아의 목을 감았다. 마리아가 버둥거리자 공범인 히사코는 발을 누르고…. 국부의 잔인한 자상은 범행을 치정살인으로 위장하려는 술책이었다.

이튿날 관사촌이 발칵 뒤집히자 이노우에는 조객을 가장하면서 태연하게 시치미를 뗐던 것인데, 이토가 심은 밤의 꽃나무에서 마침내는 이런 그로테스크한 열매까지 달리고 말았다.

하지만 그 뿐이 아니다. 향락 이외의 일체가 넌센스로 치부되던 세태 속에서 그까짓 군軍 기밀 쯤 대단했을라구? 이렇게 해서 불거진 것이 사이도 재임 말기에 희대의 매국노 사건으로 떠들썩했던 군사기밀 밀매 사건이었다.

어느 매국노

사이토의 재임 시절의 카페는 범죄의 소굴이자 온상이었다. 부나비 같은 향락주의자들이 출입하면서 감미로운 재즈의 선율에 오늘과 내일의 모든 것을 떠넘겨 버리곤 하였다. 아편이 밀수되면 이곳에서 흥정과 거래가 이루어졌고, 금괴 밀수로 한몫을 보자는 의논도 흔히들 이곳에서 무르익었다. 총독부의 탕아들, 예컨대 나카무라 같은 부류는 이곳을 단골 삼아 드나들면서 그들의 부정한 수입을 향락으로 바꾸곤 했다.

총독부로 하여금 국제문제의 발생까지 염려하게 한 사이토 말기의 군사기밀 밀매 사건도 카페를 무대로 해서 발생하였다. 이 사건의 중심인물은 남대문의 카페 '은파'에서 여급 노릇을 하던 쓰루, 당년 25세이다. 히로시마에서 구레로, 만주 대련에서 무순으로 산전수전을 겪으며 방랑하던 쓰루는 1930년 봄 서울에 와서 카페 은파의 여급으로 종사하고 있었다.

이 여자가 구레 군항에서 여급을 할 때 사귄 남자는 사도공寫圖工으로 해군공창海軍工廠에 출입하던 무네마사였다. 이 둘의 관계가 깊어진 어느 날, 무네마사는 두툼한 봉투 하나를 건네주면서 잘 간수하라고 당부하였다.

"이게 뭐지요?"

마지못해 사내는 돈이 될 물건이라고 답변하였다.

"그럼 집문서군요?"

"집문서? 그런 건 아니지만….."

"그럼 뭐지요?"

하도 귀찮게 질문하니까 사내는 성가셨던지 넌지시 실토를 하고 말았다.

"전함 나가토의 설계도야. 1급 군사비밀이니까 최소한 5만 엔은 문제없겠지?"

당시는 쌀 한 가마 값이 12원이었다. 엄청난 거액보다도 쓰루는 서류가 군함의 설계도라는 바람에 눈이 커다래졌다.

"그걸 누가 사죠? 당신, 그래도 괜찮은가요?"

"젠장, 겁 많기는!"

사내는 쓰루의 볼을 쿡 찌르면서 대꾸를 했다.

"당신과 멋지게 살림을 차리자면 그만한 돈쯤은 있어야 할 거 아냐?"

엄청난 일을 하고 있다는 죄의식 속에서도 쓰루는 돈과 새 살림의 유혹을 떨쳐 버릴 수가 없었다. 여자는 서류를 계속 보관하면서, 어느새 사내의 수족처럼 움직이는 사람이 되고 있었다.

대련에서도, 무순에서도, 그 물건은 쉽사리 처분이 되지 않았다. 서울로 무대를 옮긴 쓰루는 카페 은파의 여급으로 있으면서 드나드는 술꾼들 중에서 이시가키를 공범자로서 픽업하였다. 이 자의 소개로 쓰루는 전직 총독부 외사과 직원이었던 하세가와의 전직과 유창한 영어를 미끼로 해서, 모 적성국가에다 그것을 매각하려 했던 것이다.

그런데, 일이 워낙에 엄청나니까 매수자 측에서 좀처럼 신용이 가지 않았다. 엉터리 같은 서류로 사기를 하려는 것이 아닐까? 이리하여 하세가와의 신분을 조회해 보니 현직 외사과 직원이란 말과는 달라서 한낱 퇴직자였다. 사기꾼이라고 단정한 상대방은 총독부 외사과에다 전후 곡절을 밀고하였다.

외사과의 제보로 경기도경이 일당을 일망타진하면서 문제의 서류를 압수하였다. 구레 군항 요새 사령부에 조회한 결과 문제의 서류는 무네마사가 사도공을 하면서 훔쳐낸 진품 1급 군사기밀로 판명되었다. 배수량 3만 1천 8백 톤, 일본 해군에서도 가장 큰 전함인 나가토의 비밀을 일목요연하게 판독할 수 있는 그 서류는 한낱 카페 여급의 살림 밑천과 바꾸기에는 너무나 엄청난 1급 국가기밀이었다.

근래에 드문 매국노 사건이라던 이 일건에는 전직 총독부 외사과 직원이 관계하였다. 철없는 대신들을 조종해서 매국을 감행하게 한 총독부의 탕아들이 이제는 스스로 매국에 앞장설 만큼 타락해 버리고 만 것이다.

제 10 장

우가키 :

팽창과 모략의 쌍주곡

우가키와 주한일본군

제6대는 예비역 육군대장 우가키이다. 1927년 4월부터 10월까지, 제3대 사이토가 군축회의에 참가해 있을 동안 대리총독을 했기 때문에, 우가키의 총독 취임은 재임 비슷한 형식이었다. 그는 1931년 6월부터 1936년 8월까지 5년을 재임하면서 대륙 병참기지화 정책을 추진해 나갔다.

다나카 군벌의 계승자로 육군 중심의 우가키 군벌을 영도한 그는 서일본 오카야마현 출신이다. 원래의 이름이 모쿠지였으나, 사관후보 제1기생을 마친 중위 시절에 가즈시게로 개명하였다. 일본 제일의 사나이로 성공하겠다는 뜻이었다고 한다. 육대를 졸업한 그는 러일전쟁 때 제8사단의 선견참모로서 조선 땅을 밟았다. 이후 육대 교관, 참모본부원 등을 거쳐서, 제2차 사이온지 내각 시절에 우가키는 육군성 국무국장 다나카의 밑에서 군사과장을 맡고 있었다.

이 무렵 이후 3년여에 걸쳐서 일본 정계를 온통 소용돌이 속으로 몰아넣었던 것이 조선 내 2개 사단 증설문제였다. 1904년 2월 23일자 한일의정서에 의해서 조선에서의 주병·용병 등을 확보한 일제는, 조선주차군이라는 이름으로 일본에서 2개 사단을 교대로 파견하여 용산·나진 등지에 주둔시키고 있었다.

조선에 2개 사단을 증설함으로써 이들 주차군을 상주·상설 사단화시키자는 안은, 제2차 사이온지 내각 시절에 육군성 군무국장 다나카의 지시로, 동 군사과장 우가키에 의해서 성안되었다.

1912년 들면서 육상 우에하라는 이것을 각의에 제출하였다. 이때 사이온지 내각은 러일전쟁 후의 재정난을 타개히기 위해서 긴축을 근본 정책으로 하고 있었다. 국가적 긴축 방침에 역행하는 증사안增師案이 제출되자 내상 하라며 법상 마쓰다 등이 반론을 폈고, 여론도 증사 불급론으로 기울어졌다. 이리하여 그것은 그해 11월 30일의 각의에서 마침내 부결되고만 것이었다.

이때 국무국장 다나카 등의 암약은 실로 눈부실 정도였다. 육상 우에하라를 제쳐 둔 채 다나카는 자동차를 사방으로 몰아 요로·당국자를 설득하면서, 재계의 거물인 시부자와에게까지 발언을 하게 하였다. 그 끝에 증사안이 부결되자 육상 우에하라는 사임하였고, 다나카도 우가키와 함께 국무국장 등을 박차 버렸다.

후계 육군대신은 소위 육·해군대신 현역 전임제에 의해서,현역 대·중장 중에서 선임되지 않으면 안 된다. 육군은 이 자리를 보이콧함으로써, 각의가 증사안을 부결시킨 지 5일 만인 1912년 12월 5일, 제2차 사이온지 내각은 무너져 버리고 만 것이었다.

이러한 군벌의 횡포와 타협하면서 후계 제3차 가쓰라 내각이 출범하자, 정우회의 오자키, 국민당의 이누카이 등이 반군벌·반번벌反藩閥의 호헌운동을 벌였다. 히비야 공원의 호헌파 군중대회가 폭동 상태로 발전하면서 가쓰라 내각은 무너지고, 조선군 2개 사단 증설 문제의 파장이 두 번째 내각을 잡아먹었다.

후계 야마모토 내각은 이러한 군벌의 전횡에 대처해서 군부대신 현역 전임제를 예비역이나, 또는 퇴역 대·중장도 무방한 것으로 개정해 버렸다. 이에 불만을 품은 군부는 독일의 지멘스 슈켈트 회사가 주문을 얻기 위해서 해군에 증회한 소위 '지멘스 사건'을 트집 잡아서 도각倒閣운동을 일으킨 끝에 야마모토 내각을 무너뜨린다. 조선군 증설 문제의 파장이 마침내 세 번째의 내각을 잡아먹고 만 것이었다.

후계 수상에 지명된 기요무라는 그러한 군확軍擴 요구, 특히 해군 확장 문제 때문에 해상을 못 얻어서 조각組閣에 실패하였다. 그리고 제2차 오쿠마 내각이 정권을 물려받는다. 사이온지 내각 무렵에 군사과장을 박찼던 우가키는 나고야의 보병 제6여대장을 거쳐서 오쿠마 내각 성립과 함께 군사과장으로 복직한다. 이듬해 1915년 5월, 조선 내 2개 사단 증설 문제가 가결됨으로써, 우가키의 식민지 강점의 소망은 마침내 달성되고 마는 것이다.

이후 우가키는 1916년 3월, 참모총장 우에하라와 참모차장 다나카의 밑에서 참모본부 제1부장 → 총무부장을 역임하였다. 사이온지 내각 시절에 육상·국무국장·군사과장의 요직을 독점한 진용을 참모본부 안에 고스란히 옮겨 놓은 보직이었다. 이 진용은 시베리아 출병을 주동하면서 대륙 침략의 야욕을 불태웠다.

이어서 육대 교장 등을 역임한 우가키는 제2차 야마모토 내각 당시에 육상 다나카의 밑에서 육군성 차관을 한다. 이 내각은 관동대진재의 수습을 위한 소위 '지진내각'인데, 전임 내각의 내상 미즈노며 경시총감 아카치 등의 책동으로 발생한 조선인 학살사건은 이 무렵까지도 계속된다. 이때 계엄사령관은 후쿠다를 거쳐서 전 가토 내각의 육상이던 야마나시가 담당하였다.

1924년 1월, 야마모토 내각이 무너지면서 기요우라 내각(1924. 1~6)이 들어서자 우가키는 육군대신의 자리를 맡았다. 그리고 우가키는 제1차 가토 내각, 제2차 가토 내각, 제1차 와카스키 내각과 하마구치 내각에서 육군대신을 역임하며 4개 사단을 축소하는 군축사업을 추진한다.

이 과정에서 그는 이른바 우가키 군벌을 출현시켰다. 전통적 조슈벌에 대신한 우가키 군벌은 말하자면 육대벌陸大閥로서, 참모총장 스즈키, 참모차장 미나미 이하 다데카와 · 고이소 등의 육대 출신이 중심이었다.

만주사변이란 젓가락 도박

군 파시즘의 국가개조운동은 우가키 군벌과 연결되는 선에서 진행되었다. 1931년 1월, 육상 우가키는 군사령관·사단장 앞으로 국방은 정치에 선행하며, 따라서 군인의 국방 문제의 논의는 정치 관여일 수 없다는 요지의 통첩을 발했다.

이로부터 참모본부의 장교들은 각처에서 국방 문제 강연회를 열고, 특히 제2부장 소장 다데카와는 만몽 문제를 논하는 정치색 짙은 강연회를 열면서, 군인의 정치 관여의 풍조에 기세를 보탰다.

이러한 풍조 속에서, 민간 우익 오카와며 군내 파시즘 서클 앵회櫻會는 3월 사건을 음모하였다. 드디어 1931년 3월 20일, 노동법안을 상정하는 날, 오카와는 군중 1만 명을 동원해서 의회를 포위하고 정우회·미정당 본부와 수상 관저를 폭파하고 군대는 비상소집으로 교통을 차단하면서 내각을 쓰러뜨린 후, 우가키를 수반으로 하는 혁명 내각을 출현시킨다는 내란 음모인 것이다.

하지만 이 음모는, 음모의 상당한 부분에 가담했던 우가키가 거사 3일 전에 변심, 군무국장 고이소를 통해 중지를 명함으로써 불발로 그치고 말았다.

그해 4월 1일, 사단장 회의 때, 앵회의 주동 인물인 참모본부 러시아 반장 하시모토 중좌는 조선군 사령관 하야시, 관동군 사령관 히시가리, 대만군 사령관 와타나베를 신바시 소재의 요릿집 호월로 초대하였다. 이곳 호월은 러일전쟁 때 소위 호월조湖月組라는 개전파 장교들이 창고 속에 숨어 앉아서 전쟁 도발 음모를 꾸몄다는 딱지가 붙어 있는 요정으로 유명하다.

"3월 사건이 실패한 이상 이젠 별 수 없어요. 만주에서 한탕 벌여야 합니다!"

하시모토가 말하자 온 얼굴에 술기운이 가득한 하야시가 자랑삼아 달고 다니는 카이젤 수염을 쓸면서 대번에 찬성한다.

"여부가 있는가? 귀관들이 말하기 전에 본관은 벌써부터 그것을 통감하고 있었네."

와타나베는 천황의 명령이 없이는 곤란하다면서 고개를 갸웃거린다. 히시가리는 찬성도 반대도 아닌 어정쩡한 태도다. 이런 반응을 보면서 하시모토는 속으로 판단을 내렸다.

'하야시란 녀석, 뱃속과 말이 딴판인 작자이지만 우리 패가 거세게 밀고 나가는 이상 끌려들어오고 말 거야.'

이리하여 만주사변은 우가키 군벌 주변의 소장파 파시즘 장교들에 의해서 음모로 시작되었다. 10월 사건(1931년 10월의 파시즘 장교들의 쿠데타 음모 사건)의 주모자 조는 8월에 북경유학을 발령받았으나, 이 판에 북경이 가당키나 하냐면서 요릿집 금룡정에 숨어 앉아서 연신 꿍꿍이를 꾸미고 있었다. 도쿄 한복판 스키지의 요릿집 금룡정의 마담은 조 소좌와 특별한 관계였다.

이 무렵 봉천 특무기관장 도이하라는 임지를 무단 이탈, 도쿄에 와서 비슷한 꿍꿍이를 꾸미고 있었다. 그들 주변의 인물들은 만주의 무력 점령과 국내 파시즘체제의 확립을 획책하는 일석회一夕會 · 앵회의 우가키 계열이다. 관동군 참모 이시하라를 주모자로 해서 이타가키 · 하나타니와 참모 본부의 시게토 · 하시모토 · 조를 비롯해 간접적 옹호자인 군무국장 고이소 등이었다.

이들의 수상한 기미를 눈치 챈 참모총장 가네야가 참모본부 제1부장 다데카와 소장을 불렀다. 관동군의 행동이 수상하니 만주로 가서 자중하도록 종용하라는 것이었다.

도이하라를 통해서 예정일이 9월 18일이란 것까지 알고 있었던 다데카와는 그날 이전에 만주에 도착해서 계획에 제동을 걸 생각은 없었다. 그렇다고 사태가 발생한 후에 만주로 가면 참모총장의 처지가 무색해진다. 이리하여 다데카와는 봉천에 도착할 날짜를 9월 18일 오후로 작정하고 하시모토를 시켜서 현지에 연락까지 하게 하였다.

그 무렵 관동군 사령부에서는 이시하라 · 이타가키 등 만주사변의 음모자들이 다데카와가 말리러 온다는 바람에 어지간히 당황해 하고 있었다. 이들은 9월 16일 밤, 결행이냐 중지냐를 결정하기 위해서 비밀 회의를 소집하였다.

갑론을박하면서 좀처럼 결론이 나지 않았다. 더구나 술꾼들만 모인 자리라 술까지 퍼마셨으니 의제 토론이 제대로 될 턱이 없었다. 자정이 넘어 새벽이 가까워지자 이타가키가 하품을 하면서 말했다.

"졸려 죽겠는걸. 어지간히 하고 잠이나 자자구."

"그럼 결론은 어떻게 정하지요?"

누군가가 말하자 이타가키가 대답하였다.

"내가 젓가락을 세워서, 오른쪽으로 자빠지면 중지, 왼쪽으로 쓰러지면 결행, 그렇게 하자구."

"좋수다! 그렇게 합시다!"

"그럼…. 나중에 다들 딴 소리는 없기다. 알아들었나?"

젓가락은 오른쪽으로 자빠졌다. 좌중에서 묘한 신음소리가 흘러나왔다. 이윽고 누군가가 한참만에 중얼거리듯이 말했다.

"할 수 없군. 중지해야지!"

그때 관동군 사령부의 이마다 대위가 의자를 걷어차면서 벌떡 일어나서는 말한 사람 쪽을 노려보면서, 소리쳤다.

"무슨 소리야? 목숨이 아깝거든 다들 집어치우라고. 내가 혼자 하겠다!"

"딴 소리 없기로 하지 않았어? 이제 와서 혼자 하겠다가 말이나 돼?"

또 도로아미타불로 갑론을박이 시작되었다. 그런데 봉천특무기관의 하나타니 소좌가 이마다를 편들면서 나섰다.

"이마다 한 녀석만 죽일 수야 없지! 나도 결행이다!"

이리하여 만주사변은 중지에서 결행으로 급선회하였다. 18일 오후에 다데카와가 보천역에 내리자, 이타가키 등은 요릿집 '국문菊文'으로 끌고 가서, 원로에 수고가 어쩌구 하면서, 밤이 늦도록 술을 먹여 입을 봉했다.

그 사이 밤 10시 반, 관동군 모략부대는 봉천 북쪽 8킬로 유조구柳條溝의 철도를 폭파하고, 이것을 중국 측의 소행으로 덮어씌우면서 관동군은 만주 전역으로 침략의 포문을 확산시켜 간다.

압수된 우가키의 여자

만주사변은 반제·독립운동의 근거지를 격파함으로써 조선 지배를 공고히 하려는 지배 전략과도 관련이 있었다. 이와 함께 대소련 전략기지를 구축하며, 만철 등 대륙에서의 침략적 권익을 일본의 생명선으로 지키겠단 목적도 가지고 있었다. 이러한 전쟁 도발이 우가키 군벌과 연계된 급진파 파시즘 장교들에 의해서 음모되었던 것이다. 그리고 우가키는 개전 3개월 전, 제2차 와카스키 내각에 의해서, 제6대 조선총독에 발령되었다.

그에게 맡겨진 소임은 일 군벌의 팽창정책을 뒷받침할 조선에서의 군수공업의 육성, 즉 대륙 병참기지화 정책이다. 그는 북선개척·남면북양 南棉北羊·지하자원 개발을 외치면서 전략물자의 증산에 안간힘을 다했다. 이로 인한 미증유의 개발 붐, 또 골드러시와 함께 만주사변 자체가 안성맞춤으로 탈출구의 역할을 해서, 조선에서 침략자들은 또 한 번 전쟁 경기의 황금시대를 맞는다. 그 경기는, 적어도 10일 전에 예약을 해야만 게이샤를 볼 수 있었을 정도로 풍성한 것이었다.

이러한 시대를 살다간 우가키의 진영은 제4대 야마나시와는 대조적이었다. '꼬챙이로 계란을 꿰었다'는 항간의 얘기처럼, 꼬챙이 같은 총독 야마나시에 비해서 정무총감 이케가미는 둥글 넓적 항아리 같은 체격이었다. 대머리가 벗겨져서 '계란'같은 검붉은 얼굴이 64세의 노령이라고는 누구도 곧이듣지 않을 만큼 정정하였다.

반면에 우가키의 아내 사다코는 숫제 꼬챙이도 못 되는 젓가락 같은 체격이었다. 뼈와 가죽뿐이라 차라리 허수아비 쪽이 살이 더 많아 보일 지경이었다. 마치 장대 끝에 매달린 기저귀처럼 보였다고 할까. 이런 체격 때문에 우가키의 아내 사다코는 1년에 적어도 3분의 2는 자리보전을 할 정도로 병약한 사람이었다.

이런 '계란과 꼬챙이'같은 부부가 무슨 조화로 금슬을 유지하면서 살아 왔을까? 한창 시절에 우가키는 오사카 신 야마토의 게이샤와 죽자 사자 소동을 벌여서 한 시절 비난의 대상이 된 적이 있었다.

하지만 아내 사다코의 체격을 감안해 보면 우가키가 설사 희대의 플레이보이라 해도 차라리 동정을 해야 할 처지였다. 그런데 뜻밖에 이렇다 할 소문이 없으니 참새들은 어리둥절했다. 온천장으로 아내를 모실 때도 삼엄하게 호위병을 세운다는데, 아무튼 대단한 애처가라고만 생각하였다.

그런데 1933년 8월 3일, 참새들의 그런 입방아를 비웃듯이 신문기사 하나가 총독부를 온통 벌집 쑤신 듯이 하여 버렸다.

　〈우가키 총독을 둘러싸고 도색의 격문檄文이 뿌려지다!〉
　〈그림자를 드러낸 요염한 자태!〉
　〈비상시국에의 역행逆行이다!〉

『대판매일』이 4단으로 뽑은 폭로기사를 보면서 우가키는 얼굴이 붉으

락푸르락 했다.

"죽일 놈들이야! 권력에 눈깔들이 뒤집히더니 못하는 수작이 없군!"

우가키가 '죽일 놈들'이라고 화를 내는 데에는 그럴 만한 까닭이 없지 않았다.

하마구치가 파시즘 청년 사고야에게 총상을 입고 수상직을 사임하자 우가키도 육군대신을 사임하였다.(1931. 4) 이어서 군사참의관을 거쳐 총독에 발령되면서 예편함으로써 육군에서의 우가키 시대는 끝이 났다.

이와 더불어 급격하게 성장 대두한 것이 군내의 반 우가키 파, 즉 아라키와 마자키를 정점으로 하는 세력들이다. 이들이 교육총본부장 · 참모차장 등의 요직을 독점하자, 우가키 군벌이던 육상 미나미마저 새 세력에 영합하면서 우가키에게 등을 돌렸다.

『대판매일』의 폭로기사는 우가키의 발판을 없애려는 아라키 계의 책동이었다. 끊임없는 정계진출설 속에서 수상을 꿈꾸던 우가키는 군내 파벌의 이런 음산한 책동을 느끼게 된 것이다.

서둘러 신문을 발매금지시킨 우가키는 만년 총독을 자처하면서 애처가라는 풍설 속에서 신중한 처세로 연막전술을 펴기 시작한다. 이리하여 '우가키를 둘러싼 도색 격문'의 진상은 수수께끼의 베일 속에 마침내 감춰지고 말았다.

반면에 이마이타는 밤의 생활이 홀가분했다. 남산동 2가의 은원장으로 걸음이 잦았는데, 시게모토라는 퇴물 기생이 산전수전을 겪으며 모은 돈으로 차린 요정이다.

한식 대문으로 된 이 요정은 남산의 기슭과 계곡을 이용한 정원의 자연미로 특히 소문이 높았다. 잉어요리가 일품인 데다 라디움 광천鑛泉 설비가 있어서 건강에 좋다는 것이 출입의 구실이었다.

하지만 이마이타는 어느 여인의 항구에도 정착은 하지 않았다. 동에 가면 동이 좋고 서에 가면 서가 좋다는 식으로 인생 도처 유청산有靑山을 즐기고 다녔다.

오카다 내각(1934. 7~1936. 3)이 들어서자 총독부 관료들은 내상 고토가 강조하던 소위 행각정치行脚政治, 즉 시찰행정視察行政 덕분에 툭하면 지방 출장을 가곤 하였다. 그 지방 출장은 정무총감 이마이타의 경우가 가장 호화로워서, 가는 곳마다 꽃에 대한 뒷소문이 자자했다.

늙은 꽃의 광상곡

화월은 이 무렵 들면서 명실공히 요정 재벌로 성장하였다. 충무로 2가의 본점은 우치다가 지배인으로 앉으면서 요리계의 원조이자 왕자로 자처하였다. 남산동 2가의 화월별장은 방마다의 방음시설에 신경을 써서 객실마다 아늑하고 은밀한 도원경桃源境이었다. 전 감사원 건물에 위치한 화월식당은 창업자 아히도메의 인척인 다지마의 독립경영으로 바뀌면서 왕년이 무색하게 번창하였다. 소공동의 화월식당 지점도 창업주의 인척인 다지마가 운영했는데, 30분에 5백 명 분의 요리를 조리해낸다는 규모로, 월 평균 2만 원의 매상을 올렸다.

조선을 시찰하고 간 어느 관리는 본국에서 "조선은 완전한 호경기"라는 특별담화까지 발표하였다. 이런 호경기의 주인공은 대개가 총독부의 탕아들인데, 소위 '고등관 출근'으로 아침 10시 반쯤 국장실에 얼굴 한번 내미는 정도가 근무의 대부분이다. 오찬회다, 정무 타합이다 하면서 점심시간은 12시부터 2~3시에 걸친다. 이때쯤 이쑤시개를 물고 나온 국장들은 관용차를 골프장으로 몰고 간다. 주말이면 평양으로 원정 유흥을 갔고, 밤은 밤대로 요정에 틀어박혀서 계집 상대로 씨도 안 먹는 수작을 연출하였다.

이토 이래의 이런 관료 기풍에는 우가키도 어지간히 골머리를 앓았던 모양이다. 연회를 삼가라고, 최소한 오찬회만은 세상없어도 폐지하라고 회의 때마다 특명이요 잔소리지만, 쇠귀에 경 읽기에는 변함이 없었다. 우가키가 심전개발心田開發로 정신수양을 떠들어낼 때, 총독부의 탕아들은 엉뚱하게도 화월에 틀어박혀서 맥주 마시기 시합 따위를 벌이곤 하였다.

경기지사 도미나카며 동 경찰부장 사에키 등이 덕분에 신문 가십난을 장식하곤 했지만, 개과천선은 애초에 되지 않을 일이었다.

침략자들이 이토록 호경기를 누리던 그늘 밑에서, 식민지의 농민들은 날로 영락을 거듭해 갔다. 1925년의 가마당 도매 18원을 고비로 해서 하락세로 돌아선 쌀값은, 식민지적 저미가 정책과 공황이 겹치면서, 우가키 부임 초인 1931년에는 도매가 7원 선까지 폭락하였다. 농민들은 부채를 감당할 수 없어서, 이 해 1931년에 경북은 입도차압立稻差押이 5백여 건, 경기도 520여 건을 기록하였다(조선농민사 조사).

이듬해 들면서 상승세로 돌아선 쌀값은 1932년에 9.88원, 1933년에 10.12원, 1934년에 11.04원(연평균)으로 꾸준한 상승률을 보였다. 그러나 그 쌀을 헐한 시기에 팔아서 비싼 시기에 사 먹어야 하는 농민들의 생활은 호경기와는 인연이 없었다.

절량 농가가 속출하면서, 침략 자본과 결탁한 은행·금융조합·식민 지주는 가을이면 입도차압을 붙이기에 경황들이 없었다. 1914년의 순소작농 35.1%가 1934년에는 51.9%로 증가하면서, 이 땅에는 엄청난 수효의 농업 실업자군이 발생하였다.

우가키의 병참기지화 정책은 그 엄청난 실업 인구를 토대로 하여서 강행되었다. 1929년에 1원이던 성인 남자의 임금은 농업 실업자가 증대할수록 하락하여 1934년에는 90전이 된다. 이 해의 일본인 성인남자 1.83원에 비해서 절반 값인 식민지적 저임금을 노리고 무수한 일본계 자본이 상륙해 왔다.

1930년 4천 2백 61개에서 1936년 5천 9백 27개로 증가한 이들 일본계 공장은 살인적 저임금과, 8~12시간 이상을 혹사시키던 식민지적 가혹한 노동조건에 의해서, 1930년의 생산성지수 100을 1936년에 269로 증대시키고 있었던 것이다.

우가키와 정치자금 결탁설까지 있었던 노구치의 기업 왕국도 이 무렵에 상륙한 것이었다. 흥남을 한촌에서 대공장 도시로 돌연 변이시킨 노구치의 기업왕국은 함흥평야 일각에 60여만 평의 규모로 창설된 일대 공업 단지였다. 흥남질소를 비롯하여 대두화학 · 카바이트 기타 계열 공장 다수를 거느렸던 노구치의 기업왕국을 위해서, 흥남의 주민 다수가 전래의 생활 터전을 헐값에 빼앗긴 채 유리하는 신세가 되었다.

전시에는 전체 시스템을 화약 생산으로 돌릴 수 있도록 설계된 노구치의 기업왕국은 살인적으로 가혹한 노동 조건으로 인한 원성에서도 조선 제1의 왕국이었다.

이른바 '행각行脚정치'(시찰행정)로 이러한 공장에 들를 때마다 총독부의 탕아들은 주지육림의 향응을 받곤 하였다. 1935년 9월, 노구치의 기업왕국을 찾은 우가키는 함흥 장기정에서 밤을 즐겼다. 평북에서는 정상배 다다가 개발한 삭주 온천에서 칙사대접을 받곤 하였다.

이곳 삭주 온천은 신의주에서 2백 리 남짓한 거리에 있다. 삭주 읍내에서도 산길로 30리 가까이를 더 들어가야 하는 첩첩산중이다. 우가키가 찾

앗을 때는 개발 단계였으나, 다다가 경영하는 라이온 호텔의 시설은 꽤 볼 만하였다. 이 온천장 호텔에서 그날 밤 뚱딴지같은 광상곡狂想曲 1막이 연출되었다.

이따금 곰이나 호랑이가 출몰한다는 이곳 개발 단계인 산골 온천장에서, 일행은 게이샤가 3명씩이나 있다는 바람에 귀가 솔깃해졌다.

"호랑이 3마리가 아니라 틀림없이 게이샤가 3명이지?"

불러들여서 보니까 둘은 그런 대로 볼 만했으나, 그 중 하나는 40 고개를 넘은 지도 옛날처럼 보이는 할머니 같은 게이샤였다.

이 할머니 게이샤가 술이 고주망태였다. 하니시 평북지사를 벽으로 삼고 기대앉아서 두꺼비 파리 삼키듯 연방 술잔을 비워대었다. 그날 밤, 취해 쓰러진 하니시 지사의 이불 위로 덮치듯 쓰러지는 뭉클한 물체가 있었다. 정신을 차리고 보니까, 국경 가까운 산골에서 독립군의 야습이 아니라 엉망으로 취한 좀전의 할머니 게이샤였다.

독립군의 총부리에 죽는 줄만 알았던 지사라, 노발대발하면서 쫓아냈다. 밤에 피는 꽃도 꽃 나름이지, 늙고 쭈그러진 주정뱅이 꽃이라 아마 구미가 동하지 않았던 모양이다.

그러자 얼마쯤 후에 이웃방의 야스이 총독 비서가 자다 말고 기절초풍 소리를 질렀다. 혀 꼬부라진 여자 목소리에 섞여서 야스이 비서가 뭐라고 떠들어대는 폼이, 쫓겨난 늙은 게이샤가 아마 그쪽 잠자리를 습격한 모양이었다.

야스이의 방이 조용해진 얼마 후에, 이번에는 그 이웃 니시하라 수행원의 방이 소란해졌다. 미구에는 총독 우가키의 침실에서 야단법석이 났다. 이 방에서 차이고 저 방에서 쫓겨난 늙은 주정뱅이 꽃이 마침내 못 오를 담벼락까지 넘보고 말았던 것이다.

이런 광상곡 속에서 우가키의 북선 개척 등 병참기지화 작업이 진행되었다. 이 시대가 가면 1936년 8월, 우가키가 정계 웅비를 꿈꾸면서 조선을 떠나고, 미나미가 뒷자리를 물려받는다.

대륙의 풍운이 중일전쟁으로 확대되면서 황민화 광풍의 시대가 시작되는 것이다.

제 11 장

미나미 :

칼과 계집의 수출업

요릿집 금룡정

제7대 총독 예비역 육군대장 미나미는 우가키 군벌 중의 한명이었다. 우가키가 육군대신으로 군정을 좌우하던 시절에, 미나미는 우가키의 천거에 의해서 교육총감부 기병감 → 참모차장 등에 발탁되었다. 이 무렵 우가키 군벌의 핵심 멤버로 지목된 사람은 육군차관 하다, 군무국장 아베, 참모총장 스즈키, 참모차장 미나미 등이다.

우가키가 육상을 물러나자 미나미는 우가키의 천거에 의해서, 우가키의 정책을 충실히 계승한다는 조건으로 1931년 4월 제2차 와카스키 내각의 육군대신에 임명되었다. 반 우가키 계열인 황도파 아라키 군벌은 그 2개월 후, 우가키가 예편 · 조선총독으로 육군을 떠나던 6월 무렵부터 현저한 기세로 성장하였다. 파시즘 청년장교들의 신망의 대상이던 아라키가 8월의 육군 정기 이동에서 중앙직 교육총감부 본부장으로 영전하면서, 우가키에서 아라키로의 세력 교체는 의심할 여지가 없는 것이 되고 있었다. 이리하여 쉽사리 우가키에게 등을 돌린 미나미는 그해 8월 4일 정례 사단장 회의에서, 신흥 아라키 군벌에 영합하는 다음 같은 대신 연설을 하였다.

육군대신은 군직에 있다고 하나, 또한 국무대신으로서 각원인 이상, 만몽滿蒙이 중대한 까닭을 제창하고, 선처할 방도(주: 무력 해결)를 훈시함은, 지장될 바 없는 일이다. … 군인은 군정이라는 정치를 담당하는 자이기 때문에, 원래부터 정치에 관여할 본분을 갖는 것이라 말할 수 있다.

파시즘혁명을 음모하던 하시모토 · 조 등의 정치 장교들은 이러한 연설에 환호작약하였다. 이들은 민간인 파시스트 오카와 등의 동조 세력과 연계해서, 12개 중대 이상의 동원 규모로 쿠데타 10월 사건의 모의를 급속하게 진행시켰다. 조 소좌 이하의 행동부대가 10월 24일 각의를 습격, 수상 이하를 참살한 후, 아라키를 수반으로 하는 파시즘혁명 내각을 출현시킨다는 것이다. 육군 수뇌부에서는 참모본부 제1부장 다데카와(소장) 등은 모의에 참가하지는 않았지만 계획의 진행은 눈치 채고 있었다.

이들 음모자들이 요정에서 호언장담 토의를 거듭할 무렵, 거사 1주일 전에, 헌병대가 음모를 탐지하였다. 급보를 전해 받은 아라키는 참모본부로 마나키 소좌를 방문하였다.

"이봐, 조가 있는 곳을 알지? 만나야겠어!"

"예, 북경에 있는데, 전보를 쳐서 오라 할까요?"

"북경? 숨기지 마! 알고 있단 말이다."

시치미를 뗄 수가 없어서 미나끼가 조에게 전화를 했다. 8월의 정기 이동에서 북경 근무를 발령받은 조는 임지를 무단이탈, 도쿄로 되돌아와서 요릿집 금룡정金龍亭에 숨어 있었다.

아라키의 자동차가 금룡정에 도착하자, 벌건 얼굴로 조가 현관으로 나와서 무릎을 꿇고 영접한다. 평상복 위에 정장인 바지만을 걸친 꼴이, 상관 앞이라 예절만은 지키겠다는 태도였다. 이 바람에 기분이 좋아진 아라키는 방으로 안내되자 술부터 청했다. 조와는 남 다른 관계이던 금룡정의 마담이 희색이 만면해서 연방 술과 안주를 대령해 댄다.

아라키가 이윽고 입을 열었다.

"이봐, 조. 무조건 내 말을 듣게. 그렇게 하겠나?"

"곤란한데요? 들을 말과 못 들을 말이 있거든요. 당장 할복해라 하신다면, 누가 예 그러겠습니다 하겠습니까?"

들어라, 못 듣겠소, 옥식각신 끝에 도대체 무슨 말이냐로 되돌아 돌아갔다.

"이번의 쿠데타 계획은 중지하게! 대신 내가 귀관들의 의도는 완전히 실현시켜 주지"

"그럼, 만주사변의 원만한 진행을 보장하시겠습니까?"

"보장하지!"

"와카스키 내각도 사직하게 하시는 거죠?"

"사직시키지!"

"그렇다면 저는 중지하죠. 단, 하시모토 중좌가 동의한다면 말입니다."

"그럼 하시모토를 불러서 담판을 짓자고. 여봐 마나키, 전화를 걸어!"

이리하여 하시모토도 중지에 동의하였다. 이윽고 헌병장교가 오자 음모자들은 순순히 동행에 응했다. 이튿날 음모자들은 교외의 여러 곳으로 분산되어 헌병 호위 하에 근신을 하도록 명령 받았다.

앞서의 3월 사건도 그렇지만, 이번 10월 사건 역시 내란죄인 것은 분명하다. 이들의 음모는 군인의 정치 관여로 군기를 문란시키는 것이었고, 비합법 정권 탈취를 획책함으로써 국본國本을 파괴하는 범죄 행위이었다.

그런데 육상 미나미는 우가키로부터 등을 돌린 채, 신흥 아라키 군벌 쪽에 붙어서, 파시즘 장교들의 완전한 허수아비가 되어 버렸다. 미나미는 앞서 사단장회의에서 이들의 정치 행동 및 만몽滿蒙의 무력 해결을 선동하는 연설을 했을 뿐더러, 10월 사건에 대해서도 이렇다 할 통제를 가하지 않았던 것이다.

이리하여 사건의 주모자 12명은 말이 근신이지 전원이 게이샤를 거느린 채 아침부터 술만 퍼마셔대는 '일생일대의 호유豪遊'를 즐겼다. 뿐만 아니다. 이들이 연행될 당시를 체포 헌병의 수기에서 옮겨 보자.

> 체포당할 조 소좌는 요정의 '도코노마'를 등진 채, 육대 마크와 참모 식서飾緒를 번쩍이면서, 좌우에 게이샤를 거느리고 의젓하게 앉아서 … 체포하러 간 헌병은 몸을 굽히고 머리를 조아리면서 문안을 여쭌 후 자동차에 올라달라고 청하고 … (헌병대에 가서도) 술이야 안주야 하면서 게이샤 아닌 우리들 멋대가리 없는 헌병들이 술을 따라드려 가면서 환대를 하느라고 애를 먹었다.
>
> — (小坂慶助: "特高"에서).

이때문에 미나미는 당시의 참모총장 가네야와 함께 역사가들의 비난을 받는다. "근신은 고사하고 전원이 게이샤를 대령시켜 아침부터 술…. 육군의 질서가 어디에 있으며, 군기의 유지를 어찌할 것이냐고 묻고 싶다. 이 지경을 만든 책임자 육군대신 미나미, 참모총장 가네야 같은 자들이야말로 정녕 일본군의 군기파괴자"라는 것이 비난의 한 예이다.

만주사변과 미나미

미나미는 술꾼이었다. 그는 만주사변 당시의 참모총장인 가네야와 동향으로, 큐슈 오이다현 출신이다. 한데 이 가네야란 자도 미나미와 죽이 잘 맞아 돌아가던 술꾼이었다.

대리총독 우가키와 제4대 야마나시 시절에 조선군 사령관을 한 이가네야는 1901년 육대를 졸업했다. 조슈벌이 될 지연은 아니었으나, 조슈벌다나 일파에게 영합함으로써 요직을 전전한, 말하자면 아부파였다. 젊어서는 치밀·엄격했다고 하나, 반면에 신문에서 일가족 집단자살의 기사를 읽고 방성대곡을 했다는, 어딘가 좀 얼빠진 데가 있는 대장이었다. 육군에서도 정평 있는 술꾼인 가네야는 술을 끊고 65세까지 사느니, 술을 실컷 마시다가 60세로 죽겠다고 평소에 입버릇처럼 말했다. 아니나 다를까 가네야는 1933년 6월 61세 때 술이 유죄인 위궤양으로 사망하였다.

미나미는 이런 가네야의 동향 후배이자 단짝이요, 죽이 맞아 돌아가던 술친구였다. 미나미는 사관후보생 기병과 제6기 육대 1903년 졸업, 가네야는 사관후보생 보병과 제5기에 육대는 1901년 졸업…. 육상 시절에 미나미는 종종 집무실에서 행방불명이 되곤 하였다. 시각을 다투는 보고가 있는데, 대신이 아침부터 행방불명이니 육군성이 발칵 뒤집히면서 소동이 벌어질 수밖에 없다. 성내 어느 국에도 대신이 없다는 연락이다. 관사로 전화를 해도 미나미는 안 왔다는 대답이다. 정문에서도 외출은 분명 안 했다고 한다. 국장과 비서들이 변소까지 샅샅이 뒤지면서 야단법석을 벌일 때 미나미가 흔들흔들 뒷문에서 나타난다. 아직도 아침 나절인 10시, 미나미의 얼굴은 원숭이처럼 온통 시뻘겋다. 참모총장실에서 가네야와 함께 해장술을 마셨다는 것이다. 이런 형편이라, 육군성에서의 여러 골치 아픈 문제는 국장끼리는 아옹다옹 거려도, 육상과 참모총장 사이에서는 술자리에서 삽시간에 타결이 되곤 하였다.

이 둘은 만주사변 당시에도 아주 죽이 잘 맞아 돌아갔다. 육상 미나미와 참모총장 가네야는 9월 19일 새벽 3시 침실에서 전쟁 발발을 보고받았다. 이들은 7시부터 육군성·참모본부 합동회의를 열고, 조선군 등을 급파하여 관동군을 증원하기로 방침을 정한다. 그런데 조선군은 중앙의 아무런 지시도 없이, 사령관 하야시의 독단으로, 그 시각에 이미 일부 병력을 만주에 투입하기 시작하였다. 뒤미처 긴급각의는 사태가 관동군에 의해서 도발된 것으로 해석하면서 불확대 방침을 확정했던 것이다.

가네야는 조선군에게 독단 월경獨斷 越境 중지를 명령하였다. 그런데 조선군은 명령을 무시한 채 계속 무단으로 압록강을 넘어갔다. 참모본부의 일부 개전파 장교들은 이러한 독단 월경을 추인해야 한다고 쑥덕거렸다. 가네야는 소신을 동요시킬 수 없다고 말은 하면서, 독단 월경에 "구태여 이의가 없다"는 엉뚱한 전보를 쳐 조선군의 사기를 고무한다. 사태의 책임을 참모총장이 지겠다고 하면서, 부하들이 충동질하는 대로 추인을 요구하는 작전명령에 서명을 하고 마는 것이다.

명색 참모총장이 이렇게 갈팡질팡할 때 미나미의 행동도 볼 만하였다. 황도파 아라키 군벌에 영합하면서 파시즘에 은근히 동조하던 미나미는 만주사변이 발발하자 각의에 관동군 증원을 제의할 작정이었다. 그런데 19일의 긴급 각의가 불확대 방침을 결정하였다. 증원을 제안조차 못한 육상 미나미는 내각이 결정한 대로 관동군에 불확대 방침을 통달하였다. 하지만 관동군은 진격을 멈추지 않았다.

수상이 책임 추궁을 하면 미나미는 현지의 일 거류민들이 위해를 입을 우려가 있기 때문에 부득이 진격하는 것이라고 변명하였다. 관동군 길림 침공에 대해서 불확대 방침 위반이라고 따지면 성장省長 희흡熙洽의 대군이 관동군을 은연 중 위협하기 때문에 침공이 불가피하다고 답변한다.

이리하여 관동군은 만철선 서쪽으로 침공하였다. 이때 육상 미나미는 눈강嫩江의 철교 수비를 위해서 부득이하다고 발뺌을 했다. 그래서 눈강에 머무르는가 했더니, 그 부근의 중국군 때문에 안심을 못하겠다면서 그냥 진격을 계속하는 것이었다.

"그럼 동청東淸철도에서 더 이상 넘어가지 않도록 조치를 하시오!"

"알았습니다, 수상 각하. 동청철도를 넘지 못하도록 조치를 하겠습니다."

하지만 관동군은 서쪽 치치하얼(齊齊哈爾)을 넘고, 동만東滿 국경 흑하黑河를 석권하였다. 일본군이 일본 정부의 명령에 불복종하면서 전쟁이 만주 전역으로 확대돼 갔던 것이다.

육군대신으로서 그는, 전 육군의 행정장관으로, 부하 통솔 감독의 책임이 있다. 그런 그가 관동군의 독주를 어떻게도 제지하지 못한 채, 부하인 중견부中堅部의 충동질에 의해서 그 괴뢰가 된다. … 입헌국가의 국무대신으로서 가치가 없다고 아니할 수 없을 것이다. 그리고 이런 대신 괴뢰하의 이면에는 하극상에 의한 실력 군벌이 크게 활개를 치고 있었던 것이 명증明證될 수 있는 것이다.

마쓰시다의 『일본군벌의 흥망』에서 언급된 미나미에 대한 비판이다. 그는 제2차 와카스키 내각의 실각과 함께 육상 자리를 아라키에게 넘겨주고, 한직인 군사참의관을 거쳐서 1934년 12월, 관동군 사령관 겸 특명전권대사 겸 관동장관關東長官에 임명되었다. 만주에서의 군사·외교·행정권을 한 손에 장악한 전제군주와 같은 직함이었으나, 그는 관동군의 실력 군벌을 통제하지 못하고, 꼭두각시 노릇 15개월 만에 퇴관, 예비역 편입을 거쳐서 제7대 조선총독에 임명된다.

그의 총독 재임은 1936년 8월~1942년 5월에 걸친 5년 9개월이다. 술꾼 미나미는 그 기간 동안 침략파 전쟁 군벌의 일원이자 괴뢰로서 황민화 전시정책을 강력하게 실천해 갔던 것이다.

지원병과 황민화

미나미가 총독으로 있을 때 조선에서는 지원병제도가 실시되었다. 이 것은 장래에 실현될 전면적 병력동원, 즉 학도병·징병·해군징병 등 조선인 병력 자원화의 문제와 관련해서 시험적으로 실시된 제도이다.

이러한 지원병제도는 만주사변 이듬해인 1932년, 조선군 사령관을 하야시와 가와지마가 맡고 있던 무렵부터 조선군에 의해서 비밀리에 연구 검토되고 있던 문제였다. 장래에 있을 전면전에 대비한 이 조선인 병력 자원화의 문제는, 조선군으로서 생각할 때 중대 한 문제점을 내포하는 것이었다. 조선인에게 총을 주었을 때 그들이 항일 반란이라도 일으키지 않을까 하는 우려였던 것이다.

이러던 중 1937년 6월, 중일전쟁 발생 1개월 전에, 육군성은 조선군에게 "조선인 병역문제에 관한 당군鼞軍의 의견 제출"을 요구해 왔다. 이에 대해서 조선군은 "조선의 병역문제 해결을 위한 시험적 제도로서 조선인 장정을 지원에 의해 현역으로 복무시키는 제도를 창정刱定함이 적당"할 것이라는『조선인 지원병제도에 관한 의견』이 제출된다. 뒤이어 조선군 참모장 가노는『조참밀朝参密 제713호 조선인 지원병 문제에 관한 건에 대한 회답』으로 육군성에 공식 의견을 답신한다. 그 요지는, 조선인 병역법의 전면 실시는 황민교육이 완성된 면 장래의 일이니, 그동안에 시험적으로 지원병제도를 실시한다는 것이었다.

조선군이 이렇게 지원병의 실시를 결정한 것은, 왕년의 조선인 헌병 보조원, 조선인 경찰과 육사 출신의 조선인 일군장교, 동만東滿 국경에 배치된 1935년 창설된 조선인 국경감시대 수 개 연(連: 중대) 등, 즉 조선인에게 총을 주었으나 특별히 위험한 일은 없었다는 과거의 체험이 토대가 되어 있었다.

이리하여 조선군은 앞으로 총독이 그 문제를 중앙에 제의하기에 앞서, 조선군 자체가 육군 중앙부의 의도를 체득하여 총독부를 지도할 필요가 절실하다는 현실 조건을 감안, 군 참모를 도쿄로 보내서 육군성·참모본부 등과 협의를 하게 하였다.

이러한 준비를 마친 후 1937년 8월 5일, 조선군 참모 이하라는 총독 미나미 이하 내무·학무·경무국장 등과의 연석회의를 통해서, 이 문제의 실시를 내정시키게 됐던 것이다.

이리하여 1938년 1월 15일, 총독 미나미는 도쿄 정무 출장에서 그 실시를 일황에서 상주해서 그것을 정부 방침으로 확정시켰다. 뒤이어 1938년도 4백 명 모집이 결정되면서, 그 중 제1기생 202명이 같은 해 6월 15일 지원병 훈련소에 입소한다.

그런데 지원병제도의 실시 과정에서 전혀 예상하지 못했던 문제점이 발생하였다. 지원병제도는 조선인이 그것을 실시할 정도로는 황민화가 되었다는 판단에서 시행된 것인데, 막상 시행을 해보니까 조선인은 여전히 조선인일 뿐, 전혀 황민화가 되어 있지 않은 것이다..

이러한 사정을 제1기 후기생 전형시험을 맡았던 학무국장 시오하라가 다음과 같이 말하고 있다.

지원자가 … 일본의 국체가 만국에서 비해서 우수한 점을 질문 받아서 말이 막히고, 교육칙어教育勅語 중 가장 중요한 대목을 질문할 때 엉뚱한 답변을 하고, 황국신민의 서사誓詞를 암송하지 못한대서야, 차라리 그 준비성이 없음을 놀라워 할 수밖에 없다.

황민화의 기초도 달성되지 않았다는 사실을 깨달은 조선군 관계자는 당황하였다. 이들 지원병제의 주동자는 1936년 1월 동만東滿국경 금창구金廠溝에서 조선인 국경감시대 일부가 반란을 일으킨 사건을 생각하면, 이제 와서 지원병제를 백지화시킬 수도 없는 입장이었다.

징병제 실시에 앞서서 해군 측은 "군함에는 절대 틀림없는 자가 아니면 태울 수 없다. 만일 조선인의 잘못으로 사고가 나면, 군함과 함께 전원이 수장水葬된다"고 말했다고 한다. 이러한 우려는 육군이라고 해서 크게 다를 바는 없었던 것이다.

이리하여 조선군 사령관 고이소, 참모장 가노, 용산 유수留守 보병 제87연대 부附로 지원병 훈련소장이 된 가이타 대좌 등 지원병제 관련자들은 황민화를 총독부에만 맡겨둘 수 없다고 판단을 하고야 말았다. 종래에 총독부가 추진해 오던 일선日鮮 융화 따위의 미적지근한 방법으로는 죽도 밥도 되지 않는다고 생각했던 것이다.

명령 전달의 확부確否가 부대의 안위를 좌우하기 때문에 정확한 일어의 교육문제가 발생한다. 전쟁터에서 조선인 병사를 위해 고춧가루·김치를 특배해 줄 수 없기 때문에 식생활 기타 일상생활의 일본화의 필요가 절실해진다. 체력은 전력戰力에 직결되며 인적 자원의 기조를 형성하기 때문에 조선청년 연성鍊成의 문제가 발생한다.

군국軍國의 어머니가 없이 군국의 강병强兵이 있을 수 없기 때문에 여성 황민교육의 문제가 발생하는 것이었다.

이리하여 지원병 훈련소에서는 학과는 물론 교련과 일상생활 전반에 걸쳐서 일본화의 교육이 강화되었다. 지원병 훈련소에서는 훈련생을 전혀 백지인 것으로 취급하면서, '일본의 가정생활에서의 교양과 예법'을 체험시켜서, 생활양식 자체를 일본화 시키도록 세밀한 부분까지 노력하였다.

교관은 훈련생과 '목욕을 함께 하면서 그들(훈련생)에게 욕실의 예법을 가르치고, 식사는 일일이 감독을 해서 좋은 습관과 감사의 생각을 교양하도록 노력하고, 나아가서는 변소의 사용법, 복도를 걸어다니는 법, 실내에서 출입하는 예법'까지 일본적으로 훈육하였다. 훈련소 자체를 일본 가정으로 모의하여, 일본인의 가정생활을 체험시킴으로써, 훈련생을 생리에서부터 일본화 시키려고 했던 것이다.

이런 식의 강행군은 지원병만이 아니라 학교 · 부락 · 직장 등 사회 각 부문에도 그대로 응용되었다. 지원병제 실시 이후의 황민화운동은 이광수가 『황민생활요령』(매일신보: 1942. 7. 30~)에서 주장했듯이, 신명관身命觀 · 가문관家門觀 · 자손관 · 직업관 · 일상생활 · 신과 신사의 공경 · 현실관 · 이상 문제 · 병역 문제 · 경제생활 · 언어, 풍속, 습관 등 전반의 일본적 수정을 목표로 강행된다.

그리고 그 추진력의 주체는 총독부가 아니라, 앞서 말한 이유와 동기에 의해서 조선군이 그 주역으로 등장하면서, 총독부를 리드해 갔던 것이다.

춘화도와 천황주의

내선일체 · 신도실천臣道實踐을 슬로건으로 한 이 시대의 이면사는 다나카의 『취한醉漢들의 배』라는 장편소설에 잘 묘사되어 있다. 이 작품은 실존인물과 실재했던 사건을 중심으로 해서 쓰였기 때문에, 전후 일본에서도 "전쟁시 조선 문단의 귀중한 측면사"로서 평가를 받았던 장편이다. 작가 다나카는 요코하마 고무 경성지점의 판매주임으로 1935년 4월 이후 8년을 서울에 거주하면서, 조선 문인협회 총무부 상무간사 등으로 황민화 진영에 가담했던 사람이다.

이 작품 『취한들의 배』는 당시의 조선을 다음과 같이 전달하고 있다.

조선은 지금 표면이야 완전히 일본과 일체가 되어 버린 것처럼 보이지만, 이면은 웬걸 그런 정도가 아니다. 군대에 반전 삐라가 반입되는 횟수도, 유언비어로 검거당하는 사람 수효도, 내지內地와 비교가 안 될 만큼 많다. 기차나 공중변소 안의 조선어 낙서도 불온한, 불경한, 격렬한 문구가 많아지고 있다. 작년 가을에도 부산에서 중학교 연합 추계연습이 있었을 때, 일계日系 군사 교관의 사택을 선계 학생들이 무장하고 습격한 사건이 있었다.

이 "작년 가을 … 부산에서"의 사건은 1940년 11월 3일에 있었던 부산 제2상고의 항일의거 사건을 말하는 것이다. 그날, 일황의 할아버지 명치의 생일인 소위 명치절明治節을 위해, 부산에서는 기념행사로 학생들의 추계 군사종합연습이 실시되었다.

군사 교관 노다이 대좌가 일계 부사중학을 두둔해서 불공평한 판정을 하자, 부산 제2상고 학생들은 분격하였다. 군사 교관의 사택을 습격한 후, 학생들은 대신동 일대의 일인 상가를 박살내면서 독립만세를 불렀다. 부산 제2상고 4·5학년이 거의 다 검속 당했고, 주동자 김선갑은 고문 끝에 옥사하고 만다.

이와 같이, 실제로 있었던 일에 그 뿌리를 두로 있는 장편 『취한들의 배』는, 황도 진영에서 활약한 한 인물을 다음과 같이 묘사하고 있다.

쓰다는, 왕년의 대학(경성제대) 총장, 현재 도쿄대학 총장으로 있은 아베 노세이의 심복 측근으로 불려지면서, 그의 밑에서 줄곧 학생감을 해온, 쓰다 이치로의 친동생이다. 그는 불량청년·문학청년으로 성장하다, 마지막으로 어느 대학 철학과를 졸업했다. 형이 있는 경성으로 와서 저널리즘에다 논문 따위를 발표하고 있던 중, 어느 결에 미나미 총독의 지우를 얻고, 총독부 후원하에 청인초青人草연맹이라는 사상 선도단체를 주재하게 되었다. … 그는 조선의 저널리즘에도 은연 중에 세력을 펴고 있었기 때문에…:

실존인물 쓰다 다카시가 이 작품에서는 '쓰다 지로'로 등장한다. 그의 친형 쓰다 사카에는 작중에서 '쓰다 이치로'이다. 작중 인물 '아베 노세이'는 학자 아베 노세이인데, 이 자의 측근이던 쓰다 사카에는 성대 교수, 동 학생감, 녹기연맹 회장, 국민총력 조선연맹 참사 등을 한 식민지 권력의 핵심 주구다.

이들 형제가 주도한 녹기연맹, 즉 작중의 '청인초연맹'은 총독부가 후원한 표면상 사상 선도단체요, 이면은 외곽 정보단체로서, 총독부가 터놓고 하기 어려운 매수·회유 등의 공작을 수행하였다. 경성제대 철학과 출신인 쓰다 다카시는, 총력연맹 홍보부장과 조선문인협회 핵심 간부로 연전 교장을 한 가라시마와 함께, 황민화 일어 문단을 만들어 낸 원흉이었다.

> 박사는 도쿄제대의 국문학과(일문학과)를 우수한 성적으로 졸업한 수재이다. 일본에서 국문학(일문학) 전통의 유서 깊은 가문으로 유명한 은사 하야시 박사의 딸과 결혼하고, 이곳(조선) 대학의 조교수로 부임해 와서, 순식간에 교수, 박사, 대학의 문학부장. 그리고 본청(총독부) 촉탁, 군 보도부 고문. 미구에 조선의 저널리즘을 한 손으로 주무르는 존재가 되고, 남은 한 손은 훨씬 더 정치적으로 움직이고 있다.

이것이 소설 속에서 "가라시마 박사"로 등장하는 실존인물 '가라시마'의 묘사이다. 실제 경력이 묘사 그대로인 이 권력의 주구의 집에서, 주인공인 작자는 해괴망측한 경험을 한다.

> 교키치(享吉)는 … 박사가 놓고 간 몇 권의 외설 사진첩을 들여다보았다.

시간과 돈을 들여서 공들여 모으고, 박사 자신의 손으로 열심히 정성스럽게 붙였거니 생각되는, 동서고금의 수백 장의 포르노 그림들. 박사는 아마 그것을 아내에게도 숨긴 채, 밤마다 몰래 혼자서 들여다보겠지. 설마 마흔 줄의 박사가 중학생 같은 짓(자위행위)을 하리라고는 생각되지 않는다. 이들 육체가 뒤엉킨 사진을 들여다보고 나서라야, 박사는 비국민 매국노를 끝가지 격멸해야 한다는 정열에 사로잡힌다는 것일까?

포르노 사진을 즐기는 천황주의 권력형 학자, 그 주제에 무슨 염치로 '필승, 생활의 건전체제화'를 외쳤단 말인가? 이리하여 작중 "교키치"인 작자 자신이 요코하마고무 경성지점 판매주임이라는 직책을 이용해서, 통제품인 고무제품을 부정 배급한 돈으로 주색을 즐긴다. 작자는 "단지 술과 여자와 돈이 탐이 나서 그 무렵 덮어놓고 충군애국忠君愛國을 절규하고 있었던 것"이라고 그 자신의 심경을 묘사하였다.

『취한들의 배』의 이와 같은 묘사, 즉 식민지 권력자들의 위선과 부패상이 결코 허구가 아니었음을 방증하는 기록이 있다. 전쟁 당시에 병사 업무를 취급한 당시 육군중좌 고베의 집필인『병사 제조인의 수기』인 것이다.

일제의 징병 부정

고베는 1943년부터 패전까지 중좌로서 제3사단 연대 구區 사령부에 복무하였다. 아래는 그가 종전 후에 집필한『병사 제조인의 수기』중 1절이다.

B는 우선 사령부에 배치된 그때부터 교제가 넓은 전력을 활용해서, 친지들에게 그 경위(사령부에 근무하게 되었다는)를 알리고 돌아다녔다. 외부에 대해서는 극력 비밀을 유지해야 할 숭고한 일(소집업무)의 내용을 송두리째 털어놓고서, 상대방을 심연 속에 몰아넣는 것이었다.

물에 빠진 자는 지푸라기라도 거머잡는다는 속담처럼, 화제의 와중에 끌려들지 않는 자 아무도 없었다. B로서 본다면 이런 상대야말로 소집을 안하고 두어, 협박하고 편취하는 절호의 자금원인 것이다. 그런데 수많은 아는 얼굴 중에서도 B가 택하는 상대는 예외 없이 자본가들이었다.

어느 날, 한 장 소집영장을 움켜쥔 채 미리부터 뜸을 들이던 단골집으로 뛰어든 B의 표정은 복잡하고 동요하는 기색이 농후하였다.

"S씨, 난처하게 됐다니까요. 정말 난처하게 됐어. 나만 사령부에 있었다면야 별로 일도 없었겠는데, 오늘 사령부를 비웠더니, 글쎄 당신께 소집이 떨어졌더라 그런 말이야. 글쎄 이걸 보시라구, 이렇게 당신 이름이 적혀 있어요. 당신만큼은 소집에서 지켜 드린다고 약속했는데, 겨우 한나절 외출했던 그 사이에 이거 면목 없게 됐다니까요. 엎친 데 덮쳐서 이건 곧장 전쟁터로 가는 부대란 말예요."

책임을 느낀다는 듯이 서글픈 어조로 허두를 던져 놓고, S씨가 출전을 결심을 하건 말건 그런 일에는 상관없이, B는 이어서 예정한 각본을 펼쳐 나가는 것이다.

"하지만 기다려 보시라구요. 방금 댁으로 오면서도 줄곧 궁리를 했지만, 당신은 사회적으로 중요한 분이거든, 하니 당신한테 군마의 다리 따위를 씻어라 한들, 결국은 국가적으로 손해다 그 말씀이야. 나도 명색 군인이니 지금 곧 사령부로 가서 내가 믿는 바를 정정당당하게 상사에게 호소해 보겠다 그 말입니다. 이 영장을 누군가 딴 사람에게 대신 시킬 수 없겠느냐고 말입니다. 혹시 성사가 된다면, 당신이 사회적으로 중요한 사람이라는 표시만은 보이셔야 합니다. 당신 대신 다른 사람이 죽는 셈이니까요." 말을 끝낸 후 S씨 저택을 물러나 사령부 쪽으로 총총히 사라지는 것이었다.

그런데, 지금 B의 포켓에 있는 소집영장은 사령부의 서랍에서 한 장 뽑아내서 B가 멋대로 S씨의 성명을 적어 넣은 가짜 영장이란 것을 B 이외의 누구도 물론 알 턱이 없었다.

"아, S씨군요. 난 정말 걱정했다니까요. 하지만 상사도 이치가 정연한 내 논법에 눌려서 대강은 이해를 해 주셨어요. 대강을 말씀입니다. 자세한 이야기는 … 내일 밤 찾아 뵙고 말씀하시지요. 그때 상사를 모시고 갈 테니 만사 잘 부탁합니다. 참고로 말인데 댁에서 저녁이나 신세지면서…"

이상이 B의, 그후에 전화로 통하는 말인 것이다.

이튿날 황혼 무렵 S씨 댁에 나타난 것은 물론 B 한 사람 뿐이었다.

상사의 불참을 서운해 하는 S씨에게는 적당한 핑계로 얼버무리면서, 어제의 결론을 말하고, 내 힘으로 당신의 생명을 건졌다는 따위를 지껄이면서, 포켓에서 예의 영장을 꺼내며, "이건 이제 필요가 없으니까" 하면서 S씨의 면전에서 찢어 버린다. S씨로 본다면, 사형 판결을 항소하여 무죄 선고를 받은 것과도 흡사한, '이젠 살았구나'하는 심경인 것이다. B를 신처럼 떠받든대도 당연할 것이며, 생명의 대상으로 B가 챙겨 넣는 재물도 필연코 적지는 않았던 것이다.

일제 하에서 소집영장은 소위 '천황의 부르심'인 것으로 믿어졌고, 또한 그렇게 선전되고 있었다. 이 소집영장이 사실은 연대구 사령부원들의 사무로서, 독직의 대상이었다는 사실을 폭로한 수기인 것이다. 이리하여 같은 수기는 또 다른 1절에서 다음과 같이 말하고 있었다.

(병사업무는) 일의 성질상 조금이라도 독직의 냄새가 있으면 생활이 불가능한 전지로 쫓겨나 버리곤 하였다. 복잡 교묘한 이(독직의) 내막으로 해서, 이 계통(병사사무)은 신진대사가 실로 격심했다. 자연히 이 계통의 경험을 가진 생존자는 전국을 털어도 헤아릴 정도밖에 남지 못하고 말았던 것이다.

이리하여 죽음의 전쟁터로, 노역장으로 끌려간 사람은 힘 없고 돈 없는, 소위 '불쌍한 백성들' 뿐이었다. 이들은 '황국신민'이라는 이름 아래, 이른바 '성전聖戰'과 '진충보국盡忠報國'을 위해서, 잠자리에서, 길거리에서, 신혼 초야의 화촉동방에서 죽음의 전쟁터·노역장으로 끌려 나갔다.

1942년 3월, 퇴근한 후 친구 집에 들렀던 귀갓길 밤 10시의 노상에서 북해도 아사노 탄광으로 끌려간 한 동포가 당시의 연행 광경을 다음과 같이 증언하고 있었다.

이윽고 우리들은 한 군데로 모아져서, 경찰 노무제 주임으로부터 훈시를 받았다.

"제군들은 이 비상시에 황국신민으로서 해야 할 바를 인식하지 않으면 안 된다. … 지금 북해도에서 새로운 철도 부설을 하고 있는데, 그곳에 가 주기 바란다. 월급도 좋고, 물론 대우도 좋다. 지금 즉시 출발해 주기 바란다."

우리들은 숙연해져 버렸다. 너무나도 돌연의 일이라 어안이 벙벙해졌다. … 일행 67명이 플랫폼에서 기다리고 있는데, 특별한 구조의 열차가 진입해 왔다. 이 열차는 전부 징용 노무자를 주워 싣기 위한 것이었다. 나는 일체의 노력을 기울여서 집에 연락을 취하려 했으나, 도대체가 허락되지 않은 채, 죄수처럼 그 길로 부산으로 호송되게 되었다. 동행자들 중에는 왜식 나막신을 신은 자, 작업복 차림인 자, 나들이옷을 입은 자 등 각양각색이요, 모두가 나처럼 이유도 없이 불문곡직 강제로 끌려온 무리들인데, 연행당하던 장소가 또한 너나없이 가두街頭였다. 뿐더러 내가 가진 유일한 짐이란 것이 아침에 회사에 들고 갔던 빈 도시락 하나였다.

　　　　　　　　　　　　　　　- (삼일신서 『탈출』 안의 〈잃어버린 청춘〉).

포주들의 대륙침략

식민지의 제왕으로서 미나미는 차기 수상을 노리고 있었다. 이 꿈을 실현하자면 무엇보다도 식민지 지배를 완벽하게 함으로써 공적을 쌓을 필요가 있다. 이리하여 그는 황민화정책과 인적·물적 자원에 대한 수탈정책을 강행하면서 전시체제의 확립에 안간힘을 다했다. 가드레일이 뜯겨나가고 놋수저가 총알로 둔갑하면서, 군수물자 우선의 통제 정책이 마침내는 모든 생활물자를 배급제도로 묶어 버렸다.

쌀은 물론 쇠고기·생선·설탕조차도 배급이었다. 술은 그 중에서도 단속이 심해서, 지정된 배급소에서 파는 하루 1인당 한 잔의 배급 술 외에는 숫제 뜨물조차도 구경하지 못했다. 적성敵性 오락과 불건전한 오락이 배격되면서, 요정은 비국민적 사치 낭비의 온상으로, 그 대부분이 폐쇄되었다. 청일전쟁 이래 반백 년, 식민전선의 이면에서 누릴 대로 호황을 누리던 밤의 꽃들이 하룻밤 무서리에 전멸을 하다시피 했던 것이다.

하지만 전선에서는 이 무렵부터가 폭발적 전쟁 경기의 시작이었다. 국내에서 폐업한 포주·접대부·요정업자들이 다투어 대륙으로 몰려들면서, 전선의 곳곳에 유흥업소가 독버섯처럼 만연하였다. 이들은 병사들의 약탈품을 술과 향락으로 바꿔 주면서 유례없는 호경기로 흥청거리기 시작하였다. 국내에서 사치와 낭비로 지탄의 대상이던 업종이 이제 여기서는 '황군'의 사기를 고무하는 애국적 영업으로 각광을 독점하게 됐던 것이다.

1942년 6월 무렵 중국 상해에서는 신월·가무천·천향원 기타 수십 개의 요정이 성업 중이었다. 같은 무렵 한구漢口에서는 송월루·부도관·대승루 등 수 십 곳의 업체가 호황을 누리고 있었다.

전선 가까운 점령지에서, 기생 댄서까지 거느린 이들 업체의 고객이 누구였을까 하는 추측은 과히 어렵지 않다. 현지 중국인들은 피난 다니기에 바빴을 것이니, 일군장교·군납업자·전쟁상인들 외에는 이용할 계층들이 없었던 것이다.

민간 경영의 이런 업체들로써 수요의 부족을 느끼자 군 직영의 매춘업자가 도처에 성행하기 시작하였다. 1938년 1월 말 무렵 상해의 일본군 특무부는 조선인·일인을 합쳐서 약 1백 명의 여자로 된 군 직영 유곽 '육군위안소'를 개설하였다. 상해 군공로軍工路에 있었던 상해 육군위안소는 10동의 목조건물로 되어 있었는데, 군 전용으로 민간인은 출입이 금지되었다. 병사·하사관·군속들은 중대장이 발행한 '위안소 외출증'을 휴대한 후 이곳으로 가서, 규정된 요금을 지불하면서, 제한시간 30분을 즐기고 나왔다.

그뿐 아니라 일본군은 표면상 민간업자를 내세워 위안소를 경영하면서 감독권만 행사하는 위장전술도 쓰곤 하였다. 군대와 결탁한 이들 민간인 매춘업자의 성분은 국내에서 폐업한 포주 등의 부류와 부랑배, 군납업자 출신 등이다.

일인들의 수법을 배운 조선인 포주들도 이러한 직종에 참가했으니, 절강성 영파寧波시에서 '제3위안소'를 경영한 전남 출신 창씨명 미시마(본명 미상) 같은 경우가 그 하나이다. 인천에서 창가娼家 송학루를 경영한 하윤명은 공·사창가가 폐쇄되자 폐업한 창녀 수십 명을 인솔하고 싱가포르로 가서 일본군 전용인 매춘업체를 경영하였다.

이러한 업체들이 당시에는 '위안소' 또는 '삐 집'으로 호칭되었고, 군용위안부는 '삐'라고 불러졌다. 국적에 따라서 '조선삐', '일본삐', '중국삐'라고 불러졌던 것이다. 그 무렵 일본 군대에서는 '니규이치'라는 은어가 공공연한 비밀로 통용됐는데, 한 사람의 여자가 남자를 받을 수 있는 한도를 29명으로 계산한 데서 나온 말이다. 이 계산이라면, 가령 일군이 3백만 명일 때 필요한 '삐'의 수효는 10만 3천 5백 명이어야 한다는 계산이 되는 것이다.

이러한 절대수의 수요 충족을 위해서, 군대와 매춘업자들은 이른바 '여자 사냥'에 혈안이 되다시피 하고 있었다. 여공 모집이네 간호부 모집이네 하며 속여서 데려가고, 총독부 → 도청 → 군청 → 면사무소로 할당해서 강제로 끌고가기도 했다.

1944년 8월부터는 여자 근로정신령勤勞挺身令을 발포해서, 징용영 장인 근로정신령서挺身令書 한 장으로 마구잡이 연행을 실시하였다. 이른바 여자정신대라는 이름으로 이 땅의 많은 미혼 처녀들을 끌고가서 군대창녀로 전락시킨 것이다.

이렇게 해서 끌려간 조선인 위안부의 수효는 대략 17~20만 명 선으로 추정된다. 이들은 중국 전선에서, 남방기지에서, 버마 최전선의 참호 속에서, 일본군의 섹스 처리용으로 '군수품'의 역할을 수행하면서 청춘과

인권을 유린당했다.

청일전쟁과 함께 서울에 '신마치' 공창가를 개설한 일본군의 '한 손에 칼 한 손에 여자'의 침략 공식이 이제 지구 표면의 거의 3분의 1의 지역에 걸쳐서 전개된 것이다. 일본군은 이들 위안부를 '군수품'으로 취급하면서 명부 아닌 '물품대장'에 인원수 등 현황만을 기입하였다.

조선에서 이들 군용 위안부가 대량으로 연행된 시초는 미나미의 재임 기간이었던 1941년 7월이었다. 독일군의 선제공격으로 독소개전(1941. 6. 22)이 시작되자 일군 수뇌부는 대소전략을 위해서 관동군 특별 대연습을 시작하였다. 이것은 평시 12개 사단 규모의 관동군을 일거에 34개 사단으로 팽창시키는 규모로 실시되었다.

증원될 30만 명 군대의 수송을 위해서는 일본 내 철도의 3분의 1과 선만철도의 전 수송력이 배정되었다. 1941년 7월 22일부터 시작된 집중수송에서 조선을 통과한 병력의 1일 최대 수는 병사 1만 명과 마필 3천 5백 두였다.

이때 관동군 사령부의 보급 담당 참모 하라가 특별군용기편으로 급거 서울에 출장하였다. 조선군 사령부를 거쳐서 총독부 총무과로 간 하라는 증원된 병사 50만 명을 위안할 처녀 2만 명의 공출을 의뢰하였다. 이때 군의 요구라면 매사 불가능이 없던 시절이었다.

총독부는 도청 → 군청 → 면사무소의 코스로 공출 인원을 할당하였다. 그 실행상의 강권 발동을 위해서는 조선헌병대와 경찰부 → 경찰서 → 주재소가 동원되었다. 감언이설과 협박 공갈로 동원된 1만여 명 처녀들이 임시열차에 실려서 봉천역에 도착했을 때, 인수자 하라 참모는 '그야말로 질려 버릴 정도'의 광경이었다고 술회하였다. 간호부나 여공원이 되려니

했던 처녀들은 소만 국경에 배치되어서 날이면 날마다 일군 상대로 섹스의 제물이 되고 말았다. 이들 17~20만 명의 조선인 여자정신대 중 8 · 15 이전의 사망자는 14만 3천 명이다. 소모율 71~84%로, 세계 2차대전 중 일본군의 소모율 40~50%를 훨씬 웃도는 수치이다.

비전투원인 여자정신대가 어째서 전투원인 일본군인들보다 더 많은 비율로 죽어갔는가? '천황의 군대'의 치부를 은폐하기 위해서 패주할 당시에 학살을 당했기 때문이다.

제 12 장

고이소 :

배덕의 장

고이소, 배덕의 페이지

　1942년 5월, 추밀원 고문관으로 전보된 미나미를 대신해서 고이소가 제8대 총독에 취임하였다. 이 자는 1935년 12월~1938년 7월까지 조선군 사령관을 하면서 지원병제를 실시하게 한 장본인이다.

　북일본 야마가타현 출신인 고이소는 1909년에 육대를 졸업하고 1926년에 소장, 참모직과 육대 교관 등을 거치면서 군정 부문에서는 오래도록 소외되고 있었다. 그러던 중 1930년 8월, 육상 우가키에게서 육군성 국무국장으로 발탁되면서 그는 군의 중추 중앙부에 데뷔하였다.

　이후 그는 우가키 군벌의 핵심분자로서, 하시모토 등의 파시즘 급진파와 함께 우가키 파시즘 내각을 꿈꾸는 3월 사건을 모의한다. 이 쿠데타 음모가 유산된 후, 우가키가 예편 · 조선총독으로 육군을 떠나면서, 군에서는 신흥 아라키 군벌이 급성장한다. 우가키에게 등을 돌린 고이소는 신흥 아라키 군벌에 영합하면서 육상 아라키 밑에서 육군성 차관을 담당하였다.

　이후 고이소는 관동군 참모장, 제5사단장, 조선군 사령관을 거치면서 1937년 11월 대장에 진급한다. 이 무렵 1937년 1월 21일, 제70의회에서,

소위 '할복문답割腹問答 사건'이란 것이 일어났다. 정우회의 하마다 의원이 군의 독주를 비난하는 발언을 하자, 육상 데라우치가 군을 모욕한다고 핏대를 올렸다. 하마다는 모욕의 언사가 없었다고 하면서, 속기록을 조사해서 모욕의 언사가 있으면 할복 사죄하되, 없으면 육상이 할복해야 한다고 맞섰다. 군부와 정당의 알력에서 노출된 소위 '할복문답 사건'이라는 것이었다.

분개한 데라우치는 정당을 공격하기 위해서 의회해산을 주장하였다. 불응하면 육상직을 사임하여 내각을 무너뜨릴 작정인 것이다. 당시는 '군부대신 현역전임제'로, 군부가 육군 또는 해군대신 취임을 보이콧하는 이상 내각을 구성 또는 유지하지 못하는 형편이었다.

이리하여 1월 24일, 히로다의 정당·관료 내각이 무너지면서, 우가키가 후계 수상으로 지명을 받았다. 이때 우가키 내각은 군과 정당의 쌍방을 통어通御할 것으로 기대되어서 국민들에게 비상한 지지를 받았다. 조각組閣 본부에는, 내각을 무너뜨린 군부 전횡에의 반감도 곁들여져서, 날마다 수천 통의 환영·격려 전보들이 답지하였다. 그런데 만주사변의 주모자 이시하라의 충동으로, 전 육상 데라우치가 육상 취임을 보이콧 하였나. 왕년에 우가키가 육상으로 있을 때 단행한 군축에 대한 반감의 표시였던 것이다.

이렇게 되면, 육·해군대신 현역전임제라, 육군(또는 해군)대신이 없는 내각을 출범시킬 수가 없는 것이다. 궁지에 몰린 우가키는 현역 복귀를 시도했으나 육군의 반대로 실현되지 않았다. 이리하여 우가키는 최후 한 가닥의 미련과 희망을 걸고 후배이자 심복 부하였던 조선군 사령관 현역 육군중장 고이소에게 머리를 조아려 가면서 육상 취임을 간청하였다.

하지만 고이소마저 왕년의 은공을 외면하면서 육상 취임을 거절함으로써, 우가키의 내각은 마침내 유산이 되고 말았다.

이러한 행위를 일서日書는 "고이소의 부덕不德"이라고 말하고 있다. 아닌 게 아니라 그는 그때 육상을 수락함으로써만 우가키의 왕년의 은공에 보답할 수가 있었다. 뿐만 아니라 그의 육상 수락은 정권을 전단專斷하려는 데라우치 일파의 전횡에 대해서 정의의 실천이 되기도 한다.

그런데 고이소는 육군과 맞서는 것이 자신의 영달에 마이너스가 된다고 판단했던지, 우가키의 소청을 끝내 거절하였다. 시류와 명리를 쫓아 대의에 등을 돌림으로써 우가키 내각 출현을 바라던 국민적 열망까지 배신하고 말았던 것이다.

이렇게 부덕한 고이소는 1942년 5월~1944년 7월까지 총독으로 26개월을 재임하였다. 그는 그 자신의 부덕은 싸서 감춰둔 채 도의조선道義朝鮮을 외치면서, 미나미의 전시체제를 결전체제로 끌어올렸다. 징병(1942. 5), 해군지원병(1943. 5), 학도병(1943. 10), 해군장병(1944. 5) 제도를 잇달아 실시하면서, 고이소는 책임생산제로써 천문학적인 가혹한 공출 물량을 할당하였다.

근로동원체제의 강화와 국민징용령의 시행으로 노무자 강제연행이 날로 혹독해져 갔던 것이다.

학살당한 노무자

전쟁이 불리해짐에 따라서 일제의 잔혹성은 날로 심해져 갔다. 『조선인 강제연행의 기록』(박경식 저)은 이 무렵 징용노무자에게 가해진 잔학 행위에 관해서 다음과 같이 기록하고 있다.

우리는 그날 밤, 예전부터 이 지역에서 노무자 합숙소와 요릿집을 경영해 온 가모우 장노인으로부터, 동포 학살 사건 의 이야기를 들을 수 있었다. 그것은 1944년경, 아소의 경영인 아카자카 광업소에 연행된 20세 전후의 동포 청년을 학살한 사건인 것이다.

이 청년은, 낯선 일본의 생활에서 한 여름의 더위를 견디지 못한채 음부 습진(피부병)에 걸려서, 일을 못하고 있었다. 일본인 노무계는, 크고 시뻘 겋게 고환이 부어올라서 걸음도 간신히 걷는 그를 호출했다. 장난삼아서 인지, 또는 잔학성의 표현인지, 내가 고쳐 주겠다면서 면도칼로 고환의 부은 자리를 잘랐다.

그 상처가 너무나 깊었던 탓에 피가 무섭게 뿜어 나왔고, 다량의 출혈 때문에 그 청년은 죽어 버렸다. 노무계는 일이 벌어지자 당황해서, 제 죄를 숨길 작정으로 화차가 통과할 시간에 맞춰서, 시체를 구내 인입선의 철로에 방치한 채 자살을 가장하려 하였다. 그런데 화차의 통과시간이 늦어서 조선인 노무자 다수에게 발각되고, 큰 소동이 일어났다. 탄광 경영자는 헌병과 경찰을 동원해서 이들을 해산시키고, 일본인 노무계의 살인죄는 어물어물해 버리고 말았던 것이다.

일본에서 공사장의 잔학행위는 메이지 초엽 이래의 전통적 명물이었다. 메이지 2년(1869년)에 시작된 북해 개발은 1874년의 전병제의 실시와 함께 북해도 개척사開拓使 구로다에 의해서 본격적인 규모로 실시된다. 이 둔전병은 평시에는 농업에 종사하다가 유사시에는 군대로 전투부대가 되는 농병조직이다. 이 무렵 1872년에 도쿄 사신바시~요코하마에 일본 최초의 철도가 개통되었다. 이 무렵 이래 북해도 기타 각처의 토목장·철도공사장에는 죄수들이 동원되기 시작했고, 특히 야마모토는 철도대신을 할 때 죄수를 공개적으로 공사장에 투입하였다. 공사장에서는 죄수들의 도주를 막기 위해서 창문마다 쇠창살을 설치한 특이한 구조로 노무자 합숙소를 건설했다. 일본의 명물인 이른바 '감옥실'이란 것인데, 하나뿐인 출입문에서는 집총 경비원이 맹견을 데리고 파수를 보게 마련이다. 도주하다 잡히면 무서운 사형私刑은 물론, 포악한 죄수들이라 저희들끼리의 싸움도 끊이지 않는 살벌한 분위기였다. 이리하여 1922년에는 시나노가와의 댐 건설장에서 조선인 노무자 추산 100여 명을 학살한 '시나노가와 노무자 학살사건'이 일어났다. '지옥의 골짜기'라 불려진 이곳 신월전력 공사장에서는 노무자를 콘크리트로 생매장하는 등의 가혹행위는 물론 사망하면 강물에 던져버리곤 하였다.

북해도·사할린의 철도공사장에서는 이따금 철도 침목 밑에서 시멘트로 생매장된 노무자의 백골이 발굴된다고 한다. 야마모가 철도대신을 하던 메이지 초엽 이래로, 이 지역 북해도에서는 "철도 침목 하나마다 노무자 시체 하나"란 말이 전해질 만큼 많은 노무자들이 희생되었다고 한다. 공사판에서의 이러한 전통을 강제 연행된 조선인 징용노무자에 대해서 한결 가혹하게 적용되었다. 소위 '감옥실'인 합숙소의 쇠창살로도 부족해서, 일제는 작업장과 감옥실 주변의 철조망에다 고압전류의 방전까지 계획하였다. 일본인 노무감독은 도주자를 권총으로 살육했고, 무자비한 린치 끝에 폐석더미 속에 처넣어 버리기 예사였다.

일본 도처에 산재한 이러한 학살 현장 중 하나가 마쓰시로정 대본영 공사장이다. 1944년 11월 이후 패전까지 일제는 중부 일본 나가노 부근의 마쓰시로정에서 대본영 지하화 공사를 강행하였다. 동원된 노무자 75만 명 중 조선인은 35만 3천 9백 32명, 그 중 기밀 장소를 공사한 조선인 노무자 수백 명은 공사가 거의 완공될 무렵 전원이 행방불명되었다. 군부 지배층이 기밀 유지를 위해서 학살한 것이라고 전해지고 있다. 동만東滿 국경 호두虎頭의 지하요새 공사에서도 기밀을 노무자의 생명과 바꾼 사례가 확인된다. 대소전對蘇戰을 위해서 관동군 축성부築城部가 건축한 호두 요새는 이른바 '동양의 마지노선'으로, 지하 30~40미터에 구축된 영구요새였다. 1945년 3월, 제4국경수비대가 목단강으로 철수할 때, 당시 작업 대장이던 이시하라는 중국인 상주 노무자 30명을 학살하도록 명령을 받았다. 이시하라는 명령에 불복종한 끝에 헌병대에 끌려갔다고 종전 후에 증언하였다.

두 번째는 다카시로 해군 공창工廠. 1천 명의 노무자가 한겨울에 홑껍데기 여름옷으로, 밑창이 뚫린 신이나 슬리퍼, 또는 맨발인 채 혹사를 당했다. 노무자들은 연일 영양실조와 발진티프스로 죽어갔고, 감독에게 생매장을 당하기도 했다. '눈물의 다리'를 건설할 때는 2~3명의 조선인 노무자를 교각의 콘크리트 속에 생매장하는 희생의 제사까지 지냈다고 한다.

세 번째는 게이힝 공업단지, 특히 일본강관 회사. 이 회사는 히다치 조선소 등과 함께 전쟁 중 중요한 무기 생산장이었다. 1940년 이후 수만 명이 조선인을 징용했는데, 한겨울 수심 1미터의 바닷물 속에 '엎드려뻗쳐'를 시켜서 소동이 일어난 일이 있었다. 이 회사는 "니홍 '고깡日本 鋼管'은 생명의 '고깡交換'"이란 말로 악명을 떨치곤 하였다.

네 번째는 다카마쓰 광산. 이른바 '다카마쓰 기나코(高松 콩고물)'라는 혹독한 린치로 악명을 떨친 곳이다. 이것은 찬 물을 끼얹어 가면서 수 십 차례 실신하도록 때려 노무자를 콩고물에 묻힌 떡처럼 만들어버리는 린치이다. 이렇게 해서 사망하면 폐석 더미나 갱 안에 던져버렸다고 한다.

다섯째는 우배 해저탄광지대. 1941~1945년에 조선인 10여만 명이 징용되었다. 이 지역은 대부분의 광산이 바다 밑에서 석탄을 캐내는데, 나가우 탄광도 그 중의 하나이다. 1943년 2월, 바닷물의 침수를 막지 못해서 폐광할 때 나가우 탄광은 조선인 노무자 180명을 해저 갱도 안에 버려둔 채 갱도를 막아 버렸다.

이러한 고난을 뚫고 살아남은 한 무리 노무자들이 마침내 귀국선을 타게 되었다. 아오모리를 출발한 그 배는 마이즈루에 기항하기 직전 기뢰에 의해 침몰된다. 3천 7백의 조선인 승선자 중 5백 50명이 사망했다.

1945년 8월 24일의 우키지마마루 침몰 사건은 일제가 고의적으로 기뢰에 부딪치게 한 것이라 전해지고 있다.

참호 속의 여자 정신대

버마전선은 지옥과 마찬가지였다. 이 지역에서의 주된 싸움인 임팔 공방전은 태평양전쟁 중 최대의 육전陸戰으로 꼽히고 있다. 1944년 3~7월에 걸친 작전에서 일본 제15군 10만의 병력은 임팔가도街道 아닌 새 별명 '백골가도白骨街道'에 줄줄이 시체의 행렬을 남긴 채 궤멸하였다.

제15군 사령관 중장 무다구치는 작전에 참가한 사단장 전원이 그 작전이 무모하다고 주장하자 전원을 해임하면서 작전을 강행하였다. 이 바람에 그는 부하들에게서 '귀축鬼畜 무다구치'라는 별명까지 얻게 되었다.

이 지역 버마전선에도 여자정신대인 조선인 위안부 다수가 동원되었다. 버마 파견군 참모이던 쓰지는 그의 저서 『15대 1』에서 최전선의 진지에도 조선인 위안부가 배속되어 있었다고 말한다. 또한 이 지역의 '오카미' 사단은 1만 명 중 3천 명 정도가 조선 청년들이었다. 버마전선에는 부대마다 20명 내외의 여자 정신대가 있었는데, 일본군이 패주할 때 그 대부분이 사망 또는 학살되었다.

이 지역에서 가장 처참했던 전투는 운남성의 라모우 등과 북버마의 미치나에서 벌어졌다. 그 중 라모우에 배치된 일본군은 1천 3백 명, 이들을 위해서 15명의 일본 여자와 5명의 조선인 위안부가 배치되어 있었다. 중국군 5만 명이 이 지역을 공격하면서 라모우는 시산혈해屍山血海로 변했다. 중국인 복장으로 변장한 일본군 결사대는 출발에 앞서서 규칙처럼 위안부를 품곤 하였다.

이 일이 끝나면 위안부들은 참호 속에서 탄환을 날랐고, 부상자를 간호하면서 주먹밥을 지었다. 이런 격전의 1백여 일이 지나고 1944년 9월 7일, 라모우 진지 최후의 날에, 5명의 위안부는 일본군과 함께 전멸을 당하고 마는 것이다.

이로부터 7일 후에 전멸한 등월에서는 위안부들이 더욱 참담한 운명을 밟았다. 이곳 등월의 일본군 수비대에는 병력 1개 대대에 7명의 조선인 위안부가 배치되어 있었다. 6월 말부터 시작된 중국군의 공세 앞에서, 등월의 위안부들이 담당한 역할은 라모우의 경우와 조금도 다르지 않았다.

이리하여 9월 14일, 등월 진지 최후의 날. 27세의 대위 오타 수비대장은 최후의 돌격용 수류탄을 나눠 주면서 생각하였다. 7명의 조선인 위안부를 어떻게 처리하느냐? 탈출을 시키면 일본군의 내막이 중국 측에 알려질 것이 염려가 된다. 그렇다고 중환자들처럼 자살용 수류탄을 나눠줄 때, 과연 그녀들이 자살할 것이냐도 문제였다. 공포와 피로에 젖어 참호 속에 잠들어 있는 7명의 위안부를 확인한 오타 대위는 부하 중사에게 2개의 수류탄을 건네 주었다.

"여자들이 잠들어 있는 참호 속에 던져라! 심야에, 여자들이 눈치 채지 못하게 까 넣는 거다."

이리하여 7명의 조선인 위안부는 억울하게 성을 착취당한 끝에 학살되고 말았다. 이러한 참극은 일본군이 전멸하던 각처의 전투장에서 다반사

되풀이되곤 하였다. 1944년 2월 17일부터 미군의 폭격이 시작된 트럭 섬은 태평양의 지브롤터라고나 할 곳이었다. 태평양 최대의 일본군 해군기지인 만큼 위안소와 요릿집이 줄을 지어 세워져 있었다.

이 섬에서 있었던 위안부들의 학살 장면을 니시구는 저서 『곽廓』(매춘업소)에서 다음과 같이 서술하였다.

> 공습이 중단된 사이에 비밀명령을 받은 시다 소위는 두 명의 부하를 데리고 여자들이 들어 있는 동굴로 다가갔다.
>
> "들어라! 대답은 필요 없다. 절대로 말을 해선 안 된다. 잠자코 해치우는 거다. 저것들은 보통 계집애들이 아니고 매춘부들이야. 적이 상륙하면 무슨 짓을 할지 모른다. 국가의 수치다. 알았나?"
>
> 긴장한 소위의 속삭임에 두 사병은 조용히 귀를 기울였다. 신발 소리를 죽이고 동굴 입구에 다가선 소위는 다시 한 번 정신을 가다듬은 후, 휘파람을 불었다. 동굴 속에 정말 여자들이 있는가를 확인하려는 것이었다. 동굴 속에서 인기척이 없이 죽은 듯 고요했다. 이번엔 낮게 '기미가요'(일본 국가)를 불렀다. 그때 아무 반응이 없던 동굴 속에서 돌연 짐승의 소리와도 같은 울음소리가 일제히 터져 나왔다. 그리고 어둠 속에서 방공防空 수건을 머리에 쓴 5~6명의 여자들이 와르르 입구로 달려 나왔다.
>
> 뚜루루, 뚜루루….
>
> 소위의 경기관총이 불을 뿜었다. 비명을 지를 사이도 없이 그들은 몸을 뒤틀면서 쓰러졌다. 동시에 소위와 두 명의 병사는 굴 입구로 돌진, 다음 여자가 나오기 전에, 캄캄한 굴 속을 향해서, 마구 기관총을 쏘아댔다. 굴에 메아리쳐서 귀를 찢는 듯한 총소리에 섞여, 비명 소리가 처참하게

들려 나왔고, 신음소리가 한참 동안 들렸다.

이윽고 미친 듯이 쏘아대던 소위가 방아쇠를 당기는 것을 중지했을 때, 텅 빈 동굴의 내부는 문자 그대로, 죽음의 침묵이 얼어붙은 듯이 고요할 뿐이었다. 그래도 마음이 놓이지 않아, 계속 2~3분간 귀를 기울이고 서 있던 소위는 그때서야 생각이 나서, 몸에 지닌 회중전등으로 동굴 내부를 비춰 보았다. 그것은 아비규환의 참상이었다.

도마뱀처럼 흙벽에 기어 붙은 채 피투성이가 된 여자, 거칠게 깎아 세운 나무 기둥에 매달린 채 머리를 떨어뜨리고 죽은 여자 그리고 서로 한 덩어리가 되어 부둥켜 엉킨 채 겹쳐져서 죽어 있는 여자 나무통과 같이 뒹구는 여자 이런 상태의 시체들이 전등불에 비친 것만 60~70명 가량 되었다. 그들은 완전히 숨이 끊어져 있었다. 그런데 소위의 눈에 띈 것은, 이미 시체로 변한 그들 몇 사람의 손에, 면도칼이 들려져 있는 사실이었다. 이러한 종류의 장사(군대 상대의 매춘)를 하는 여자(위안부)들에게 유일한 무기라고 할 수 있었던 작은 면도칼이 여기저기에 흩어져 있었다. "임무 완료! 이번엔 우리 차례. 돌아가자!"

소위와 두 사람의 사병은 구보驅步로 돌아갔다.

트랙 섬의 위안부(여자정신대)들은 이렇게 해서 참담한 종장終章을 고했다. 이에 앞서 재빠르게 일본으로 철수한 어느 일본인 포주 군용 매춘업자는, 여자들의 생명에는 아랑곳없이 다음과 같이 투덜대기만 하더라는 것이었다.

"젠장! 나는 트랙 섬이라는 재수 없는 섬으로, 일생 동안 걸려서 번돈을 버리러 갔다 온 꼴이 됐단 말야."

칼과 계집의 결산서

만주사변 이래 일제는 무장 이민의 토대 위에서 대륙 침략을 구상하였다. 동만東滿 국경인 대소련 전략 요충지에 무장 이민을 배치한 후, 평소에는 농경에 종사하다, 유사시에는 민병대로서 전투에 참가시킨다는 구상이었다. 이 입안 실천자는 장작림 폭살에 관계한 관동군의 도미야 소좌와 황도농주의자 가토 두 사람이었다.

1932년 8월, 이들의 구상에 의해서 된 척무성 이민안이 의회를 통과한 그해 가을부터, 만주 가목사佳木斯 부근 영풍진과 칠호력에 제1·2차 무장농업이민단이 입식入植된다. '가목사 둔간군屯墾軍 제1대대'로 호칭된 이 집단이민은 육군 중좌의 통솔 하에 수 개 중대를 편성하면서 소총·박격포·기관포 등의 무기를 소유했다. 대소련 제1선 병력의 배치라는 군사적 의미를 지녔던 이들 무장농업이민단의 구성원은 농경의 경험이 있는 기旣 교육 군인들이었다.

성인층인 이들의 성적이 크게 기대에 미치지 못하자 가토와 도미야는 무장이민단의 기초를 16~20세의 소년층으로 수정하였다. 1938년부터 모집·훈련과 파견이 시작된 이른바 '만몽개척 청소년 의용군'인 것이다.

이들은 가토가 소장인 이바라기현 우치하라의 이민훈련소에서 3개월의 기본훈련을 받은 후, 만주의 현지훈련소로 인계되어, 3년 간의 영농 및 군사훈련을 받았다. 이 과정을 마치면 일정한 농토를 배당 받아서 무장·집단농업이민으로 정착을 하게 되는 것이었다.

'칼과 계집'의 침략 본성은 이 제도를 시행하는 과정에서도 에누리 없이 노출되었다. 황막한 대륙에서의 3년이라는 장기간의 훈련소 생활. 그것은 감수성이 예민한 16~20세 소년의 심성을 황폐시키기에 충분하였다.

상급자의 명령이 천황의 명령이라는 일본 군대식 독재적 훈련소 기풍이 그 심성들을 더욱 황폐한 것으로 만들고 있었다. 대륙의 황막한 자연환경과 획일적 무미건조한 훈련소 생활…. '칼과 계집'의 침략 본성까지 겹쳐서 만몽개척 청소년 의용군은 급기야 일본 군대 이상으로 포악 잔인해 가기만 했던 것이다.

간부와 선배들은 호의호식을 하면서 후배에게는 고량高粱죽과 암염嚴鹽만을 먹이곤 하였다. 반항하면 목검으로 치고 때리는 일본 군대식 린치가 뒤따랐다. 철리의 훈련소에서는 감자를 훔쳐 먹은 소년이 중대장의 명령으로 하룻밤을 눈 위에서 꿇어앉았다가 동사한 사건이 일어났다. 진상을 알게 된 소년의 모친은 중대장에게 감자를 내밀면서, '감자를 반환할 테니 내 아들도 반환해 달라'면서 영 움직일 생각을 안 했다고 한다.

불만을 풀길이 없던 대원들은 실습장의 가축 엉덩이에 칼을 쑤셔박았다. 들판이나 벼 낟가리에 불을 지르기도 했다. 후배 대원이 입소해 오면 이유 없이 린치를 가함으로써 그 자신이 받은 몫을 분풀이하곤 하였다.

이런 경우의 극단적인 것이 1939년 5월 5~8일에 걸쳐서 일어난 창도 훈련소 사건이다. 이것은 선배 제22중대의 횡포에 후배 제11중대가 반항함으로써 마침내 집총 교전 끝에 수 명의 사상자가 발생한 불상사이다.

훈련소 내부뿐 아니라, 불상사는 외부에 대해서도 속출하였다. 만몽개척 청소년 의용군은 훈련소 부근의 중국인 부락을 습격해서 식량을 약탈하고, 가축을 도살하였다. 2~3명이 배낭을 지고 가는가 하면, 20~30명이 마차를 끌고 가기도 했다. 농작물을 훔치고 상품을 털곤 했기 때문에 중국인들은 훈련생들을 '샤오토르(도적) 의용대'라 불렀다고 한다.

이러한 약탈의 과정에서, 중국인이 반항하면 물론 집단폭행이다. 뿐 만 아니라 중국 여성에 대한 능욕도 폭행 사건과 비슷한 정도의 빈도로 저질러졌다.

> (만몽개척 청소년) 의용군의 어느 부류는 훔쳐온 술에 거나해지면 중국인 부락으로 내달아서, 여성이라면 닥치는 대로 간음하곤 하였다. 그자들은 젊은 처녀건 유부녀건 구별없이 독수毒手를 뻗치고, 때로는 일부러 그 가족의 면전에서 그 짓을 범하곤 하였다.
>
> 이때 그 여성의 부모나 남편은 그토록 포악을 떤 의용대원 앞에 꿇어앉은 채 "쎄쎄謝謝, 쎄쎄"(감사나 사과의 말)라고 말해야만 했다.

일서日書가 전하는 개척의용군 출신자의 체험담이다. 이러한 포악함을 만주경찰과 일본군은 못본 체 방임하곤 했을 뿐 아니라 이들이 입식入植하는 과정에서 일본군과 만척공사滿拓公社는 강권으로 중국인들의 가옥·농지를 몰수하였다.

> 개월 기한으로 퇴거를 하라 하면서 각 개인에게 날인을 시켰다.

촌장집에 모아서 서류에 날인시키고 대금을 지불했다. 그런데 그 가격이 엉터리없는 염가이다. 방 3칸 값으로 2천 원을 요구했지만 많아야 6백 원 이상을 지불하지 않았다.

때문에 중국인들은 "여자들은 울부짖고, 남자들은 낫을 휘둘러 반항의 태도를 표시하면서, 큰소리로 욕지거리와 함께 세간을 마차에 싣고 떠나갔다"고 한다.

이리하여 만몽개척 청소년 의용군 및 그네들의 입식入植부락인 의용대 개척단은 중국인들의 철저한 원한의 대상이 되었다. 1945년 8월 9일, 소련군의 참전으로 관동군이 대련~신경~도문 이남으로 철수하자, 그 이후 도처에서 의용군과 개척단은 중국인들의 습격을 받았다. 길림성 부여현에 정착했던 내민來民 개척단은 그 무렵 청·장년의 징집으로 부녀자 중심 271명의 단원이 남아 있었다. 월 15~17일의 3일에 걸쳐 부근 중국 농민 2천 명의 습격을 받고, 연락차 탈출한 미야모토 이외의 270명이 몰살한다. 흥안 북성興安 北省에 정착했던 동경개척단은 징집되고 남은 남자 70명과 여자 8백 명이 남방으로 철수하던 중 중국인의 습격으로 생존자 겨우 수 명만 살아남았다.

8·15 전후의 만주는 피를 피로써 씻는 이러한 참극의 연속이었다. 그리고 그 참극은 '한 손에 칼, 한 손에 계집'을 들고 침략 전선에 섰던 일제가 뿌린 씨앗의 수확이었다. 죄에 대한 심판이자 인과응보였던 것이다.

제 13 장

아베 :

패망의 전야

수상 출신의 총독

이 시기가 가면 제9대 아베의 패전 전야이다. 1944년 7월부터 8·15까지 재임한 아베는 이시카와현 가나자와 출신이다. 사관후보생 포병과 출신인 그는 육대를 마친 후 참모본부 총무부장 등을 거쳐서 우가키 육상 시절에 군무국장을 한다. 다나카 내각에서 육군성 차관을 한 그는 하마구치 내각에서 육상 우가키가 병상에 있을 동안 임시 육상 대리를 하였다. 즉 그는 육대陸大閥 우가키 파의 한 사람으로 군정(軍政: 육군성)과 군령(軍令: 참모본부) 계통을 골고루 밟았던 육군의 원로였다.

이 원로는 독일이 폴란드를 침공하기 2일 전인 1939년 8월 30일, 수상 겸 외무 대신으로서 히라누마 내각(1939. 1~1939. 8)을 대신한다. 그의 내각은 인플레 등 내정의 실패로 중의원의 불신임을 샀다. 1940년 1월 15일, 집정 4개월 만에 무너진 약체 내각이었으나 역대 총독들 중에서 어쨌든 수상 전력자는 아베가 유일하였다. 이런 거물을 총독으로 발령했다는 자체가 그 무렵의 전시 조선의 비중을 웅변적으로 설명한다.

하지만 아베는 우가키로부터 '팔방미인적', 그보다는 '세력영합적'이라고 평가를 받았던 사람이다. 세계 2차대전의 개막을 집정 4개월로 좌초해

버린 아베의 정치적 역량은 패전 전야의 식민지를 감당해낼 재목이 될 수
없었다. 또 수상 전력자라는 그의 이력서가 감당해 내기에는 이미 모든
것이 너무나도 만신창이로 되어 있었던 것이다.

이리하여 일제는 8월 15일, 통치 34년 10개월 15일의 막을 닫는다. 강
화도조약 이래 70년의 침략사에 종지부를 찍고 마는 것이다.

화려한 종군 요릿집

태평양전쟁이 시작되면서 요정은 사치성 향락업체로서 대부분이 폐쇄를 당했다. 기쿠이·에도가와 등 기타 극소수가 살아남았는데, 군과 관이 필요로 하는 최소한의 요정들이었다.

하지만 전선의 점령지구에서는 요정들이 예전에 없는 호경기를 누리고 있었다. 1943년 10월 현재로 상해에서는 천향원·조선관·명월관 같은 조선 요정과 신월·가무천·월내가·송내가·상해화단上海花檀 같은 일본 요정이 성업 중이었다. 한구漢口에는 특종 요릿집만도 환의·조일관·동명관·대승루·춘일관·부도관 등 20개가 넘었다.

심지어는 남방 전선지구에까지도 요정들이 진출했는데, 랑군의 취향원은 게이샤들은 물론 하녀·조리사·미용사·재봉사·악사와 전속의사까지 둔 대조직이었다. 버마전선 메이묘의 요릿집 청명장은 임팔작전 강행으로 부하들에게서 '귀축 무다구치'란 별명을 얻은 제15군 사령관 무다구치 중장이 지어준 옥호屋號이다.

이들 전지의 고급요정은 병풍·방석·식기 기타 시설이 일본 본토의 요정과 똑같은 곳도 있었다. 해만 지면 고급 장성들을 싣고 온 승용차가 문전에 성시를 이루곤 했다. 중국의 사단본부에서는 군납업자·독점기업가들이 주 1회 꼴로 연회와 '게이샤 파티'를 열어 주었다고 지나(중국)파견군 참모였던 쓰지가 말한다. 만철滿鐵 연변의 요정들은 만철 직원들의 봉급액과 근무 연수를 조사한 후 퇴직금의 3분의 1까지는 외상을 달아 주었다.

이리하여 일제의 세력이 미치는 범위에서는 어디서나 침략군·침략산업과 침략 관료들에 의한 연회나 '게이샤 파티'가 연일 대성황을 이루곤 했다. 당시는 일체의 산업이 군수산업이었던 시대라, 예를 들면 동척의 출자 50%로 경영된 계열회사 만몽모직滿蒙毛織: 奉天 같은 것도 필경은 관동군의 어용 상사이자 만군滿軍의 피복창被服廠 꼴밖에 되지 않았다. 이런 군납업체는 군·관의 유력자를 접대하기 위해서 접대 전문의 중역·부장과 과장까지 두고 있었다. 사장들은 초저녁부터 시작해서 한 좌석에 20~30분씩 하룻밤에 10여 좌석을 동분서주하기 예사였다.

하지만, 이 시대의 탕아들인 장성·고관·군수산업가들이 요정에서 반드시 일억일심一億一心은 되지 않았다. 고이소가 내각 수상으로 옮겨간 얼마 후, 1944년 말엽에, 군수성은 재고가 거의 바닥이 난 니켈 광맥을 찾기 위해서 온통 혈안이 되어 있었다. 이럴 때 조선에서 니켈 광맥이 발견되었다는 보고가 들어갔다.

이리하여 일단의 군수장교단이 니켈 광맥의 탐광探鑛 조사를 위해 동척 광업부를 방문했다. 협의가 끝난 후 요정에서 연회가 벌어졌는데, 경성 주재 이사인 가사이가 미심쩍어 하면서 말했다.

"조선에는 니켈 광맥이 없는 것으로 알고 있는데…. 찾아봐야 헛수고가 아닐까요?"

순간 군수장교단 단장인 소좌가 벌떡 일어서더니 가사이의 뺨을 후려치면서 호통을 쳤다.

"이놈의 자식! 아주 비非국민이구나?"

동척 간부들과 군수장교단이 자칫하면 패싸움을 벌일 뻔 한 일이 있었다. 그 무렵 제주도에서는 고구마를 원료로 해서 항공용 알코올을 생산하려는 제주 무수주정無水酒精공장의 건설공사가 진행되고 있었다.

건설사무소가 제주읍에 개설되고, 동척에서는 부참사 다카하시 외 17명의 사원들이 그곳 현장 사무소로 부임하였다. 그 무렵 제주읍에서는 일본 요정 단 하나가 남아 있었다. 제58군 사령부와 예하 3개 사단의 반이 주둔한 제주도라, 단 하나인 그 일본 요정은 연일 장교들로 대만원이었다. 오사카 상대(大阪商大) 출신으로 호주가이던 다카하시도 부하들과 함께 매일같이 이곳에 드나들었다.

어느 날, 현관에서 신을 신으면서 다카하시는 문득 거느리고 있던 부하들에게 말했다.

"꼴 보기 싫은 장교 놈이 오늘도 또 와 있더군! 주사만 부리려 드는 놈인데, 골탕을 먹여 줄까?"

"어떻게 말입니까?"

"어려울 건 없지! 그 놈의 가죽장화 안에다 오줌을 싸 넣는 거야."

"좋지요! 그거 참 재미있겠는데요?"

이리하여 다카하시 이하의 동척패들은 그 말대로 실천한 후, 의기양양해서 숙소로 돌아갔다.

얼마 후 장교가 나와서 장화 속에 발을 넣자, 질퍽거린 것이 몽땅 오줌이다.

"어느 놈의 짓이야? 나간 놈이라곤 동척패들밖에 없으니 그놈들 소행이 틀림없어!"

군인들의 세도가 하늘 높은 줄 모르던 시대라, 동척 총재 이케베도 별수 없었다.

"네, 조사해서 엄중 처벌하겠습니다. 네, 미안하게 됐습니다."

하지만 동척의 직원들이 가만 있으려 들지 않았다. 기사이 이사가 소좌에게 뺨을 맞았을 때도 군인들의 콧대를 꺾어야 한다고 주장하던 사원들이었다. 이들은 다카하시 현장사무소 차장을 영웅시하면서 격려의 전문을 보내곤 했다.

〈영웅적 쾌거를 찬양하며, 가일층의 건투를 요망함〉

〈영웅적 장거 만세! 동척 만세! 다카하시 부참사 만세!〉

연일 수십 통씩 답지하는 이런 전보문 속에서 "면직이 되면 즉시 당사에서 채용하겠음, 동척광업 전무 아키야마"라는 것도 섞여 있었다.

이들 군수업체가 반기를 들면 피해는 군에서 볼 수밖에 없었다. 때문에 군은 사건의 확대를 원치 않는다고 물러설 수밖에 없었다. 다카하시는 총재의 가벼운 질책으로 사내에서 영웅이 되어 버렸다.

이 무렵 일본군은 오키나와까지 쫓기고 있었다. 섬의 태반 이상을 내어준 채 사령관 우시지마 중장은 참모장 조 중장 이하 1천 명의 요원과 함께 슈리의 동굴 진지 속에 숨어 있었다. 이 동굴 사령부 안에는 3개월분의 식량과, 일본 명주銘酒 · 맥주 · 항공용 포도주와 스카치 위스키까지 비치되어 있었다. 장교 클럽 해행사에서 데려온 게이샤 10여 명과 나하시의 요정 '와카후지'에서 끌고온 10여 명의 유녀遊女들도 있었다. 야전건축대野戰建築隊에서 배치되어 온 케이크 직공이 있었고, 후쿠오카에서 불러온 사령부 전속의 요리사도 있었다. 오키나와의 시민들이 포화에 쫓겨 갈팡질팡하는데, 동굴 사령부의 장성들은 너무나도 호화판 생활이었다.

하지만 그들의 '화려한 밤'도 길게는 이어지지 않았다. 1945년 4월 1일에 상륙한 미군이 4월 하순에 슈리 북방 2킬로까지 육박하고 있었다. 오키나와의 수비대 7만이 궤멸하면서 사령부의 장성들은 섬의 남쪽 끝 마부니의 동굴로 쫓겨갔다. 이곳마저 궤멸하고 난후 6월 23일에 동굴 사령부에 남았던 것은 우시지마 · 조 두 중장의 처참한 자살 시체였다.

8월 15일의 총독부

　1945년 8월 10일, 총독부는 단파 방송을 통해서 일본이 항복한다는 것을 알았다. 미군기의 해상 공격이 치열해지면서 나진·청진·웅기로 소련군의 공격·상륙이 시작되고 있는 시점이었다.

　니시히로 경무국장은 이들 청진의 소련군이 열차로 남하한다면 20시간밖에 걸리지 않을 것이라고 생각하였다. 그들은 정치범을 석방할 것이며, 약탈·폭행의 혼란 상태가 야기될 것이다. 이것을 막자면 종전과 동시에 감옥 문을 열어야 하며, 치안 유지를 조선인에게 맡겨야 한다. 이것을 수행할 인물로 니시히로는 송진우·안재홍·여운형 중의 하나를 생각하고 있었다.

　8월 14일 오후 11시 무렵, 동맹통신 서울지국을 통해서 일황의 항복 연설 원고가 전해지자 정무총감 엔도 등과 협의한 후, 여운형에게 연락을 보내기로 하였다. 이튿날 아침 여운형은 정무총감 관사에서 치안유지 협력을 정식으로 수락한다. 이에 이르는 과정에서 송진우는 총독부의 제의를 거절했던 것으로 전해지고 있다.

　이날 12시, 일황의 항복 방송이 있은 직후, 총독부 제1회의실에서 간단

한 식전이 있었다. 식이 끝난 후 총독부를 비롯한 중요 관청이 제1착으로 손댄 작업은 중요문서·서류의 소각이었다. 이에 관해서, "이름은 잊었지만 한 조선인이"당시 강원도 내무부장이던 오카노부에게 항의하였다.

"도청에서 서류를 소각했는데, 아까운 일이다. 어느 미군 포로가 일본의 비행장에서 착실하게 일을 하기에 일본군 감독 장교가 칭찬했더니, 포로가 대답했다고 한다. 일본군을 위해서가 아니라, 장래의 미군비행장을 위해 일하는 것이니 일본인의 칭찬을 받을 필요가 없다고…. 미군 포로의 원대한 심성에 비해서, 조선통치 30년의 결정結晶을 단숨에 태워 없앤 일본인은 얼마나 천박한가? 공개되는 것이 떳떳치 못해서 소각해버렸다고 해도 무슨 할 말이 있겠는가?"

이 조선인은 "30~40년 후에 올지도 모를 진정한 동반자 시대를 위해 자료로 남겨야 한다는 이상"을 왜 못 갖느냐고 질책했다고 한다.

다음으로 총독부가 한 일은 '조선은행권'의 남발이었다. 1945년 7월 47억이던 통화 발행액은 8월 80억, 9월에 87억으로 거의 2배가 늘어났다. 이것으로 관·공리, 회사원들의 퇴직금, 70만 재선在鮮 일인의 귀국경비 등으로 지불되었다. 덕분에 조선은 인플레가 늘어나서, 8월의 1천 1백 원이던 쌀 한 가마 값이 12개월 후(1946년 8월)에는 4천 7백 원으로 뛰어올랐다.

하지만 일본인들은 총독부가 예상했던 것보다는 훨씬 안전하였다. 1945년 8월 16~23일까지, 일본인 경찰관에 대한 폭행 건수는 13도에서 66건이다. 이것은 조선인 경찰에 대한 같은 기간 111건에 비해서 60%이다. 일본 민간인에 대한 폭행 사례는 같은 기간 80건으로, 조선인에 대한 60건보다 겨우 20건이 많았다.

이리하여 재선일본인들은 90% 이상이 무사히 귀국하였다. 1876년 54명이었던 재선일인은 1945년에 71만 2천 5백 명으로 증가되어 있었다. 만주에서 돌아온 숫자를 합치면 8·15 직후의 재선일인은 1백만 명이 넘었다. 1946년말까지 그 중의 89만 6천 명이 귀국한다. 나머지 1961년까지 귀국한 숫자는 2만 3천 명이다.

총독이었던 아베는 하지 중장의 지시로 1945년 9월 19일 서울을 떠났다. 정무총감 엔도는 아놀드 군정장관 지시로 미군정청 고문을 하다 10월 17일에 서울을 떠났다. 재무국장이던 미즈타는 8·15 전후의 통화·재정문제로 검사국의 조사를 받다가 귀국한다. 경무국장이던 니시히로는 8·15 전후의 기밀비의 용도에 관해서 헌병대의 억류·조사를 받은 후, 헌병 호송으로 부산항 연락선에 실려져서 추방되었다.

이렇게 해서 운양호 사건 이래의 일제 침략사가 끝난다. 1876년 남자 52명 여자 두 명으로 시작된 재선일인들은 그 마지막 순간까지도 조선에 대한 미련을 버리지 않았다.

"도지사는 배짱도 없고, 뚝심도 없다. 우리는 절대로 철수는 안 한다. 영사관을 설치하고, 거류민회를 만들고, 일본인 학교 등을 설치하면서, 적극적으로 조선에 머물 방도를 추진해야 옳지 않은가?"

맨몸뚱이로 와서 치부한 부산의 일인들은 노부하라(당시 경남지사)가 철수를 독려하자 이런 말로써 항변하였다.

동척의 폐쇄

종전 당시에 동척東拓이 설립 또는 관계하고 있었던 계열회사는 조선농지개발영단·동척광업東拓鑛業을 비롯해서 85개에 달하고 있었다. 동척은 이들 회사에 대해서 최하 1%, 최고 100%의 주식 또는 출자증권을 소유하고 있었다. 이들 회사에 대한 동척의 자본불입액은 평균 40%였다.

지점은 조선 안에만 대구·부산·평양·사리원·나진·원산·경성·대전·이리·목포의 10개였다. 이밖에 봉천등 만주의 5개 지점과 북경등 중국의 5개 지점이 있었고, 마닐라·싱가포르·수마트라에도 지점이 설치되어 있었다.

이러한 규모로 동척은 남미 아마존의 척식·이민과, 몽골의 목축·석유 개발, 멕시코의 유전 경영, 북만주의 농·목장, 남방의 목재·제당製糖·섬유·농림업에도 손을 대고 있었다. 조선에서의 토지경영은 1926년도에 동척 사유지가 가장 많았는데, 전답·임야·택지·잡종지를 합해서 3억 5천만 평이었다.

1908년에 자본금 1천만 원 중 250만 원 불입으로 시작한 동척이 1945년에는 자산 9억 7천 8백 56만 원의 거대한 다국적기업으로 비대해졌던 것이다. 그동안 동척에는 초대 우사카와 이후 제11대 이케베까지 총 10명이 총재를 지냈다. 미야오가 제4대와 제7대를 겸했기 때문에 총재는 10명이 되는 것이다. 마지막 이케베는 1945년 2월에 부총재로부터 승진 하였다.

그 여름 8월 9일 0시에 소련군이 소만국경을 넘었다. 12일 밤 신경(新京: 長春)으로 진입한 소련군은 신문지에 불을 붙여 들고 사방으로 약탈을 다 녔다. 동척 신경지점 차장의 관사가 소실되면서 해림목재공사 사원의 처 자 4명이 불에 타 죽었다. 동척 신경지점의 사원·가족들은 1946년 9월 의 귀국자를 제외한 약 반 수가 평양으로 남하하였다.

동척 장가구 지점(화북)은 면양緬羊 2천 마리를 팽개친 채 천진에서 사세 호로 귀국한다. 이 과정에서 축산 기사 가도야마가 중국인 폭도들에게 살 해당한다. 동척 마닐라지점은 일본군 패잔병과 함께 산중을 방황하다 거 의 전원이 사망한다. 싱가포르·수마트라지점에서도 호리우치·시세키 외 다수의 동척 사원이 사망하였다.

그 무렵 소련군이 진주한 북한에서는 일본 아이들 사이에서 기묘한 놀 이가 유행하였다. 소련군이 된 몇 아이가 목침만한 빵 대신 벽돌을 끼고 길은 간다. 몇 아이들이 뒤쫓아 가면서,

"후레브 다와이(빵을 좀 주세요)."

소련군이 된 아이들이 멈춰 서면서,

"마다무 있소? 돔마니 있소(여자 있느냐? 돈 많이 있다)."

빵을 달라던 아이들이,

"니엣또, 마다무 오부소(아니, 여자는 없다)."

이때 소련군 노릇을 하던 아이가 일본 여자아이를 발견하면서 말한다.

"마다무 다와이(이 여자를 주시오)."

이리하여 도망치고 쫓고 구출하려는 3파전의 술래잡기를 벌이는 것이었다.

나진羅津 지점 성진지 소장 야마시다의 아내는 소련군으로부터 폭행을 당하고 두 아이와 함께 살해되었다. 야마시다는 소련의 어선에서 노역을 하다 한쪽 눈알을 뽑힌 후 귀국했다. 이런 북새통 속에서 한 무리 일본인들이 압록강에서 밀선을 탔다. 동척의 출자율 93%로 운영된 신의주 조선무수주정의 사원·가족 등 5백 명이었다.

3척의 배로 38선 근처 어촌에 상륙한 5백 명은 몇 개의 산을 넘었다. 이윽고 마지막인 어느 산기슭에서 안내자이던 조선인은 말했다.

"저 산을 넘으면 남쪽입니다. 나는 여기서 돌아가야 해요. 압록강을 떠난 지 3일, 당신네를 무사히 안내한 것을 기쁘게 생각합니다."

일본인들에게서는 기침소리도 들리지 않았다.

"우리는 새로운 건설에 기쁨과 보람을 느끼고 있습니다. 당신네들도 낙심하지 말고 새로운 일본을 건설하세요. 그럼 무사히 가시기 바랍니다."

동척 38년의 마지막 장면 중 한 토막이다.

년 9월 30일, 연합군 총사령관 맥아더 원수에 의해서 동척은 다른 22개 업체와 함께 폐쇄기관으로 지정된다. 동양의 복마전이요 수탈의 원흉이었던 동척이 청산·정리 사무를 끝내고 등기가 소멸된 것은 1957년 12월이었다.

주한 일본군의 해체

  8 · 15 당시에 조선에는 육군 29만 명, 해군 3만 2천 명, 공군 4만 3천명으로, 도합 36만 5천 명의 일본군이 있었다(후생성: 육해군 復員개황). 이것은 1941년 말의 재선在鮮 병력 수 4만 6천 명에 비해서 8배로 증강된 숫자이다. 1880년, 서대문 밖 청수관의 공사관 경비병 수 명으로 시작된 주한 일본군이 공사관 수비대(1개 중대) → 일군 수비대(2개 대대) → 조선주차군(2개 사단) 등을 거쳐서 수 개 군단 규모로 팽창했던 것이다.

  이들은 북한 4도를 관동군의 작전구역으로 이양했기 때문에 60~70%가 남선지방에서 주류駐留하였다. 이들은 종래의 조선 주둔(조선군) 제20사단(서울)과 제19사단(나남)을 남방전선으로 전출시킨 후, 1945년 3월~8월에 걸쳐서 새로 편성된 신설 사단과 중국에서 이동해 온 수 개의 사단들이었다.

  1945년 2월부터 이들은 신설된 제17방면군과 조선군관구에 의해서 통솔되었다. 제17방면군은 대본영 직할인 야전부대로 조선의 방위에 임했고, 조선군관구 사령부는 예하 서울 · 대구 · 광주 · 평양 · 나남의 사관구 부대를 지휘하면서, 보충 · 교육 · 경리 · 위수 업무를 담당하였다.

이들 재선在鮮 부대에 대해서는 1945년 3월 결7호 작전이 시달되었다. 연합군의 북큐슈·제주도·남해안 상륙에 대비한 방위계획인데, 7월말 ~10월말까지 작전 준비를 완료할 예정이었다.

이리하여 제주도에는 제58군 사령부와, 예하 부대인 제96·111·121사 단 및 독립 혼성 제108여단이 신설된다. 종래 1천 명이던 제주도의 병력 이 1945년 3~4월에 걸쳐서 일약 6만여 명으로 팽창했다.

한편, 대소對蘇작전에 관해서는 1944년 9월 대본영이 '을 작전'을 시 달하였다. 나남사단(당시 제19사단)과 청학靑鶴의 혼성 제101연대, 나진요 새羅津要塞를 관동군 사령관 지휘로 옮겨 소련을 막는다는 것이다.

이후 1945년 6월, 나남의 제79사단과 청학의 혼성 제101연대, 나진· 영흥의 요새수비대가 관동군 지휘로 옮겨지면서, 함남·함북·평남·평 북이 관동군의 작전구역으로 되었다. 이와 함께 관동군에 대해서는 대련 ~신경~도문 이남의 사수로써 지구전을 펴려는『만선滿鮮지방 대소 작전 계획요령』이 시달되었다. 만주는 포기하더라도 조선만은 최후의 일선으 로 사수한다는 조선 보위保衛 계획인 것이다.

이 해 8월 9일 0시, 대일 참전과 함께 소련군은 두만강 연안 함북 토 리土里를 공격하였다. 나진은 폭격으로 입항해 있던 군용선박 11척이 침 몰 또는 좌초하였다. 공습 하의 웅기雄基에서는 일본 함선 18척이 손실되 고, 육군병원의 부상병 1백여 명이 자살하였다. 경원 부근의 마유산은 일 본군 사망 70명을 낸 채 점령당했고, 청진의 전투(8월13일)에서는 일본군 227명이 사망하였다.

이리하여 8월 15일, 종전이 되었다. 북선의 일본군은 평양 근교, 함 흥, 흥남, 고무산, 부령 등 10개소에 억류되어 소련군의 노역에 종사하다가 시베리아 · 연길 등지로 이송된다. 남선의 일본군은 무장해제된 후 부산 · 인천 · 제주항을 통해서 본국으로 송환되었다.

1880년의 공사관 경비병에서 시작된 주한 일본군의 역사는 1945년 11월 30일 조선총독부와 함께 조선군이 폐지되면서 종막을 고했다. 그 사이 주한일본군은 1904년 3월의 한국주차군 → 1910년 9월의 조선주차군 → 1918년 5월의 조선군으로 명칭을 바꾸면서 20명의 대장과 두 명의 중장을 사령관으로 두고 있었다. 중장인 사령관은 초대 하라구치와 종전 당시의 고즈키의 두 명뿐이었다.

主要參考文獻

震檀學會 : "韓國史" 최근세 및 현대편(1961~1963).

京城府 : "京城府史" 全3卷(1935~1939).

朝鮮公論史 : "裏から見た朝鮮統治史"(1930).

松下芳男 : "日本軍閥の興亡"(1975).

大洞内一雄 : "東洋拓殖"(1982).

高宮太平 : "軍國太平記"(1951).

田中 五郎 : "日本軍隊史"(1954).

秦郁彦 : "軍ファシズム運動史"(1962).

兒島襄 : "指揮官"(1971).

兒島襄 : "太平洋戰爭" 上·下卷(1966).

千葉了 : "朝鮮獨立運動秘話"(1925).

金一勉 : "天皇の 軍隊と朝鮮人 慰安婦"(1976).

上笙一郎 : "滿洲開拓靑少年義勇軍"(1973).

頭山統一 : "筑前玄洋社"(1977).

西尾陽太郎 : "李容九小傳"(1978).

赤間騎風·高橋黑龍 : "馬賊物語"(1932).

渡邊龍策 : "馬賊"(1964).

大陸淸報社 : "朝鮮の都市"(1930).

森田芳夫 : "朝鮮終戰の記錄"(1964).

其他新聞·雜誌等

칼과 여자
밤의 일제 침략사

지은이 임종국

발행일 2004년 10월 7일 1쇄 발행

　　　　2022년 1월 25일 2쇄 발행

펴낸이 양근모

발행처 도서출판 한빛문화사

공급처 도서출판 청년정신

출판등록 1997년 12월 26일 제 10-1531호

주　소 경기도 파주시 문발로 115, 세종출판벤처타운 408호

전　화 031) 955-4923 팩스 031) 624-6928

이메일 pricker@empas.com